Nutzung agiler Produktionsprozesse in Supply Chains für Modeprodukte

Europäische Hochschulschriften
Publications Universitaires Européennes
European University Studies

Reihe V
Volks- und Betriebswirtschaft

Série V   Series V
Sciences économiques, gestion d'entreprise
Economics and Management

Bd./Vol. 3271

PETER LANG
Frankfurt am Main · Berlin · Bern · Bruxelles · New York · Oxford · Wien

Günther Diruf

Nutzung agiler Produktionsprozesse in Supply Chains für Modeprodukte

Strategien und Optimierungsmodelle zur Reduzierung von Absatzrisiken

PETER LANG
Internationaler Verlag der Wissenschaften

Bibliografische Information der Deutschen Nationalbibliothek
Die Deutsche Nationalbibliothek verzeichnet diese Publikation
in der Deutschen Nationalbibliografie; detaillierte bibliografische
Daten sind im Internet über <http://www.d-nb.de> abrufbar.

Gedruckt auf alterungsbeständigem,
säurefreiem Papier.

ISSN 0531-7339
ISBN 978-3-631-56733-3

© Peter Lang GmbH
Internationaler Verlag der Wissenschaften
Frankfurt am Main 2007
Alle Rechte vorbehalten.

Printed in Germany 1 2 3 4 5   7

www.peterlang.de

Vorwort

Nicht nur Damenkleider und –schuhe werden heute als Modeprodukte verkauft, sondern auch Sportartikel, Spielzeuge oder Konsumelektronik. Darüber hinaus folgen auch in den meisten übrigen Konsumbranchen begrenzte Marktsegmente dem Mode-Paradigma: Nach kurzer Verkaufssaison mit zahlreichen Produktvarianten werden die bisherigen Modeartikel durch die neue Mode entwertet. Die Absatzrisiken in Modemärkten sind dann sehr hoch, wenn unflexible Produktionssysteme mit langen Lieferzeiten die Nachschubplanung behindern. Die Fehl- oder Übermengenrisiken lassen sich dagegen deutlich senken, wenn agile, d.h. reaktionsschnelle und flexible Produktionsprozesse eingesetzt werden, die auf verbesserte Absatzprognosen und entsprechende Korrekturen der Produktions- und Nachschubdisposition rasch reagieren können. Beim Einsatz agiler Prozesse sind allerdings im Vergleich zu nicht-agilen Low-Cost-Produktionen, z.B. in Fernost, Mehrkosten in Kauf zu nehmen. Ein optimales Risikomanagement in Mode-Supply-Chains erfordert somit die Bewältigung schwieriger Zielkonflikte zwischen sinkenden Absatzrisikokosten und steigenden Agilitätskosten.

In der vorliegenden Arbeit wird eine Modelltheorie entwickelt, die in idealtypischer Form wesentliche Kerngebiete des angesprochenen Entscheidungsbereiches quantitativ strukturiert und einer Optimierung zuführt. Begrenzte Teilergebnisse aus meinen früheren Arbeiten zum Risikomanagement sind in diese Theorie mit eingeflossen.

Die erforderlichen Forschungsarbeiten für das vorliegende Werk wurden von mir an meinem früheren Lehrstuhl für BWL, insbes. Logistik und logistische Informatik, an der Universität Bamberg durchgeführt. Mein Dank gebührt daher zunächst meiner ehemaligen Sekretärin, Frau Roswitha Laukenmann, die mit großem Können das z.T. schwierige mathematische Druckmanuskript erstellte. Bedanken möchte ich mich weiterhin bei meinem früheren wissenschaftlichen Mitarbeiter, Herrn Dipl.-Wirtsch.Inf. Michael Oberländer, für die Programmierung der Auswertungs- und Optimierungsprozeduren und für die Ausführung der Abbildungen.

Bamberg, im März 2007   Günther Diruf

VII

Inhaltsverzeichnis

1. Reduzierung hoher Absatzrisiken bei Modeprodukten durch Steigerung der Supply-Chain-Agilität: ein strategisches Entscheidungsproblem

Absatzrisikokosten treten in zwei unterschiedlichen Formen auf: einerseits als *entgangene Deckungsbeiträge wegen mangelnder Produktverfügbarkeit* und andererseits als *Verluste in Form obsoleter Restbestände.* Je ungenauer die Produktions- und Nachschubplanung und –steuerung in einer Supply-Chain arbeitet, desto häufiger kommt es bei bestimmten Produktvarianten zu Fehlmengensituationen, während gleichzeitig andere Sortimentsbereiche unter Überbeständen leiden. Fehldispositionen der Produktions- und Nachschubsteuerung resultieren überwiegend aus *Fehlern der Nachfrageprognose.* In prognosegesteuerten Supply-Chains sind somit die Absatzrisikokosten um so höher, je dynamischer, variantenreicher und unsicherer die Nachfrage verläuft. Hier finden wir in Abhängigkeit von der Produktart und vom bedienten Marktsegment ein *breites Unsicherheitsspektrum[1].* Aufschlussreich ist insbesondere ein Vergleich der beiden entgegengesetzten Grenzfälle hoher Sicherheit bzw. hoher Unsicherheit.

Relativ sicher lässt sich die Nachfrage nach *Standardgütern* voraussagen, die dauerhafte Grundbedürfnisse erfüllen *(funktionale Produkte).* Die *relative Nachfragesicherheit* in diesen Marktsegmenten erklärt sich einerseits aus der hohen Verbrauchsstabilität, der Dominanz des Produkt-Funktionswertes und dem geringen Anteil an Impulskäufen, andererseits aus der begrenzten Variantenvielfalt und den relativ langen Produktlebenszyklen. Wegen hoher Nachfragesicherheit und geringer Veralterungsgefahr dominieren in Supply-Chains für Standardgüter nicht die Kosten von Absatzrisiken, sondern die *Kosten der Produktion und der physischen Logistik (Transport, Umschlag, Lager).* Moderne Supply-Chains für funktionale Produkte werden deshalb nach *Prinzipien des Lean-Managements* gestaltet und gesteuert. Das Hauptziel besteht darin, eine vorhersagbare Nachfrage effizient zu minimalen Kosten zu bedienen.

Ein ganz anderes Bild zeigt sich am *unsicheren Ende des Nachfragespektrums:* Hier finden wir insbesondere *hochmodische und innovative Produkte,* z.B. modische Bekleidung, modische Sportgeräte, Modespielzeug oder innovative Konsumelektronik. Nicht

---

[1] Vgl. z.B. Chopra/Meindl (2007), S. 27 ff.

der Funktionswert eines Produktes beherrscht die Kaufentscheidung, sondern der Imagenutzen, der Prestigewert oder der momentane Unterhaltungswert. Subjektive, emotionale oder geschmackliche Kaufmotive dominieren und der Anteil an Impulskäufen ist hoch. Nicht nur die *hohe Volatilität* der Nachfrage, auch die große *Variantenvielfalt* steigert die Nachfrageunsicherheit. Exemplarisch zeigt sich dies in der Bekleidungsindustrie: Hier resultiert bereits aus unterschiedlichen Ausprägungen von Design, Farbe, Material und Größe ein enormer Variantenreichtum für jedes Kleidungsstück. Da sich Absatzmengen einzelner Varianten viel schwerer und ungenauer prognostizieren lassen als Gesamtabsatzmengen einer Produktart, steigt mit der Varietät auch das Risiko, von bestimmten Varianten zu große und von anderen zu kleine Mengen zu produzieren. Überbestände und Fehlmengen treten nicht nur häufiger und umfangreicher auf als bei Standardprodukten, auch die *Kostenkonsequenzen* sind wesentlich gravierender: Modeprodukte sind i.d.R. *kurzlebig* und oft werden sie im Rahmen *kurzer Saison-Zeitfenster* verkauft. Im Gegensatz zu funktionalen Produkten mit ihrem stabilen Verbrauch geht die *Nachfrage somit weitgehend verloren*, wenn die gewünschten Varianten zum Zeitpunkt der Kaufwilligkeit fehlen. Andererseits können *Überbestände*, die bei Standardgütern meist nur vorübergehende Lagermehrkosten verursachen, bei Modeprodukten zum Saisonende *nur mit Verlusten* abgebaut werden.

Insgesamt bewirken die beschriebenen Risikostrukturen einen *gravierenden Anstieg der Absatzrisikokosten*. In der amerikanischen Bekleidungsindustrie werden die Umsatzverluste durch *erzwungene Preisreduzierungen (forced mark-downs)* für saisonale Restmengen teilweise auf über 30 % geschätzt[1]. Gleichzeitig kommt es aber auch bei den in zu geringen Mengen gefertigten Produkten zu erheblichen Umsatzverlusten wegen mangelnder Produktverfügbarkeit: Subjektive Schätzungen der *Fehlmengenraten in innovativen Märkten* liegen zwischen 10 und 40 %[2].

Es leuchtet ein, dass Supply-Chains für modische und innovative Produkte wegen der *Dominanz der Absatzrisikokosten* anders gestaltet und gesteuert werden sollten als die nach Lean-Prinzipien aufgebauten Supply-Chains für funktionale Produkte. Gefordert sind *agile Produktions- und Distributionsnetze*, die bei schlecht prognostizierbarer

---

[1] Vgl. Fisher/Raman/McClelland (2000), S. 116

[2] Fisher (1997), S. 107

Nachfrage rasch auf verbesserte Vorhersagewerte und auf entsprechende Korrekturen der Produktions- und Nachschubdisposition reagieren können.

Die grundsätzliche Forderung nach mehr Agilität in Mode-Supply-Chains sollte allerdings nicht missverstanden werden: I.d.R. besteht die optimale Strategie nicht darin, nicht-agile Low-Cost-Produktionen (z.B. in Fernost) vollständig durch relativ teuere Quick-Response-Kapazitäten (z.B. in Europa) zu ersetzen. Weitaus erfolgversprechender sind demgegenüber *Kombinationsstrategien*, die darauf abzielen, unflexible Low-Cost-Produktionen mit ihren meist langen Vorlauf- und Lieferzeiten in optimaler Weise *durch agile Prozesse zu ergänzen*. Im Prinzip ist das theoretische Optimum dort erreicht, wo die *Grenzkosten der steigenden Agilität ebenso hoch sind wie die resultierenden Grenzersparnisse bei den Absatzrisikokosten*. So einleuchtend dieses Grenzkostenprinzip erscheint, für die Entscheidungspraxis ist es zu abstrakt und deshalb wenig hilfreich. Um einen tieferen Einblick in die *Verbesserungs- und Optimierungspotentiale agiler Supply-Chain-Strukturen* zu erhalten, ist eine Modellierung erforderlich, die zumindest eine *grobe Quantifizierung der auftretenden Konflikte zwischen steigenden Agilitätskosten und sinkenden Absatzrisikokosten* erlaubt. Eine derartige Modellierung soll im Folgenden gezeigt werden.

2. Reaktionsschnelle und flexible Produktionsprozesse als Basis für risikosenkende Postponementstrategien

2.1 Steigerung der Prognosegenauigkeit durch Verkürzung des Prognosehorizonts

Die hohen Absatzrisiken in Mode-Supply-Chains lassen sich dramatisch senken, wenn es gelingt, für die Produktions- und Nachschubplanung *variantengenaue Absatzprognosen* zur Verfügung zu stellen. Die Erfahrung zeigt, dass die Genauigkeit von Absatzprognosen durch *Verkürzung des Prognosehorizonts* erheblich verbessert werden kann, falls die mit näherrückender Verkaufssaison verfügbar werdenden Nachfrageinformationen systematisch genutzt werden. Beispielhaft und stark vereinfacht können wir die Prognoseverbesserungen in vielen Modesegmenten der Bekleidungsindustrie durch folgende idealtypischen Phasen illustrieren[1]:

(1) *ein Jahr vor Beginn der Verkaufssaison:*

relativ ungenaue Erstprognosen mit mittleren Prognosefehlern in der Größenordnung von ± 40 %

(2) *ein halbes Jahr vor der Verkaufssaison:*

deutliche Prognoseverbesserungen durch neue Informationen, z.B. Ersteinkäufe des Fachhandels oder Ergebnisse von Fachmessen (oft Halbierung der ursprünglichen Prognosefehler)

(3) *kurz nach Beginn der Verkaufssaison:*

weitere Verbesserungssprünge auf Basis laufend eintreffender artikelgenauer Verkaufsdaten am Point-of-Sale

(4) *Umstellung auf Kundenauftragsproduktion:*

gänzliche Vermeidung von Prognosefehlern und Absatzrisiken, falls die Kunden dazu gebracht werden können (z.B. durch ein Angebot von maßgeschneiderten Produkten), feste Aufträge mit ausreichenden Lieferzeiten zu erteilen

---

[1] Vgl. Diruf (2001), S. 6ff.

2.2 Reaktionsschnelligkeit und Flexibilität: Basiskonzepte für die Modellierung

Flexibilitätsanforderungen treten nahezu universell in allen Managementbereichen auf. Es verwundert deshalb nicht, dass sowohl in der Praxis (Beispiel: Arbeitszeitflexibilisierung) als auch in der Wissenschaft (Beispiel: flexible Entscheidungsstrukturen) die unterschiedlichsten Flexibilitätskonzepte ausgiebig diskutiert werden. Eine besonders reichhaltige Fachliteratur zur Produktionsflexibilität war z.B. in den 80ger- und 90ger-Jahren als Begleiterscheinung zur Entwicklung sog. *Flexibler Fertigungssysteme* zu verzeichnen. In jüngerer Zeit wird die wissenschaftliche Flexibilitätsdiskussion besonders durch die gestiegenen Flexibilitätsanforderungen volatiler und varietätsreicher Märkte und (komplementär dazu) durch die großen Flexibilitätspotentiale der elektronischen Vernetzung vorangetrieben.

Bleibt man in der wissenschaftlichen Flexibilitätsdiskussion auf einer hochabstrakten qualitativen Ebene (wie dies z.B. regelmäßig in der sog. „Organisationsliteratur" geschieht), so erscheinen die diskutierten Zusammenhänge zunächst durchaus nachvollziehbar. Bei näherer Betrachtung zeigt sich allerdings, dass die mit derartigen Flexibilitätskonzepten verknüpften Erkenntnisse wegen des hohen Abstraktionsgrades über plausible Allgemeinbehauptungen ohne Operationalisierungsanspruch nicht hinauskommen[1].

Umfangreich sind deshalb die Bemühungen, ein einheitliches, weniger abstraktes, umfassend anwendbares und (soweit möglich) quantifizierbares Begriffssystem zu entwickeln. Diese Bemühungen können bisher als gescheitert gelten: Sowohl in der englischsprachigen wie auch in der deutschen Fachliteratur sind die vorgeschlagenen Begriffssysteme untereinander und manchmal auch in sich widersprüchlich. Dies gilt bereits für die Bezeichnungen, die z.T. mit sehr unterschiedlichen Flexibilitätseigenschaften belegt werden. Als Beispiele seien folgende Termini genannt: *Flexibilität (flexibility), Agilität (agility), Reaktivität (responiveness), Anpassungsfähigkeit (adaptability), Beweglichkeit (mobility)*. Noch verwirrender wird das begriffliche Durcheinander, wenn wir uns im Detail den vorgeschlagenen *Flexibilitätsdimensionen, -typen und –maßen* zuwenden. Ein Überblicksartikel zählt allein in der Literatur *über 70 unterschiedliche Flexibilitätsdefinitionen auf*[2]. Auch verdienstvolle Klassifikationsarbeiten können hier nur eine be-

---

[1] Vgl. z.B. Picot/Reichwald/Wigand (1996), S. 398 ff.

[2] Shewchuck/Moodie (1998)

grenzte Systematisierung erbringen[1].

In Abwesenheit eines allgemein gültigen Begriffssystems und ohne Anspruch auf Allgemeinverbindlichkeit wählen wir somit im Folgenden Bezeichnungen und Begriffsinhalte, die für den vorliegenden begrenzten Problemkontext zweckmäßig erscheinen: *Reaktionsschnelle und flexible* Produktionsprozesse bezeichnen wir zusammenfassend als *agile Prozesse*. Zur genaueren Beschreibung von „Reaktionsschnelligkeit" oder „Reaktivität" und zur Darstellung der relevanten *Flexibilitätsformen* gehen wir aus von einer *idealtypisch vereinfachten Entscheidungssituation*[2] und definieren zunächst eine *Normal- und eine Reaktivkapazität*:

(1) Normalkapazität und Reaktivkapazität

Idealtypisch unterstellen wir ein Unternehmen, das *in rhythmischen Saisonzyklen* ein innovatives Sortiment von Modeprodukten entwirft und produziert oder von Subunternehmern produzieren lässt. Bereits ca. ein Jahr vor Beginn der nächsten Verkaufssaison werden die Artikel des neuen Produktionsprogramms entworfen. Für die Produktion der neuen Artikel kann entweder eine *beliebig erweiterungsfähige Normalkapazität* oder *(unter Inkaufnahme höherer Produktionskosten) eine Reaktivkapazität* eingesetzt werden.

Im Sinne von Abschnitt 2.1 unterstellen wir ca. ein Jahr vor Beginn der Verkaufssaison *relativ ungenaue Erstprognosen für die Artikelnachfragemengen*. Wenige Monate vor Saisonbeginn finden jedoch Marktereignisse statt (z.B. Fachmessen oder Erstbestellungen von wichtigen Fachhandelskunden), die zu *sprungartigen Verbesserungen der Nachfrageprognosen* führen. Vereinfacht unterscheiden wir deshalb im folgenden zwischen den relativ ungenauen Prognosen „vor der Fachmesse" *(Priorprognosen zum Zeitpunkt t_0)* und den wesentlich genaueren Prognosen „nach der Fachmesse" *(Posteriorprognosen zum Zeitpunkt t_1)*.

Der entscheidende Nachteil der Normalkapazität besteht darin, dass sie bereits „lange vor Saisonbeginn" *definitiv mit bestimmten Artikeln und ungenau prognostizierten Artikelmengen* belegt werden muss. Wegen stark verkürzter Produktions- und Lieferzeiten erlaubt dagegen die Reaktivkapazität eine definitive Festlegung der Produktionsmengen

---

[1] Vgl. z.B. Sethi/Sethi (1990) oder De Toni/Tonchia (1998)

[2] Diruf (2001), S. 17

erst „nach der Fachmesse" auf Basis deutlich *verbesserter Nachfrageprognosen (Produktionspostponement).*

Durch Einsatz der Reaktivkapazität für die Produktion von Artikelgesamtmengen (*Totalpostponement*) oder von Artikelteilmengen (*Teilpostponement*) können somit gegen einen *Aufpreis bei den Produktionskosten* Absatzrisikokosten eingespart werden.

Sind die Produktions- und Lieferzeiten der Reaktivkapazitäten im Vergleich zur Verkaufssaison *extrem kurz*, kann man den Zeitpunkt t_1 der endgültigen Festlegung der variantengenauen Produktionsmengen auch *in das erste Drittel der Verkaufssaison* verlegen. Auf Basis der *laufend eintreffenden artikelgenauen Verkaufsdaten am Point-of-Sale* sind dann die Prognosen der saisonalen Verkaufsmengen sehr genau und die Absatzrisiken entsprechend gering. Bei dieser „extremen" Postponementstrategie müssen allerdings zum Priorzeitpunkt t_0 für jeden Artikel ausreichende Teilmengen „vorproduziert" werden, damit bis zum Eintreffen des „Quick-Response-Nachschubs" keine Fehlmengen auftreten. Ein Totalpostponement von Artikeln scheidet in diesem Fall somit aus.

(2)   Anforderungen an die Mengenflexibilität (volume flexibility) von Reaktivkapazitäten

Im beschriebenen Entscheidungsszenario erfüllen die Reaktivkapazitäten ihre Postponementaufgabe nur dann, wenn sie die im Vergleich zur Normalkapazität sehr kurzen Produktions- und Lieferzeiten mit Sicherheit einhalten können. Als wichtigste Postponement-Voraussetzung muss deshalb bereits zum Priorzeitpunkt t_0 die *Verfügbarkeit ausreichender Reaktivkapazitäten zum Posteriorzeitpunkt* t_1 sichergestellt werden. Leider ist aber nicht nur die Produktmengenplanung sondern auch die Kapazitätsplanung mit Risiken behaftet, denn würde man bereits zum Priorzeitpunkt t_0 die später zum Zeitpunkt t_1 disponierten Produktionsmengen kennen, könnte man auf ein Postponement der Mengenentscheidung verzichten und diese Mengen zum Zeitpunkt t_0 mit der kostengünstigen Normalkapazität produzieren. Wenn wir uns somit zum Priorzeitpunkt t_0 bei bestimmten Modeartikeln für ein teilweises oder totales Produktionspostponement entscheiden, dann lassen sich für die künftigen (zum Zeitpunkt t_1) zu disponierenden Produktionsmengen und damit *für die künftigen Kapazitätsanforderungen bestenfalls Wahrscheinlichkeitsverteilungen abschätzen.* Sind die Streubreiten dieser Kapazitätsbedarfsprognosen relativ groß, dann zeigen sich bei der *Kapazitätsbereitstellung ähnliche Risikoprobleme* wie bei der Produktmengenplanung:

- Reserviert man in „optimistischer" Erwartung für eine bestimmte Produktkategorie *relativ große Reaktivkapazitäten*, besteht die Gefahr, dass diese zum Zeitpunkt t_1 nur zu einem geringen Teil genutzt werden können, weil die Posteriorprognose möglicherweise die „pessimistische" Erwartung stützt. Es entstehen in diesem Fall *Kosten für nicht genutzte Kapazitäten (Leerkapazitäten)*, die man als Analogon zu den Kosten für nicht nachgefragte Produktmengen (Überdeckungskosten) sehen kann.

- Stellt man umgekehrt in „pessimistischer" Erwartung *nur relativ geringe Reaktivkapazitäten* bereit und realisiert sich dann zum Zeitpunkt t_1 eine „optimistische" Posteriorprognose, kann nur ein Teil der optimalen Posteriormengen produziert werden, was (in Analogie zum Unterdeckungsrisiko in der Bestelldisposition) *zu Fehlmengen und Opportunitätskosten* führt.

Prinzipiell stehen allerdings der Praxis zahlreiche Möglichkeiten zur *Steigerung der Mengenflexibilität von Kapazitäten* zur Verfügung. Zu den klassischen Instrumenten, mit deren Hilfe man Reaktivkapazitäten bei Bedarf kurzfristig über den ursprünglichen Planungswert hinaus steigern kann, gehören u.a. *Überstunden, Zusatzschichten und die Einschaltung von Subunternehmern.* Umgekehrt lassen sich die Kostenwirkungen von drohenden Leerkapazitäten durch *flexible Arbeitszeitvereinbarungen* oder durch *Aktivierung von zeitunkritischen Alternativproduktionen* abmildern.

Ob und in welchem Ausmaß welche Maßnahmen zur Mengenflexibilisierung erfolgreich eingesetzt werden können, muss fallabhängig entschieden werden. Im Prinzip hängt der Erfolg von folgenden Voraussetzungen ab:

- *von der für die Reaktivproduktion verfügbaren Zeit:*
  Je kürzer die verfügbare Zeit, desto geringer sind die Möglichkeiten, den ursprünglichen Kapazitätsplanungswert wirksam zu erhöhen oder drohende Leerkapazitäten zu vermeiden.

- *vom Spezialisierungsgrad der Produktionsaufgaben:*
  Je spezialisierter die Fähigkeiten sind, die vom Produktionspersonal und von den Produktionsanlagen verlangt werden, desto geringer sind die Möglichkeiten, in den eigenen oder in kooperierenden Betrieben kurzfristig zusätzliche Kapazitäten zu aktivieren oder umgekehrt, nicht benötigte Kapazitäten alternativ zu beschäftigen.

- *von der kurzfristigen Verfügbarkeit des erforderlichen Fertigungsmaterials:*
Auch hier spielt der Spezialisierungsgrad eine entscheidende Rolle. Unproblematisch ist die Materialsituation, wenn die reaktiven Produktionsprozesse auf allgemein verfügbares Standardmaterial zurückgreifen. Die flexible Verfügbarkeit von Spezialteilen kann andererseits nur durch entsprechende Sicherheitsbestände oder durch kurzfristig abrufbare Zusatzmengen aus Vorproduktionsstufen erreicht werden.

Als Fazit ergibt sich: Ein erfolgreiches Produktionspostponement von Modeartikeln setzt nicht nur kurze Produktions- und Lieferzeiten sondern auch eine *hinreichende Mengenflexibilität* der Reaktivkapazitäten voraus. Erforderlich sind „*Kapazitätsoptionen*", die auf Basis der genaueren Nachfrageprognosen zum Zeitpunkt t_1 in optimalem Ausmaß genutzt werden können (nicht müssen). Die Anforderungen an die Mengenflexibilität (an die *Bandbreite der Kapazitätsoptionen*) sind um so höher, je ungenauer aus Priorsicht die Posteriorproduktionsmengen prognostiziert werden können. Neben der Vorhaltung von „*Kapazitätspuffern*" gibt es zahlreiche technische, organisatorische und vertragliche Möglichkeiten, um die erforderliche Mengenflexibilität der Reaktivkapazitäten sicherzustellen. Da größere Flexibilitätsbandbreiten (auch bei erfolgreichem Einsatz geeigneter Instrumente zur Kapazitätsflexibilisierung) höhere Kosten verursachen, muss u.a. die Frage geklärt werden, *welches Ausmaß an Mengenflexibilität* zu optimalen Nettoersparnissen bei den Absatzrisikokosten führt.

(3)   Nutzung von Riskpooling-Effekten durch Einsatz variantenflexibler Reaktivkapazitäten

Anspruchsvollere Postponementstrategien gehen über reine Zeitverschiebungen hinaus: *Riskpooling-Effekte in Produktsortimenten* werden genutzt, um den Bedarf an Kapazitätspuffern bei den teuren Reaktivkapazitäten zu senken (*Sortimentspostponement*). Derartige Riskpooling-Strategien setzen allerdings *variantenflexible Reaktivkapazitäten* voraus. In begrenztem Ausmaß wird somit eine teuere *Mengenflexibilität* durch eine kostengünstigere *Variantenflexibilität* (*Produktmixflexibilität*) ersetzt.

Schon aus Gründen der Skalenökonomie kann der Einsatz von variantenflexiblen Prozessen in Modeproduktionen als Regelfall gelten. Als Spezialisierungsebene werden hierbei meistens Produktkategorien gewählt. Wegen zu geringer Stückzahlen lohnen sich dagegen Spezialprozesse für eine bestimmte Variante nur selten. Man findet also z.B. Produktionssysteme für Herrenschuhe, die (gegebenenfalls nach kurzen Umrüstzeiten) befähigt sind, jede Herrenschuhvariante des aktuellen Modesortiments zu produzieren. I.d.R. können diese Systeme nach einem höheren Umrüstaufwand auch auf die Produktion verwandter Produkte (z.b. Damenschuhe) umgestellt werden.

Die beim *Sortimentspostponement genutzten Riskpooling-Effekte* beruhen darauf, dass die relativen (prozentualen) Fehler der Nachfrageprognosen meistens deutlich absinken, wenn man von detaillierten Formen der Prognose (z.b. für Produktvarianten) zu höher aggregierten Formen der Summenprognose (z.b. für Produkte oder Produktkategorien) übergeht.

Auch beim Sortimentspostponement muss allerdings trotz unsicherer Planungsmengen die kurzfristige Verfügbarkeit des Fertigungsmaterials für alle Einzelartikel gewährleistet sein. Wie beim Artikelpostponement ist diese Voraussetzung dann ohne Schwierigkeiten einzuhalten, wenn die Quick-Response-Produktion auf allgemein verfügbares Standardmaterial zugreift.

(4)   Nutzung der Individualisierungsflexibilität generischer Produkte oder der Konfigurationsflexibilität von Modulbaukästen
Diese fundamentale und zugleich klassische Postponementstrategie kann auch bei Modeprodukten große Erfolge erbringen, wenn sich die produkt- und produktionstechnischen Voraussetzungen ohne prohibitiven Aufwand herstellen lassen. Gegebenenfalls ist hierzu eine grundlegende Umgestaltung mehrstufiger Produkt-, Prozess- und Kapazitätsstrukturen erforderlich. Das Ziel dieser Umgestaltung besteht darin, den Variantenentstehungspunkt in der Supply-Chain so weit wie möglich flussabwärts zu verschieben, indem man *möglichst viele Produktvarianten* durch schnelle und einfache Produktionsprozesse aus *möglichst wenigen Vorprodukten* erzeugt. Um dies zu erreichen, stehen zwei Konstruktionsprinzipien zur Verfügung, die sich komplementär einsetzen lassen: Das *Baukastenprinzip (Modularisierungsprinzip)* und das Prinzip des *individualisierbaren generischen Vorproduktes.*

Der Variantenreichtum, der sich durch einfache Montageprozesse aus einer begrenzten Anzahl allgemeiner Module erzielen lässt, kennzeichnet die *Konfigurationsflexibilität eines Modulbaukastens.* Das erfolgreichste Beispiel einer großen Konfigurationsflexibilität liefert der Modulbaukasten, aus dem die Firma Dell gemäß Kundenauftrag (also ohne Absatzrisiko) Personalcomputer montiert. Falls die Produktstruktur dies zulässt, kann das Baukastenprinzip auch in Modesegmenten, z.B. für Modespielzeug oder für innovative Konsumelektronik, eingesetzt werden.

Generische Vorprodukte, die sich durch einfach Ergänzungsprozesse in zahlreiche Endproduktvarianten verwandeln lassen, weisen eine entsprechende *Individualisierungsflexibilität* auf. Die Praxis liefert hier zahlreiche Beispiele. So wird z.B. neutrale Dosenware häufig nach Kundenauftrag etikettiert. Oder generische Ausführungen von Laserdruckern werden in den gewünschten Auftragsstückzahlen durch landesspezifische Zubehörteile ergänzt. Offensichtlich gibt es hier in Abhängigkeit von der Größe und Bedeutung der Zubehörteile *fließende Übergänge zum Baukastenprinzip.*

Das bekannteste Beispiel eines generischen Produktes aus dem Modebereich stammt von der Firma Benetton: Im Gegensatz zum traditionellen Produktionsprozess werden Modestrickwaren bei Benetton zunächst farbneutral hergestellt (generisches Vorprodukt). Erst mit beginnender Verkaufssaison, wenn auf Basis von Point-of-Sale-Daten der Bedarf an unterschiedlichen Farben bereits relativ genau geschätzt werden kann, werden die Strickwaren gemäß Bedarf eingefärbt und ohne Zeitverzug an den Einzelhandel geliefert. Dieses Verfahren ist deshalb von großem Vorteil, weil die vorsaisonale Nachfrageprognose bei modischen Farbvarianten mit besonders großen Fehlern behaftet ist.

Flussabwärtsverschiebungen des Variantenentstehungspunktes nach dem Baukastenprinzip oder nach dem Prinzip des generischen Vorproduktes *nutzen gleichzeitig vier kostensenkende Effekte:*

- *Economics of Scale in der Vorproduktion:*
  Einzelnachfragen nach den zahlreichen Produktvarianten werden *auf wenige Module oder auf ein generisches Vorprodukt gebündelt.* Im Vergleich zu spezialisierten Vorprodukten können somit in der Modulproduktion oder in der Produktion generischer Vorprodukte deutlich höhere Stückzahlen und damit Größendegressionsersparnisse erreicht werden.

- *Riskpooling-Effekte: steigende Möglichkeiten kostenminimaler Vorproduktionen trotz des Moderisikos*
  Die Nachfragebündelung auf relativ wenige Vorprodukte bewirkt nicht nur Größendegressionseffekte, sondern (in Analogie zum Sortimentspostponement) auch

Riskpooling-Effekte. Dies bedeutet: Gemessen am prozentualen Prognosefehler lässt sich die derivativ gebündelte Nachfrage nach generischen Modulen oder Vorprodukten erheblich genauer prognostizieren als die Nachfrage nach einzelnen Varianten. Dieser Genauigkeitsgewinn wird i.d.R. genutzt, um die Vorprodukte bei erträglichem Absatzrisiko mit *„langsamen", aber kostengünstigen Normalkapazitäten* (nicht mit relativ teueren Reaktivkapazitäten) zu produzieren.

- *Ersparnisse beim Einsatz von Reaktivkapazitäten in der Variantenproduktion durch Reduktion auf einfache Prozesse*

  Gelingt es, den größten Teil der Wertschöpfung auf flexible Module oder generische Vorprodukte zu konzentrieren und diese mit Lean-Produktionssystemen zu fertigen, dann *verbleiben für die eigentliche Variantenproduktion nur noch wenige, meist einfache Produktionsvorgänge*, z.B. Montagearbeiten (vgl. hierzu die o.g. Beispiele). Die zeitkritischen und deshalb oft teueren Reaktivprozesse werden somit stark entlastet, so dass sie kaum noch kostensteigernd wirken.

- *Quick-Response-Vorteile durch extreme Absenkung der reaktiven Lieferzeiten*

  Die für die Variantenproduktion verbleibenden einfachen Produktionsvorgänge sind nicht nur kostengünstig, sondern auch *extrem schnell ausführbar*, falls alle erforderlichen Vorprodukte zur Verfügung stehen. Bei kurzfristigen Nachbestellungen hängen deshalb die Nachschubzeiten kaum noch von den Zeiten der Variantenfertigung ab, vielmehr reduzieren sie sich weitgehend auf die Zeitverbräuche der Nachschublogistik (Handlingzeiten, Transportzeiten). Falls es in einem derartigen Szenario mit Hilfe moderner Scannerkassen und Informationsnetze gelingt, ein Quick-Response Nachschubsystem zu installieren, sinken die Nachfrageprognosefehler und damit die Absatzrisiken für Modevarianten (nicht für Vorprodukte) auf vernachlässigbare Werte.

Bedenkt man die großen Vorteile flexibler Module und generischer Produkte, dann erhebt sich die Frage, *warum nicht alle Variantenprobleme* (insbesondere im Modebereich) auf diese Weise gelöst werden. Eine Erklärung hierfür ergibt sich zunächst aus der Tatsache, dass viele Produkte *aus grundsätzlichen technischen Gründen* für diese Problemlösung ungeeignet sind. So kann z.B. das Modulprinzip oder das Prinzip des generischen Vorproduktes nicht oder nur sehr begrenzt für die Lösung des Größenvariantenproblems in der Damenmode eingesetzt werden. Darüber hinaus müssen auch bei jenen Produkten, die sich technisch für modulare oder generische Lösungen eignen, die auftretenden Mehrkosten flexibler Strukturen den resultierenden Kostenersparnissen gegenübergestellt werden. Auch wenn die technischen Möglichkeiten grundsätzlich vorhanden sind, kann die Kalkulation zeigen, dass sich eine flexible Lösung nicht lohnt.

3. Verbesserungspotenziale alternativer Postponementstrategien für einzelne Modeartikel

3.1 Abschätzung der theoretischen Maximalverbesserungen pro Artikel

3.1.1 Modellierung der Nachfrageprognosen und der Prognoseverbesserungen[1]

Gegeben sei ein innovatives Modesegment, das zum Zeitpunkt t_o (mehrere Monate vor Beginn der Verkaufssaison) produktionsreif zur Verfügung steht. Das Sortiment besteht aus N Artikeln i (i = 1, ..., N). Zum frühen Zeitpunkt t_o existieren auf Basis von Informationen aus vergangenen Saisonzyklen und aufgrund von Expertenschätzungen relativ ungenaue *Priorprognosen* über die künftigen Saisonnachfragemengen r_i aller Artikel i. Wir nehmen an, dass sich diese Priorprognosen ebenso wie die verbesserten *Posteriorprognosen* näherungsweise durch *Normalverteilungen* beschreiben lassen. Empirische Erfahrungen stützen die Normalverteilungsannahme.[2] Mit Hilfe der *Bayes-Theorie* lässt sich zeigen, dass die folgende Verteilungsstruktur, die die *Prognoseverbesserung* zum Posteriorzeitpunkt t_1 beschreibt, in sich konsistent ist:

(1) Die Priornachfrageverteilung für jeden Artikel i gehorcht einer Normalverteilung mit der Priornachfrageerwartung μ_{oi} und der Prior-Standardabweichung σ_{oi}.

(2) Ein künftiges „Informationsereignis" (z.B. eine Modefachmesse oder erste Einkäufe von Schlüsselkunden) liefert zum Zeitpunkt t_1 relevante empirische Nachfrageinformationen, die gegebenenfalls zu einer Veränderung der Nachfrageerwartung führen. Diesen mit Hilfe der neuen Informationen verbesserten Wert bezeichnen wir als Posterior-Nachfrageerwartung μ_{1i}.

Da wir von einer unverzerrten Priorprognose ausgehen, nehmen wir formal an, der komplexe empirische Informationsgewinnungs- und Prognoseverbesserungsprozess ließe sich zusammengefasst und stark vereinfacht durch folgende Stichprobenziehung simulieren:

---

[1] Vgl. Diruf (2001), S. 19 ff.

[2] Vgl. Fisher/Hammond/Obermeyer/Raman (1994) und Fisher/Raman (1996)

Die Posterior-Nachfrageerwartung μ_{1i} wird als Stichprobenwert einer Normalverteilung gezogen

- mit dem Erwartungswert μ_{oi} (wegen der Unverzerrtheit der Priorprognose)

- und der Standardabweichung $\sigma_{\mu_{1i}} = \sigma_{oi} \cdot \sqrt{1-\alpha^2}$

Hierbei beschreibt der Parameter α oder der Parameter $\alpha' = 1 - \alpha$ den prognostischen Wert des „Informationsereignisses". Es gilt der Wertebereich $0 \leq \alpha \leq 1$. Der Wert $\alpha' = 0$ (also $\alpha = 1$) bedeutet: Das „Informationsereignis" hat keinen prognostischen Wert; dagegen führt $\alpha' = 1$ (also $\alpha = 0$) zu einer „sicheren" Posteriorprognose.

(3) Mit Hilfe der Bayes-Theorie lässt sich zeigen, dass die Posteriorverteilung der Nachfrage zum Zeitpunkt t_1 ebenfalls einer Normalverteilung gehorcht

- mit der Posteriornachfrageerwartung μ_{1i}

- und der Posterior-Standardabweichung $\sigma_{1i} = \alpha \cdot \sigma_{oi}$

(4) Die Konsistenz des Modellansatzes kann mit Hilfe der Theorie der Verteilungsmischungen gezeigt werden. Ein entsprechender Beweis ist in Anhang C (Abschn. (4), Gln. C 25 bis C 31) zu finden. Die Sinnhaftigkeit der Struktur lässt sich insbesondere an den beiden Extremfällen demonstrieren:

Extremfall 1: Die neuen Informationen (z.B. auf der Fachmesse) führen für einen bestimmten Artikel i zu einer sicheren Prognose (z.B. zu einer sicheren und erschöpfenden Bestellung eines Großkunden). Für diesen Fall hat α' den Wert 1 (also α den Wert 0). Simulativ kann der a posteriori feste Wert μ_{1i} aus einer Normalverteilung mit dem Erwartungswert μ_{oi} und der Standardabweichung $\sigma_{\mu_{1i}} = \sigma_{oi}$ gezogen werden. Richtigerweise muss hier die volle Streubreite gelten, weil andernfalls die Priorverteilung eine kleinere Standardabweichung haben müsste. Die Posteriornachfrageverteilung ist dann eine entartete Normalverteilung mit der Erwartungswert μ_{1i} und der Standardabweichung $\sigma_{1i} = 0$.

Extremfall 2: Die neuen Informationen haben für einen Artikel i keinen prognostischen Wert. Dies bedeutet $\alpha' = 0$ (also $\alpha = 1$). Formal können wir dieses Ergebnis dadurch simulieren, dass wir die Posteriorerwartung μ_{1i} aus einer Normalverteilung ziehen

- mit dem Erwartungswert μ_{oi}
- und der Standardabweichung $\sigma_{\mu_{1i}} = 0$ (entartete Verteilung).

Richtigerweise gilt also: Wenn der Informationswert der „Fachmesse" für einen Artikel i gleich null und damit $\alpha = 1$ ist, dann gilt mit Sicherheit:

$$\text{Posteriorerwartung } \mu_{1i} = \text{Priorerwartung } \mu_{oi}$$

(5) Generell können wir festhalten: Aus Posteriorsicht ist die Posteriorprognose μ_{1i} ein bekannter fester Wert (simulativ aus einer Stichprobenziehung gewonnen). Aus Priorsicht ist die Posteriorerwartung μ_{1i} aber eine Zufallsvariable, die einer Normalverteilung $\left(\mu_{oi}, \sigma_{oi}\sqrt{1-\alpha^2}\right)$ gehorcht.

(6) Bei Bedarf können auch mehrstufige Prognoseverbesserungs-Prozesse in analoger Weise modelliert werden (vgl. hierzu Anhang A). Im vorliegenden Kontext ließe sich z.B. ein zweistufiger Prognoseverbesserungsprozess wie folgt interpretieren: *1. Prognoseverbesserung* nach der „Modefachmesse" und nach dem Eingang von Frühbestellungen von Schlüsselkunden (wie oben beschrieben) und *2. Prognoseverbesserung* 3 Wochen nach Eröffnung der Verkaufssaison auf Basis der eintreffenden POS-Verkaufsdaten.

3.1.2 Einsatz des Newsvendor-Modells zur Quantifizierung der Gewinnerwartung bei optimaler und suboptimaler Priordisposition

Neben den Nachfrageprognosewerten[1] μ_0 und σ_0 zum Zeitpunkt t_0 gelten folgende artikelspezifischen Preis- und Kostenparameter:

p   =   regulärer Verkaufspreis des Artikels in der Saison [GE/ME]

c   =   Stückkosten bei Produktion mit der Normalkapazität [GE/ME]

$p_{\bar{u}}$ =   stark reduzierter Verkaufspreis für Restmengen am Ende der Saison [GE/ME]:

$$p_{\bar{u}} < c < p$$

---

[1] Da sich alle folgenden Gleichungen in Kap. 3 auf einem bestimmten Modeartikel beziehen, können wir zunächst auf den Artikelindex i verzichten

18

Aus diesen Basisparametern lassen sich unmittelbar folgende derivativen Größen berechnen:

$c_u = p - c$ = Deckungsbeitrag (Unterdeckungs- oder Fehlmengenkosten) pro ME

$c_{\ddot{u}} = c - p_{\ddot{u}}$ = Überdeckungskosten pro ME

$p_s = p - p_{\ddot{u}}$ = Preisreduzierungsspanne für Restmengen am Ende der Verkaufssaison

$v_0 = \dfrac{\sigma_0}{\mu_0}$ = Variationskoeffizient (relative Unsicherheit) der Nachfrageprognose zum Zeitpunkt t_0

Als besonders attraktiv erscheinen zunächst Artikel mit einer *hohen Gewinnerwartung (eigentlich: Deckungsbeitragserwartung)* (p–c) · μ. Eine genauere Analyse zeigt jedoch, dass die „naive" Gewinnprognose

$$E(G_{rf}) = (p{-}c)\,\mu = c_u \cdot \mu \qquad\qquad \text{Gl. 1}$$

völlig unrealistisch einen *bedarfsgesteuerten und risikofreien Nachschub* während der gesamten Verkaufssaison voraussetzt. Da wir jedoch zunächst eine (irreversible) Festlegung der *Produktionsmenge* x_0 zum Zeitpunkt t_0 auf Basis einer *unsicheren Nachfrageverteilung* fordern, lassen sich (in der Verkaufssaison offenbar werdende) *Bedarfsüberdeckungen* x > r oder *Bedarfsunterdeckungen* x < r nicht vermeiden. Realistisch betrachtet wird somit ein Teil der risikofreien Gewinnerwartung $E(G_{rf})$ durch *Überdeckungs- oder Unterdeckungskosten (Absatzrisikokosten)* $E(K_0)$ aufgezehrt. Bei vielen Modeartikeln wird auf diese Weise die Netto-Gewinnerwartung

$$E(G_0) = E(G_{rf}) - E(K_0) = c_u \cdot \mu_0 - E(K_0) \qquad\qquad \text{Gl. 2}$$

erheblich vermindert oder bei einer zu hohen Dispositionsmenge x sogar in eine Verlusterwartung verwandelt. Falls keine Möglichkeiten für ein Postponement der Produktionsentscheidung bestehen, wird ein rational entscheidender Disponent bestrebt sein, die Produktionsmenge zum Priorzeitpunkt t_0 derart auf den *optimalen Wert* x_0^* festzulegen, dass *minimale Risikokosten* $E(K_0^*)$ und damit *maximale Gewinne* $E(G_0^*)$ zu erwarten sind.

Mit wachsender Produktionsmenge x sinkt die Wahrscheinlichkeit für Fehlmengen (Unterdeckungsmengen), gleichzeitig steigt das Überdeckungsrisiko. Offenbar ist der

19

minimale Erwartungswert der Absatzrisikokosten (die Summenerwartung aus Über-
und Unterdeckungskosten) dort erreicht, wo gilt[1]:

Betrag der Grenzkostenerwartung = Betrag der Grenzkostenerwartung
für Überdeckung   für Unterdeckung

Aus dieser Grenzkostenbedingung ermittelt man leicht die optimale Produktionsmenge x*

$$x^* = F^{-1}\left(\frac{c_u}{c_u + c_ü}\right) = F^{-1}\left(\frac{p-c}{p-p_ü}\right) \qquad \text{Gl. 3}$$

F^{-1} symbolisiert in Gl. 3 die Umkehrfunktion der kumulierten Nachfrageverteilung
zum Dispositionszeitpunkt. Speziell für μ_0, σ_0-*normalverteilte Nachfrage* gilt:

$$x_0^* = \mu_0 + z_0^* \cdot \sigma_0 \qquad \text{Gl. 4}$$

Laut Newsvendor-Theorie erreicht man also bei normalverteilter Nachfrage die optimale Dispositionsmenge x_0^* dadurch, dass man die Nachfrageerwartung μ_0 bei „attraktiven" Artikeln um *optimale Chancenzuschläge* erhöht, bei „unattraktiven" Artikeln
um *optimale Risikoabschläge* senkt. Gemäß Gl. 4 werden die optimalen Chancenzuschläge oder Risikoabschläge als Produkt des Zuschlagsfaktors (Abschlagsfaktors) z_0^*
und des Standardprognosefehlers σ_0 disponiert. Wenn man die *kumulierte Standardnormalverteilung* mit $\Phi(z)$ und ihre Umkehrfunktion mit $\Phi^{-1}(\omega)$ bezeichnet, gilt für
den optimalen Zuschlagsfaktorwert z_0^* bei normalverteilten Nachfragemengen:

$$z_0^* = \Phi^{-1}(\omega_0^*) = \Phi^{-1}\left(\frac{c_u}{p_s}\right) \qquad \text{Gl. 5}$$

Das Preis- und Kostenverhältnis

$$\omega_0^* = \frac{c_u}{p_s} = \frac{p-c}{p-p_ü} \qquad \text{Gl. 6}$$

---

[1] Vgl. Diruf (2005), S. 24

bestimmt somit den optimalen Zu- oder Abschlag $z_0^* \sigma_0$ und damit die optimale Prior-Produktionsmenge x_0^* eines Modeartikels. ω_0^* kann als *relativer (auf die Preisreduzierungsspanne p_s bezogener) Deckungsbeitrag oder auch als optimale Servicewahrscheinlichkeit[1]* eines Artikels interpretiert werden.

Gemäß Gl. 5 ist es für einen Artikel mit einem ω_0^*-Wert über 50 % optimal, einen *Mengenzuschlag* zur Nachfrageerwartung zu disponieren (für $\omega_0^* = 80$ % z.B. + 0,84 σ_0). Entsprechend erhalten Artikel mit einem ω_0^*-Wert unter 50 % bei der Disposition *Risikoabschläge* (z.B. für $\omega_0^* = 25$ % den Abschlag – 0,67 σ_0). Da Modeartikel wegen ihrer hohen Absatzrisiken auch entsprechend hohe Gewinnchancen voraussetzen, werden bei der Preiskalkulation bereits im Vorfeld *Artikel vermieden, die „unattraktive"* *Deckungsbeiträge aufweisen.* Modeartikel mit ω_0^*-Werten unter 50 % dürfen deshalb in der Praxis eher die Ausnahme darstellen.

Um gemäß Gl. 2 die Gewinnerwartung für eine bestimmte Dispositionsmenge x_0 zu berechnen, benötigt man die *Risikokostenerwartung* $E(K_0)$. Hier gilt allgemein:

$$E(K_0) = c_{ü} \cdot E \text{ (Überdeckungsmenge)} + c_u \cdot E \text{ (Unterdeckungsmenge)} \qquad \text{Gl. 7}$$

Da zwischen den Mengenerwartungen die allgemeine Beziehung besteht:

$$E \text{ (Überdeckungsmenge)} - E \text{ (Unterdeckungsmenge)} = x_0 - \mu_0 \qquad \text{Gl. 8}$$

kann die Überdeckungserwartung leicht ermittelt werden, wenn die Fehlmengenerwartung bekannt ist. Im vorliegenden Fall mit einer μ_0, σ_0-normalverteilten Nachfrage hat sie den Wert:

$$E \text{ (Unterdeckungsmenge)} = \sigma_0 \cdot \Psi(z_0) \qquad \text{Gl. 9}$$

Hierbei ist

$$z_0 = \frac{x_0 - \mu_0}{\sigma_0} \qquad \text{Gl. 10}$$

---

[1] Disponiert man die optimale Produktionsmenge x_0^* gemäß Gln. 4, 5 und 6, dann kann die künftige Saisonnachfrage mit der Wahrscheinlichkeit ω_0^* ohne Fehlmenge bedient werden.

die *normierte Dispositionsmenge* und $\Psi(z)$ die aus der Fehlmengentheorie wohlbekannte *Fehlmengen- oder Servicefunktion:*[1]

$$\Psi(z) = \varphi(z) - z \cdot \Phi(-z) \qquad \text{Gl. 11}$$

Die kumulierte Standardnormalverteilung $\Phi(z)$ in Gl. 11 wurde bereits definiert, die zugehörige Dichtefunktion ist mit $\varphi(z)$ bezeichnet.

Eine Zusammenfassung der Gln. 1 bis 11 erbringt folgende Ergebnisse:

$$E\left(K_0 \middle| z_0 = \frac{x_0 - \mu_0}{\sigma_0}\right) = \sigma_0 \left[c_\ddot{u} \cdot z_0 + (c_\ddot{u} + c_\ddot{u}) \cdot \Psi(z_0)\right] =$$
$$= p_s \cdot \mu_0 \cdot v_0 \left[(1 - \omega_0^*) \cdot z_0 + \Psi(z_0)\right] \qquad \text{Gl. 12}$$

$$E\left(G_0 \middle| z_0 = \frac{x_0 - \mu_0}{\sigma_0}\right) = c_\ddot{u} \cdot \mu_0 - \sigma_0 \left[c_\ddot{u} \cdot z_0 + (c_\ddot{u} + c_\ddot{u}) \cdot \Psi(z_0)\right] =$$
$$= p_s \cdot \mu_0 \left\{\omega_0^* - v_0 \left[(1 - \omega_0^*) \cdot z_0 + \Psi(z_0)\right]\right\} \qquad \text{Gl. 13}$$

Bei der Analyse von Kostengleichung 12 können wir die vom Markt bestimmten Parameter p_s, μ_0 und v_0 zunächst als „gegeben" betrachten. Das Produkt $p_s \cdot \mu_0$ aus *Preisreduzierungsspanne und Nachfrageerwartung* können wir dann als *maximales Gewinnpotenzial* des betrachteten Artikels interpretieren. Das *maximale Gewinnpotenzial* $p_s \cdot \mu_0$ wird c.p. dann ausgeschöpft, wenn die Produktionskosten c den modelltechnisch niedrigsten Wert $c = p_\ddot{u}$ annehmen (ω_0^* hat dann den Wert 1) und wenn gleichzeitig ein risikofreier Quick-Response-Nachschub installiert wird, so dass die Absatzrisikokosten verschwinden. Bei realistischen Kostenwerten $c > p_\ddot{u}$ und positiven Risikokosten lässt sich allerdings nur *ein Anteil des maximalen Gewinnpotenzials* $p_s \cdot \mu_0$ *realisieren*. Dieser Anteil < 1 wird in Gl. 13 durch den Ausdruck

$$\left\{\omega^* - v\left[(1 - \omega^*) \cdot z + \Psi(z)\right]\right\}$$

quantifiziert. Der Term $E(K_\omega | z)$ bildet hierbei den „formbildenden" Teil der Risikokostenkurven ab:

---

[1] Vgl. Silver/Pyke/Peterson (1998), S. 721, B. 7 oder Diruf (2005), S. 26

$$E\left(K_\omega \middle| z\right) = \left(1-\omega^*\right) z + \Psi(z) =$$
$$- \omega^* z + \Psi(-z)$$

Gl. 14

Hier erhebt sich zunächst die Frage: Welche Verlaufscharakteristik zeigen diese Kurven in Abhängigkeit vom dispositiven Zuschlagsfaktor $z = (x - \mu)\,/\sigma$ und vom relativen Deckungsbeitrag $\omega^* = (p-c)/p_s$? Die Abbn. 1, 2 und 3 geben hier erste Antworten: Dargestellt sind die Risikokostenkurven für einen unattraktiven ($\omega^* = 20\,\%$), einen attraktiven ($\omega^* = 80\,\%$) und einen in der ω^*-Mitte liegenden Modeartikel ($\omega^* = 50\,\%$).

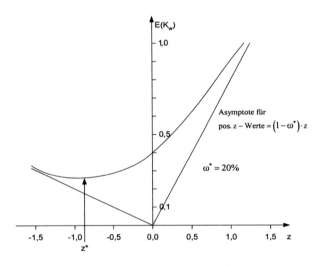

Abb. 1: Die Risikokosten $E\,(K_\omega)$ in Abhängigkeit vom Zuschlagsfaktor z gem. Gl. 14 bei einem Kostenverhältnis $\omega^* = 0{,}2$

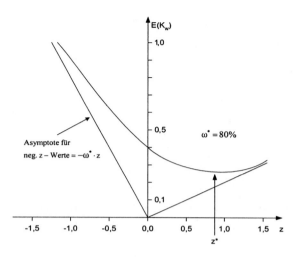

Abb. 2: Die Risikokosten E (K_ω) in Abhängigkeit vom Zuschlagsfaktor z gem. Gl. 14 bei einem Kostenverhältnis $\omega^* = 0,8$

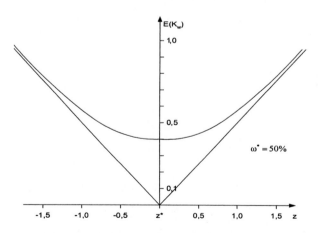

Abb. 3: Die Risikokosten E (K_ω) in Abhängigkeit vom Zuschlagsfaktor z gem. Gl. 14 bei einem Kostenverhältnis $\omega^* = 0,5$

Die bereits diskutierte „Zu- und Abschlagslogik" bei der optimalen Produktmengendisposition kann mit Hilfe der Abbildungen unschwer nachvollzogen werden: Offensichtlich werden die Risikokosten beim unattraktiven Artikel in Abb. 1 dann minimal, wenn wir einen Risikoabschlag (im Beispiel: $z^* \cdot \sigma = -0,842\ \sigma$) disponieren. Analog erreichen wir die minimale Kostenerwartung beim attraktiven Artikel in Abb. 2 mit einem Chancenzuschlag (im Beispiel: $z^* \sigma = +0,842\ \sigma$). Beim Artikel im mittleren ω^*-Bereich (Abb. 3), sollte der Prognosewert μ ohne Zu- oder Abschlag als optimale Produktionsmenge realisiert werden ($\omega^* = 50\ \%$, also $z^* \sigma = 0$ und $x^* = \mu$).

Aus den Abbildungen erkennen wir auch die *Wirkungen von suboptimalen Dispositionen*: In der näheren Umgebung des Minimums sind die Kostenkurven sehr flach, d.h. im Bereich $z^* \pm 0,5$ sind kaum Verschlechterungen zu befürchten. *Starke Kostensteigerungen* sind aber dann zu verzeichnen, wenn Artikel mit Chancenzuschlägen disponiert werden, die optimal mit Risikoabschlägen belegt werden sollten. Entsprechendes gilt umgekehrt für Risikoabschläge bei Artikeln mit deutlich positivem z^*-Wert.

Gehen wir grundsätzlich von *theoretisch optimalen Dispositionsmengen* x_0^* aus und substituieren wir in diesem Sinn die Gln. 4 und 5 in die Kosten- und Gewinngleichungen 12 und 13, dann ergeben sich folgende Beziehungen für die *minimalen Priorkosten* $E(K_0^*)$ bzw. für die *maximalen Priorgewinnerwartungen* $E(G_0^*)$:

$$E\left(K_0^* \middle| z_0 = z_0^*\right) = \sigma_0\left(c_u + c_u\right) \cdot \varphi\left(\Phi^{-1}(\omega_0^*)\right) =$$
$$= p_s \cdot \mu_0 \cdot v_0 \cdot \varphi\left(\Phi^{-1}(\omega_0^*)\right) \qquad \text{Gl. 15}$$

$$E\left(G_0^* \middle| z_0 = z_0^*\right) = c_u \cdot \mu_0 - \sigma_0\left(c_u + c_u\right) \cdot \varphi\left(\Phi^{-1}(\omega_0^*)\right) =$$
$$= p_s \cdot \mu_0\left[\omega_0^* - v_0 \cdot \varphi\left(\Phi^{-1}(\omega_0^*)\right)\right] \qquad \text{Gl. 16}$$

In Analogie zur Kostengleichung 12 für einen beliebigen Dispositionswert z_0 wollen wir auch für die *Minimalkostenwerte* bei optimaler Disposition z_0^* gemäß Gl. 15 die Verlaufscharakteristik *in Abhängigkeit vom relativen Deckungsbeitrag* ω_0^* eines Artikels klären. Wir betrachten zu diesem Zweck (bei gegebenen Marktparameterwerten p_s, μ_0 und v_0) den Kurvenverlauf der Teilfunktion:

25

$$g(\omega^*) = \varphi\left(\Phi^{-1}(\omega^*)\right) = \varphi(z^*)$$ Gl. 17

Diese Funktion hat die Form einer Halbellipse (vgl. Abb. 4) und sie lässt sich auch grob durch folgende Ellipsengleichung approximieren:

$$g(\omega^*) \approx \tilde{g}(\omega^*) = \sqrt{\frac{2}{\pi}} \cdot \sqrt{\omega^*(1-\omega^*)}$$ Gl. 18

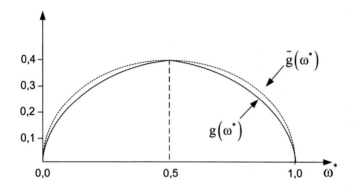

Abb. 4: Funktionsverläufe der Funktionen $g(\omega^*)$ und $\tilde{g}(\omega^*)$

Wir erkennen aus Abb. 4 Folgendes: Vergleichen wir Modeartikel, die bei gleichen Marktparameterwerten p_s, μ_0 und v_0 *zunehmende relative Stückdeckungsbeiträge* ω_0^* aufweisen, dann zeigen diese Artikel bei risikooptimaler Priordisposition (d.h. bei monoton steigenden Produktionsmengen x_0^*)

- zunächst steigende Risikokosten (im Bereich der Risikoabschläge $\omega_0^* < 50\,\%$)
- dann ein Kostenmaximum im mittleren ω_0^*-Bereich ($\omega_0^* \approx 50\,\%$; $E(K_0^*) \approx$

  $\approx p_s \cdot \mu_0 \cdot v_0 \cdot 0,4$; $z_0^* \approx 0$; $x_0^* \approx \mu_0$)
- und schließlich fallende Risikokosten für zunehmend attraktivere Artikel (im Bereich der steigenden Chancenzuschläge $\omega^* > 50\,\%$).

Analysieren wir in analoger Weise den *Verlauf der optimalen Gewinne* (gemäß Gl. 16), dann zeigt sich erwartungsgemäß (aber im Gegensatz zum Verlauf der Risikokosten) *mit zunehmenden relativen Deckungsbeiträgen* ω_0^* *ein monotoner Anstieg* (wenn man von irrelevanten, modelltechnisch bedingten Unregelmäßigkeiten im Bereich ω_0^* ≈ 0 absieht).

Im Gegensatz zur Theorie können wir in der *Dispositionspraxis nicht immer von optimalen Strategien* ausgehen. In Abwesenheit formaler Modelle dürften suboptimale Produktionsmengenentscheidungen sogar die Regel darstellen. In welchem Ausmaß sich suboptimale Prior-Dispositionen auf eine Verschlechterung der Risikokosten auswirken, wurde bereits im Rahmen der Abbn. 1, 2 und 3 angesprochen. Um in unserer Analyse auch *den Bereich suboptimaler Entscheidungsszenarien zu berücksichtigen*, greifen wir eine Entscheidungspraxis heraus, die besonders häufig anzutreffen sein dürfte: Ohne Berücksichtigung der spezifischen Preis- und Kostenverhältnisse eines Modeartikels, wird *immer der aktuelle Nachfrage-Prognosewert disponiert*. Für unsere suboptimale Prior-Dispositionsmenge gilt also:

$$x_0^{'} = \mu_0 \qquad \qquad \text{Gl. 19}$$

Die normierte Dispositionsvariable z hat in diesem Fall den Wert

$$z_0 = z^{'} = 0 \qquad \qquad \text{Gl. 20}$$

Die suboptimalen Risikokosten und Gewinnerwartungen erhalten wir durch Anwendung der Gln. 12 und 13:

$$
\begin{aligned}
E\left(K_0^{'}\middle|z_0 = z^{'} = 0\right) &= \Psi(0) \cdot p_s \cdot \mu_0 \cdot v_0 = \\
&= 0,3989 \, p_s \cdot \mu_0 \cdot v_0 \approx \\
&\approx 0,4 \, p_s \cdot \mu_0 \cdot v_0
\end{aligned}
\qquad \text{Gl. 21}
$$

$$
\begin{aligned}
E\left(G_0^{'}\middle|z_0 = z^{'} = 0\right) &= p_s \cdot \mu_0 \cdot \omega_0^* - E(K_0) \approx \\
&\approx p_s \cdot \mu_0 \cdot (\omega_0^* - 0,4 \, v_0)
\end{aligned}
\qquad \text{Gl. 22}
$$

3.1.3 Theoretische Maximalverbesserung durch Postponementproduktion der gesamten Artikelmenge (Totalpostponement) ohne Mehrkosten

Ehe wir uns realitätsnäheren Postponementstrategien zuwenden, wollen wir zunächst abschätzen, welches *maximale Verbesserungspotenzial* für einen bestimmten Modeartikel unter „Idealbedingungen" erreichbar wäre. Mit einer derartigen Abschätzung lassen sich zwei wichtige Entscheidungen unterstützen:

(1) Reicht das (maximale) Verbesserungspotenzial aus, um realistische Postponementanstrengungen lohnend erscheinen zu lassen?

Wenn ein bestimmter Modeartikel bereits unter „idealen" Bedingungen äußerst geringe Verbesserungen verspricht, sollte er nicht in „reale" Postponementstrategien einbezogen werden.

(2) Welcher Prozentsatz des „idealen" Verbesserungspotenzials wird durch eine (in Erwägung gezogene) „reale" Postponementstrategie ausgeschöpft?

Wenn eine bestimmte „realistische" Postponementstrategie bereits einen hohen Anteil des maximalen Verbesserungspotenzials ausschöpft (z.B. 80 %), dann lohnt es sich i.d.R. nicht, nach „noch besseren" Strategien zu suchen.

Wir gehen aus von einem bestimmten Modeartikel, für den die relevanten Modellparameter abgeschätzt wurden:

$p_s = p - p_0 = $ Preisreduzierungsspanne

$\mu_0 = $ Erwartungswert der Nachfrage zum Priorzeitpunkt t_0

$v_0 = \dfrac{\sigma_0}{\mu_0} = $ relative Unsicherheit der Nachfrage zum Priorzeitpunkt t_0

$\omega_0^* = \dfrac{p-c}{p_s} = $ relativer Stückdeckungsbeitrag ($0 < \omega_0^* < 1$)

$\alpha = $ Prognoseverbesserungsfaktor zum Posteriorzeitpunkt t_1 ($0 \leq \alpha \leq$ 1)

Ferner unterstellen wir für die zum Posteriorzeitpunkt t_1 verfügbaren *Reaktivkapazitäten „ideale" Eigenschaften*:

- *keine Mehrkosten der Posteriorproduktion im Vergleich mit der Priorproduktion* d.h. die Stückkosten betragen wie bei der Priorproduktion c [GE/ME]. Es fallen auch keine Reservierungskosten für die Reaktivkapazitäten an.

- *unbegrenzte Mengenflexibilität der Reaktivkapazitäten*

d.h. obwohl der Reaktiv-Kapazitätsbedarf im voraus nur ungenau prognostiziert werden kann, stehen zum Posteriorzeitpunkt die dann optimal zu disponierenden Kapazitäten zu Verfügung.

Unter den beschriebenen „Idealbedingungen" bietet eine Priorproduktion gegenüber einer Posteriorproduktion keine Vorteile, umgekehrt hat aber die Reaktivproduktion den Vorteil der genaueren Nachfrageprognose (Standardprognosefehler $\alpha\sigma_0$ statt σ_0). Offensichtlich besteht die optimale Strategie darin, die gesamte Artikelmenge zum späteren Zeitpunkt t_1 zu produzieren (*Totalpostponement*). Unter allen denkbaren Postponementstrategien wird hierbei die maximale Gewinn- und Kostenverbesserung erreicht.

Um diese zu quantifizieren sind Annahmen hinsichtlich des *Dispositionsverhaltens* erforderlich. Wir gehen zunächst davon aus, dass *sowohl zum Prior- als auch zum Posteriorzeitpunkt optimal disponiert wird*. Gesucht ist das maximale Verbesserungspotenzial als *Prior-Erwartungswert*.

Da die optimale Gewinnerwartung $E(G_0^*)$ bei einer (totalen) Priorproduktion bereits in Gl. 16 bestimmt wurde, müssen wir uns der (totalen) Postponement-Alternative zuwenden:

Zum Zeitpunkt t_1 liegt der *verbesserte Prognosewert* μ_1 *mit dem geringeren Prognosefehler* $\alpha\sigma_0$ vor. Da sich die übrigen Markt- und Kostenparameter für den Artikel nicht geändert haben, wird der Planer in Analogie zu Gl. 4 (S. 19) die Posterior-Produktionsmenge

$$x_1^* = \mu_1 + z_0^* \cdot \alpha\sigma_0 \qquad\qquad \text{Gl. 23}$$

disponieren. Aus Posteriorsicht kann dann (in Analogie zu Gl. 16, S. 24) folgender Gewinn erwartet werden:

$$E\left(G_1^* \middle| \text{posterior}\right) = p_s \cdot \mu_1 \left[\omega_0^* - \alpha v_0 \cdot \varphi\left(\Phi^{-1}\left(\omega_0^*\right)\right)\right] \qquad\qquad \text{Gl. 24}$$

Aus *Posteriorsicht* ist der verbesserte Nachfrage-Prognosewert μ_1 (der in den Gln. 23 und 24 auftritt) eine bekannte Größe, aus *Priorsicht* ist μ_1 aber eine Zufallsvariable, die einer Normalverteilung mit dem Erwartungswert μ_0 und der Standardabweichung

$\sqrt{1-\alpha^2}\,\sigma_0$ gehorcht (vgl. (5), S. 17). Die Prior-Erwartungswerte der Gln. 23 und 24 sind allerdings sehr leicht zu bestimmen. Offenbar ergibt sich:

$$E(x_1^*) = \mu_0 + z_0^* \,\alpha\sigma_0 \qquad\qquad \text{Gl. 25}$$

$$E(G_1^*) = p_s \cdot \mu_0 \left[\omega_0^* - \alpha v_0 \cdot \varphi\left(\Phi^{-1}(\omega_0^*)\right)\right] \qquad\qquad \text{Gl. 26}$$

Das gesuchte *maximale Verbesserungspotenzial bei optimaler Disposition* ΔG_{max}^* erhalten wir als Differenz der „besseren" und der „schlechteren" Gewinnerwartung:

$$
\begin{aligned}
\Delta G_{max}^* &= E(G_1^*) - E(G_0^*) = \\
&= p_s \cdot \mu_0\,(1-\alpha) \cdot v_0 \cdot \varphi\left(\Phi^{-1}(\omega_0^*)\right) \qquad\qquad \text{Gl. 27}\\
&= p_s\,\sigma_0\,(1-\alpha)\,\varphi\left(\Phi^{-1}(\omega_0^*)\right)
\end{aligned}
$$

Bei Betrachtung von Gl. 27 konstatieren wir: Das *maximale Postponement-Verbesserungspotenzial eines Modeartikels bei optimaler Disposition*

- steigt proportional
  - zur Preisreduzierungsspanne $p_s = p - p_ü$
  - zum Prognosewert μ_0 der Nachfrage
  - zur relativen Prognoseunsicherheit v_0
  - und zur Prognoseverbesserung $\alpha' = 1-\alpha$

- sinkt ab, je weiter sich der relative Deckungsbeitrag $\omega_0^* = (p-c)/p_s$ nach oben oder unten von seinem mittleren Bereichswert 50 % entfernt (vgl. $g(\omega_0^*) = \varphi\left(\Phi^{-1}(\omega_0^*)\right)$ in Abb. 4, S. 25).

Ergänzend sollte angemerkt werden, dass das Verbesserungspotenzial „eigentlich" nur vom *absoluten Prognosefehler* σ_0 (nicht vom Prognosewert μ_0) abhängt, wenn man den absoluten Prognosefehler (nicht den relativen) als primären Marktschätzparameter auffasst (vgl. Gl. 27).

Falls bei innovativen Modeprodukten eine *Abschätzung der Prognoseverbesserung* $\alpha' = 1 - \alpha$ Schwierigkeiten bereitet, kann auch eine „wenn-dann"-Parametrisierung wahrscheinlicher α-Werte erste Aufschlüsse erbringen. Insbesondere kann es zweckmäßig sein, eine *obere Verbesserungsschranke* zu ermitteln. Diese wird erreicht, wenn wir annehmen, wir könnten zum Priorzeitpunkt t_1 die *Nachfrage mit Sicherheit* ermitteln. In diesem Fall würden die *Risikokosten zur Gänze verschwinden*. Wir berechnen somit als obere Verbesserungsschranke bei Nachfragesicherheit (vgl. Gl. 15):

$$\Delta G_{max}^* (\alpha = 0) = p_s \cdot \mu_0 \cdot v_0 \cdot \varphi \left(\Phi^{-1} (\omega_0^*) \right) \qquad \text{Gl. 28}$$

Um einen groben Überblick zu gewinnen, wurden in Tab. 1 für ausgewählte Werte des *relativen Deckungsbeitrages* ω_0^* und des *Streuungsparameters* $\alpha' v_0 = (1-\alpha) v_0$ die maximalen Verbesserungswerte ΔG_{max}^* (gemäß Gl. 27) in *Prozent des maximalen Gewinnpotenzials* $p_s \cdot \mu_0$ berechnet.

ω_0^*	10 %	20 %	30 %	40 %	50 %	60 %	70 %	80 %	90 %
z_0^*	- 1,282	- 0,842	- 0,524	- 0,253	0,000	0,253	0,524	0,842	1,282
$\alpha' v_0$ = 5 %	0,9	1,4	1,7	1,9	2,0	1,9	1,7	1,4	0,9
$\alpha' v_0$ = 10 %	1,9	2,8	3,5	3,9	4,0	3,9	3,5	2,8	1,8
$\alpha' v_0$ = 20 %	3,5	5,6	7,0	7,7	8,0	7,7	7,0	5,6	3,5
$\alpha' v_0$ = 40 %	7,0	11,2	13,9	15,5	16,0	15,5	13,9	11,2	7,0
$\alpha' v_0$ = 80 %	14,0	22,4	27,8	30,9	31,9	30,9	27,8	22,4	14,0

Tab. 1: Maximales Verbesserungspotenzial ΔG_{max}^* bei optimaler Disposition in Prozent des maximalen Gewinnpotenzials $p_s \cdot \mu_0$

Beispiel 1

Für einen Modeartikel werden zum Priorzeitpunkt t_0 folgende Parameterwerte geschätzt:

μ_0 = 2400 ME; v_0 = 50 %;

p = 55 GE/ME; p_a = 10 GE/ME;

c = 25 GE/ME; α = 50 %

Hieraus berechnet man:

$$p_s = p - p_a = 45; \quad \omega_0^* = \frac{p-c}{p_s} = \frac{30}{45} = 67\%$$

$$z_0^* = \Phi^{-1}(0,67) = 0,4307; \quad \varphi(z_0^*) = 0,3636$$

Optimaler Priorgewinn (Gl. 16, S. 24):

$$E(G_0^*) = 45 \cdot 2400 \, (0,67 - 0,5 \cdot 0,3636) = 52366 \text{ GE}$$

Optimaler Posteriorgewinn (Gl. 26, S. 29):

$$E(G_1^*) = 45 \cdot 2400 \, (0,67 - 0,5 \cdot 0,5 \cdot 0,3636) = 62183 \text{ GE}$$

maximales Verbesserungspotenzial:

$$\Delta G_{max}^* = 62183 - 52366 = 9817 \text{ GE}$$

relatives Verbesserungspotenzial:

$$\Delta G_{max}^* \text{ (rel.)} = \frac{9817}{52366} = 18,7\%$$

Obere Schranke für das Verbesserungspotenzial bei sicherer Posterior-Prognose:

$$\Delta G_{max}^* \, (\alpha = 0) = 2 \cdot \Delta G_{max}^* \, (\alpha = 0,5) = 19634 \text{ GE}$$

Wie hoch ist das maximale Verbesserungspotenzial, wenn wir (sowohl prior als auch posterior) von *suboptimalen Dispositionen* $x' = \mu$ ausgehen?

Analog zur suboptimalen Priordisposition (Gl. 19 bis 22, S. 26 f.) gilt nach Eintreffen des verbesserten Prognosewertes μ_1 zum Posteriorzeitpunkt t_1:

$$x_1^{'} = \mu_1 \qquad\qquad \text{Gl. 29}$$

$$z_1^{'} = 0 \qquad\qquad \text{Gl. 30}$$

$$\begin{aligned}
E(G_1^{'}|\text{posterior}) &= p_s \cdot \mu_1 \, (\omega_0^{*} - \alpha\, v_0 \cdot \Psi(0)) \\
&\approx p_s \cdot \mu_1 \, (\omega_0^{*} - 0,4 \cdot \alpha \cdot v_0)
\end{aligned} \qquad\qquad \text{Gl. 31}$$

Aus *Priorsicht* haben die Posterior-Größen in den Gln. 29 und 31 folgende Erwartungswerte:

$$E(x_1^{'}) = \mu_0 \qquad\qquad \text{Gl. 32}$$

$$\begin{aligned}
E(G_1^{'}) &= p_s \cdot \mu_0 \, (\omega_0^{*} - \alpha\, v_0 \cdot \Psi(0)) \\
&\approx p_s \cdot \mu_0 \, (\omega_0^{*} - 0,4 \cdot \alpha \cdot v_0)
\end{aligned} \qquad\qquad \text{Gl. 33}$$

Analog zu Gl. 27 ergibt sich somit das *maximale Verbesserungspotenzial bei suboptimaler Disposition* $\Delta G_{max}^{'}$ als Differenz der Gewinnerwartungen posterior (Gl. 33) und prior (Gl. 22):

$$\begin{aligned}
\Delta G_{max}^{'} &= E(G_1^{'}) - E(G_0^{1}) \\
&= \Psi(0) \cdot p_s \cdot \mu_0 \cdot (1-\alpha) \cdot v_0 \\
&\approx 0,4 \cdot p_s \cdot \mu_0 \cdot (1-\alpha) \cdot v_0
\end{aligned} \qquad\qquad \text{Gl. 34}$$

Bei Parametrisierung des α-Wertes berechnen wir in Analogie zu Gl. 28 als *obere Schranke des Verbesserungspotenzials bei suboptimaler Disposition* den Wert der zur Gänze vermiedenen Risikokosten (Gl. 21):

$$\begin{aligned}
\Delta G_{max}^{'} \, (\alpha = 0) &= \Psi(0) \cdot p_s \cdot \mu_0 \cdot v_0 \\
&\approx 0,4 \cdot p_s \cdot \mu_0 \cdot v_0
\end{aligned} \qquad\qquad \text{Gl. 35}$$

In Tab. 1 finden wir die (vom ω_0^{*}-Wert eines Artikels unabhängigen) Potenzialwerte $\Delta G_{max}^{'}$ in der Spalte $\omega_0^{*} = 50\,\%$.

Beispiel 1 (Fortsetzung)

Es gelten die Daten von Beispiel 1, im Gegensatz zu den Berechnungen S. 29 f. unterstellen wir aber im Folgenden sowohl prior als auch posterior ein suboptimales Dispositionsverhalten $x = \mu$.

Dann ergibt sich:

Suboptimaler Priorgewinn (Gl. 22, S. 26):

$$E(G_0') = 45 \cdot 2400 \cdot (0,6667 - 0,3989 \cdot 0,5)$$
$$= 50459 \text{ GE} \quad (\text{optimal}: 52366\,\text{GE})$$

Suboptimaler Posteriorgewinn (Gl. 33, S. 32):

$$E(G_1') = 45 \cdot 2400 \, (0,6667 - 0,5 \cdot 0,5 \cdot 0,3989)$$
$$= 61230 \text{ GE} \quad (\text{optimal}: 62183\,\text{GE})$$

maximales Verbesserungspotenzial:

$$\Delta G_{max}^{*'} = 61230 - 50459 = 10771 \text{ GE} \quad (\text{optimal}: 9817\,\text{GE})$$

relatives Verbesserungspotenzial:

$$\Delta G_{max}' \text{ (rel.)} = \frac{10771}{50459} = 21,3\%$$

Obere Schranke für das Verbesserungspotenzial bei sicherer Posterior-Prognose:

$$\Delta G_{max}' \, (\alpha = 0) = 2 \cdot \Delta G_{max}' = 21542 \text{ GE}$$

3.1.4 Grenzen des Normalverteilungsmodells: Einsatz der Lognormalverteilung für hochriskante Modeprodukte

Die *Normalverteilung als Nachfragemodell* (vgl. S. 15 ff.) weist eine Schwäche auf: *Irreale negative Nachfragewerte* sind nicht grundsätzlich ausgeschlossen. Diese Modellschwäche ist allerdings vernachlässigbar, solange der relative Prognosefehler $v_0 = \sigma_0/\mu_0$ den Wert 0,5 nicht übersteigt. Im Rahmen unserer groben Modellabschätzungen erhält man mit dem Normalverteilungsmodell aber auch dann noch brauchbare Antworten, wenn der relative Prognosefehler v_0 Werte im Bereich 0,8 erreicht. Dies gilt vor allem für Modeartikel, die *aus Sicht ihres Stückdeckungsbeitrages attraktiv* sind (d.h. für Artikel mit ω_0^*-Werten > 50 %), also für die meisten Modeartikel, die in der Praxis als marktfähig betrachtet werden.

Sollen andererseits *hochriskante Modeprodukte* mit v_0-Werten von 1,0 und größer a-nalysiert werden, erweist sich das Normalverteilungsmodell zunehmend als unbrauchbar, insbesondere wenn es um die Untersuchung von (in der Praxis untypischen) Artikeln geht, die nicht nur aus Risikosicht, sondern auch aus Sicht ihres *Stückdeckungsbeitrages unattraktiv* sind ($\omega_0^* < 50$ %).

Die Probleme die im Bereich der hochriskanten und/oder unattraktiven Modeprodukte bei Anwendung der Normalverteilung auftreten, lassen sich zusammengefasst wie folgt charakterisieren:

- *Erzeugung von unsinnigen negativen Nachfragewerten in einem nicht zu vernachlässigenden Ausmaß für $v_0 \geq 1,0$*

v_0	0,10	0,20	0,50	0,80	1,0	1,5	2,0
Anteil der neg. Nachfragewerte	0	0	2,3 %	11 %	16 %	25 %	31 %

- *Überbewertung von Überdeckungskosten im Newsvendor-Modell*
  Für negative Nachfragewerte wird im Newsvendor-Modell selbst dann eine (irreale) Überdeckung ausgewiesen, wenn die Produktionsmenge $x_0 = 0$ disponiert wurde. Bei der Risikobewertung führt die verzerrte Übersteigerung möglicher Überdeckungsmengen vor allem bei unattraktiven Artikeln (bei kleinen ω_0^*-Werten) zu deutlichen Bewertungsfehlern, weil hier die spezifischen Überdeckungskosten c_0 weitaus höher sind als die spezifischen Unterdeckungskosten c_u.

- *fälschlicher Ausweis von Verlusterwartungen für die Dispositionsmenge $x_0 = 0$*
  Verwendet man im Newsvendor-Modell eine Nachfrageverteilung, bei der negative Nachfragewerte grundsätzlich ausgeschlossen sind, dann berechnet man *in Übereinstimmung mit der Realität* für die Dispositionsmenge $x_0 = 0$ in jedem Fall die *Gewinnerwartung null* ($E(G_0|x_0 = 0) = 0$, falls wie in unserem Modellansatz zusätzliche „Strafkosten" für Unterdeckung ausgeschlossen wurden). Wegen unrealistisch überhöhter Überdeckungsmengen und –kosten ermittelt man dagegen aus

35

dem Normalverteilungsmodell für die Strategie $x_0 = 0$ *fälschlich eine Verluster-wartung* (d.h. $E(G_0|x_0 = 0) < 0$), falls v_0 hinreichend groß ist und der relative Stückdeckungsbeitrag ω_0^* gewisse Grenzen unterschreitet.[1]

• *Erzeugung von (unsinnigen) negativen Optimalproduktionsmengen* x_0^*

Auch dieses unrealistische Ergebnis erhält man nur bei (in der Praxis) untypischen Artikeln mit hohen v_0-Werten und gleichzeitig kleinen ω_0^*-Werten. Formal gilt im Normalverteilungs-Modell:

$$x_0^* < 0, \text{ wenn } \omega_0^* < \Phi\left(-\frac{1}{v_0}\right)$$

Beispiel: Bei Artikeln mit $v_0 \geq 2,0$ und $c_ü > 2,3\ c_u$, würde das Normalverteilungs-Newsvendor-Modell formal negative Optimalproduktionsmengen x_0^* ermitteln.

Als *Fazit* kann man konstatieren:

Da man *hochriskante Modeartikel* ($v_0 > 1$) in der Praxis nur dann auf den Markt bringt, wenn sie zum Ausgleich *hohe Stückdeckungsbeiträge* zeigen ($\omega_0^* > 0,5$), ist ein Teil der diskutierten Schwächen des Normalverteilungsmodells nur von theoretischem Interesse. Trotzdem soll (im Ansatz) auch für den Bereich der *hochriskanten Modear-tikel eine Modellalternative* aufgezeigt werden, die diese Schwächen nicht aufweist: *die Lognormalverteilung.*

Als Nachfrageverteilung hat die Lognormalverteilung folgende Vorteile:

• grundsätzlich keine negativen Nachfragewerte

• eine enge Verwandtschaft zur Normalverteilung (insbesondere ist die Lognormal-verteilung wie die Normalverteilung kontinuierlich und unimodal.)

• anpassungsfähig an die bisher verwendeten Prognoseparameter μ_0 und v_0 (empiri-sche Schätzwerte)

---

[1] Aus Sicht einer realistischen Interpretation ist somit die (formal korrekte) Diskussion über Verlusterwartungen bei Diruf (2005), S. 29-31, ein missverständliches Modellartefakt.

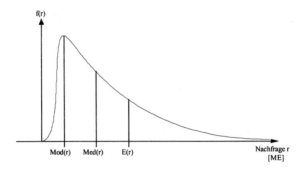

Abb. 5: Dichtefunktion f(r) der Lognormalverteilung als Nachfrageverteilung

Im Gegensatz zur symmetrischen Normalverteilung ist die Dichtefunktion der Lognormalverteilung jedoch *stark unsymmetrisch (linkssteil; rechtsschief; vgl. Abb. 5)*. Die Modal-, Median- und Erwartungswerte (die bei Normalverteilungen im Wert μ zusammenfallen) haben bei der Lognormalverteilung deutlich unterschiedliche Positionen (Mod(r) < Med(r) < E(r)).

Gehorcht eine Zufallsgröße r (in unserem Fall: die prognostizierte Saisonnachfrage r eines bestimmten Modeartikels) einer *Lognormalverteilung* mit den empirisch geschätzten Priorprognosewerten:

Erwartungswert $\quad$ E(r) $\;=\;$ μ_0

Variationskoeffizient $\quad$ v_0 $\;=\;$ $\dfrac{\sigma_0}{\mu_0}$

Dann folgt die logarithmierte *Zufallsgröße* ln r *einer Normalverteilung* mit den Parametern μ_0', σ_0'. Die Parameterwerte μ_0', σ_0' der zugrundeliegenden Normalverteilung lassen sich leicht aus den empirischen Prognosewerten berechnen:

$$\sigma_0' = \sqrt{\ln\left(1 + v_0^2\right)} \qquad\qquad \text{Gl. 36}$$

$$\mu_0' = \ln \mu_0 - \frac{1}{2} \sigma_0'^2 =$$

$$= \ln \mu_0 - \frac{1}{2} \ln (1 + v_0^2)$$

Gl. 37

Median- und Modalwert ergeben sich wie folgt:

$$Med(r) = e^{\mu_0'} = \frac{\mu_0}{(1 + v_0^2)^{0.5}}$$

Gl. 38

$$Mod(r) = \frac{\mu_0}{(1 + v_0^2)^{1.5}}$$

Gl. 39

Um die Risikokosten und die Gewinnerwartung für eine im Allgemeinen *nichtoptimale Prior-Dispositionsmenge* x_0 zu ermitteln, berechnen wir zunächst die zu erwartende Unterdeckungsmenge $E(U|x_0)$. Hier gilt (ohne Herleitung):

normierte Dispositionsmenge $\quad z_0 = \dfrac{\ln x_0 - \mu_0'}{\sigma_0'}$

Gl. 40

nichtoptimale
Servicewahrscheinlichkeit $\quad \omega_0 = \Phi(z_0)$

Gl. 41

Unterdeckungsmenge $\quad E(U|x_0) = \mu_0 \cdot \Phi(\sigma_0' - z_0) - x_0 \Phi(-z_0)$

Gl. 42

Gemäß Gl. 8 (S. 20) gilt allgemein für die *Überdeckungserwartung*:

$$E(Ü|x_0) = x_0 - \mu_0 + E(U|x_0)$$

Ferner erhalten wir die *Risikokostenerwartung* allgemein aus Gl. 7 (S. 20):

$$E(K_0|x_0) = c_ü \cdot E(Ü|x_0) + c_u \cdot E(U|x_0)$$

Aus diesen allgemeinen Newsvendor-Beziehungen lassen sich mit Hilfe von Gl. 42 leicht die *Absatzrisikokosten für eine lognormalverteilte Saisonnachfrage berechnen*:

$$E(K_0|x_0) = (c_u + c_ü) \cdot \left[\mu_0 \cdot \Phi(\sigma_0' - z_0) - x_0 \cdot \Phi(-z_0) \right] + c_ü (x_0 - \mu_0)$$

Gl. 43

Auch zur Berechnung der *Gewinnerwartung* $E(G_0|x_0)$ ziehen wir eine für alle Nach-frage-Verteilungen gültige Beziehung heran (Gl. 2, S. 18):

$$E(G_0|x_0) = c_u \cdot \mu_0 - E(K_0|x_0)$$

Mit Gl. 43 erhalten wir dann als Gewinnerwartung *für eine lognormalverteilte Nach-frage bei einer beliebigen Dispositionsmenge* x_0:

$$E(G_0|x_0) = (c_u + c_\ddot{u}) \cdot \left[\mu_0 - \mu_0 \cdot \Phi\left(\sigma_0' - z_0\right) + x_0 \cdot \Phi\left(-z_0\right)\right] - c_\ddot{u} \cdot x_0 \qquad \text{Gl. 44}$$

Aus Gründen der Logik sollten alle nicht-negativen Nachfrageverteilungen folgende Forderungen erfüllen:

$$E(\text{Unterdeckungsmenge}|x_0 = 0) = \mu_0$$

$$E(\text{Überdeckungsmenge}|x_0 = 0) = 0$$

$$E(G_0|x_0 = 0) = 0$$

Im Gegensatz zum Normalverteilungsmodell genügen die Gln. 42 und 44 diesen An-forderungen auch bei hochriskanten Modeartikeln. Man erkennt nämlich leicht: Aus $x_0 \to 0$ folgt $z_0 \to -\infty$ und $E(U|x_0 = 0) = \mu_0$. Entsprechend gilt für die Gewinnerwar-tung $E(G_0|x_0 = 0) = c_u \cdot \mu_0 - c_u \mu_0 = 0$.

Gehen wir im Lognormalverteilungsmodell von einer beliebigen Priordispositions-menge x_0 zur *Optimal-Disposition* x_0^* über, dann werden folgende Zusammenhänge relevant:

$$\omega_0^* = \frac{c_u}{p_s} \qquad \text{Gl. 45}$$

$$z_0^* = \Phi^{-1}(\omega_0^*) \qquad \text{Gl. 46}$$

$$x_0^* = e^{\mu_0 + z_0^* \sigma_0'} \qquad \text{Gl. 47}$$

Substituiert man die *optimale Dispositionsmenge* x_0^* (gemäß Gl. 47) in die allgemeinen *Kosten- und Gewinngleichungen* (Gln. 43 und 44), dann erhalten wir die *Kosten- und Gewinnerwartungen bei optimaler Politik*:

$$E(K_0^*) = p_s \cdot \mu_0 \left[\omega_0^* + \Phi(\sigma_0^{'} - z_0^*) - 1 \right] \qquad \text{Gl. 48}$$

$$E(G_0^*) = p_s \cdot \mu_0 \left[1 - \Phi(\sigma_0^{'} - z_0^*) \right] =$$
$$= p_s \cdot \mu_0 \left[1 - \Phi\left(\sqrt{\ln(1+v_0^2)} - z_0^* \right) \right] \qquad \text{Gl. 49}$$

Obwohl das *Prognoseverbesserungsmodell* von Abschn. 3.1.1 (S. 15 ff.) nicht mehr mit unserer Logverteilungsannahme übereinstimmt, können wir näherungsweise annehmen, zum *Posteriorzeitpunkt* t_1 würde sich der *relative Prognosefehler auf den Wert* αv_0 $(0 \le \alpha \le 1)$ vermindern. Bei einem *Totalpostponement* der gesamten Artikelmenge verbessert sich dann die Gewinnerwartung auf den Wert $E(G_1^*)$, der sich aus Priorsicht wie folgt abschätzen lässt:

$$E(G_1^*) = p_s \cdot \mu_0 \left[1 - \Phi\left(\sqrt{\ln(1+(\alpha v_0)^2)} - z_0^* \right) \right] \qquad \text{Gl. 50}$$

Analog zum Normalverteilungsmodell (S. 29) erhalten wir dann das *maximale Verbesserungspotenzial* ΔG_{max}^* bei optimaler Disposition als Differenz der „besseren" und der „schlechteren" Gewinnerwartung:

$$\Delta G_{max}^* = E(G_1^*) - E(G_0^*) =$$
$$= p_s \mu_0 \left[\Phi\left(\sqrt{\ln(1+v_0^2)} - z_0^* \right) - \Phi\left(\sqrt{\ln(1+(\alpha v_0)^2)} - z_0^* \right) \right] \qquad \text{Gl. 51}$$

Beispiel 2

μ_0 = 100 ME; v_0 = 50 %;

p = 140 GE/ME; p_0 = 40 GE/ME;

c = 56 GE/ME; α = 50 %

Derivative Parameterwerte:

p_s = 100 GE/ME; $\overset{\bullet}{\omega}_0$ = 84 %; $\overset{\bullet}{z}_0$ = 1,0

σ_0 = 50 ME; $\alpha\sigma_0$ = 25 ME; αv_0 = 0,25

Anwendung des Normalverteilungsmodells:

$\overset{\bullet}{x}_0 = 100 + 1 \cdot 50 = 150\,\text{ME}$

$E(\overset{\bullet}{G}_0) = 100 \cdot 100 \left[0,84 - 0,5 \cdot \varphi(1,0)\right] = 7190\ \text{GE}$

$E(\overset{\bullet}{G}_1) = 100 \cdot 100 \left[0,84 - 0,25 \cdot \varphi(1,0)\right] = 7795\ \text{GE}$

$\Delta\overset{\bullet}{G}_{max} = E(\overset{\bullet}{G}_1) - E(\overset{\bullet}{G}_0) = 605\ \text{GE}$

Anwendung des Lognormalverteilungsmodells:

$\overset{\cdot}{\sigma}_0 = \sqrt{\ln 1,25} = 0,4723$

$\overset{\cdot}{\mu}_0 = 4,6051 - \dfrac{1}{2}\ln 1,25 = 4,4936$

$\overset{\bullet}{x}_0 = e^{4,96597} = 143,4\ \text{ME}$

$E(\overset{\bullet}{G}_0) = 100 \cdot 100 \left[1 - \Phi(0,4723 - 1,0)\right] = 7019\ \text{GE}$

$E(\overset{\bullet}{G}_1) = 100 \cdot 100 \left[1 - \Phi(0,2462 - 1,0)\right] = 7734\ \text{GE}$

$\Delta\overset{\bullet}{G}_{max} = E(\overset{\bullet}{G}_1) - E(\overset{\bullet}{G}_2) = 715\ \text{GE}$

Ein Vergleich der alternativen Modellergebnisse zeigt: Beide Modelle kommen sowohl hinsichtlich der optimalen Dispositionsmenge als auch hinsichtlich der Gewinn- und Verbesserungsabschätzung zu ähnlichen Ergebnissen. Dies ändert sich allerdings grundlegend, wenn wir zu einem (*in der Praxis uninteressanten*) Artikel übergehen, der gleichzeitig ein sehr hohes Risiko und einen geringen relativen Deckungsbeitrag aufweist:

Beispiel 3

$$\mu_0 = 100 \text{ ME}; \qquad v_0 = 2,0;$$

$$p = 140 \text{ GE/ME}; \qquad p_{\ddot{u}} = 40 \text{ GE/ME};$$

$$c = 124 \text{ GE/ME}; \qquad \alpha = 50 \%$$

Derivative Parameterwerte:

$$p_s = 100 \text{ GE/ME}; \qquad \omega_0^* = 16 \%; \qquad z_0^* = -1$$

$$\sigma_0 = 200 \text{ ME}; \qquad \alpha\,\sigma_0 = 100 \text{ ME}; \qquad \alpha\,v_0 = 1,0$$

Anwendung des Normalverteilungsmodells:

$$x_0^* = 100 - 1 \cdot 200 = -100 \text{ ME}$$

$$E(G_0^*) = 100 \cdot 100 \left[0,16 - 2,0 \cdot \varphi(-1) \right] = -3240 \text{ GE}$$

$$E(G_1^*) = 100 \cdot 100 \left[0,16 - 1,0 \cdot \varphi(-1) \right] = -820 \text{ GE}$$

$$\Delta G_{max}^* = E(G_1^*) - E(G_0^*) = 2420 \text{ GE}$$

Anwendung des Lognormalverteilungsmodells:

$$\sigma_0' = \sqrt{\ln 5} = 1,2686$$

$$\mu_0' = \ln 100 - \frac{1}{2} \ln 5 = 3,800$$

$$x_0^* = e^{2,5318} = 12,6 \text{ ME}$$

$$E(G_0^*) = 100 \cdot 100 \left[1 - \Phi\,(1,2686 + 1) \right] = 116 \text{ GE}$$

$$E(G_1^*) = 100 \cdot 100 \left[1 - \Phi\,(0,8326 + 1) \right] = 336 \text{ GE}$$

$$\Delta G_{max}^* = E(G_1^*) - E(G_2^*) = 220 \text{ GE}$$

Offensichtlich wird für den hochriskanten und „gewinnschwachen" Modeartikel im Beispiel (mit $v_0 = 2,0$ und $\omega_0^* = 16$ %) *das Normalverteilungsmodell völlig unbrauchbar*: Es zeigt unsinnige Ergebnisse (eine negative „Optimalproduktionsmenge" und der Logik widersprechende negative Gewinnerwartungen). Im Gegensatz dazu liefert das *Lognormalverteilungsmodell eine plausible Analyse dieses „schwachen" Artikels*: Es empfiehlt (wegen des hohen Risikos und des schlechten $c_u/c_{\ddot{u}}$-Verhältnisses) eine sehr geringe Optimalproduktionsmenge von 12,6 ME (verglichen mit dem mittleren

Prognosewert 100 ME) und es prognostiziert konsequenterweise auch eine entsprechend niedrige Gewinnerwartung von 116 GE. Bei einer Verringerung des Prognosefehlers (auf 50 % des bisherigen Fehlers) und einer geeigneten Posterior-Korrektur der Produktionsmenge könnte die Gewinnerwartung fast verdreifacht werden (auf 336 GE).

3.2 Flexible Verfügbarkeit von Reaktivkapazitäten gegen einen Aufpreis bei den Produktionsstückkosten

3.2.1 Analyse der Nettoerfolgspotenziale eines Totalpostponements von Modeartikeln

(1) *Entscheidungsszenario*

Wir unterstellen weitgehend dasselbe Entscheidungsszenario, wie es in Abschn. 3.1.3 (S. 27 ff.) bei der Berechnung der *theoretischen Maximalverbesserungen* beschrieben wurde. Im Gegensatz zu Abschn. 3.1.3 nehmen wir allerdings nun an, dass *eine Posteriorproduktion (unter Einsatz von Reaktivkapazitäten) im Vergleich zu einer Priorproduktion mit variablen Mehrkosten* Δc [GE / ME] *verbunden ist.*

Obwohl die *variablen Mehrkosten* Δc [GE / ME] einer Postponementproduktion fallabhängig bestimmt werden müssen, kann man davon ausgehen, dass sie in der Tendenz ansteigen,

- je kürzer die für die Reaktivproduktion verfügbare Zeit und
- je höher der Bedarf an Mengenflexibilität bei den Reaktivkapazitäten ist (vgl. S. 8 ff.).

Andererseits ist aber eine verkürzte Reaktionszeit und eine erhöhte Mengenflexibilität in der Tendenz *mit einem verbesserten Prognosefaktor* α *und mit geringeren Risikokosten* verknüpft. Für die Disposition stellt sich somit zum Zeitpunkt t_0 die Frage: *Ist ein Produktions-Postponement des betrachteten Artikels trotz der Produktionsmehrkosten lohnend?*

Wir wenden uns zunächst einer vereinfachten Variante dieses Entscheidungsproblems zu und nehmen an, dass *die gesamte Dispositionsmenge des betrachteten Artikels entweder prior oder posterior produziert werden soll.*

Modellgestützt sind somit folgende Fragen zu beantworten:

- Wie hoch ist aus Priorsicht die Netto-Gewinnerwartung $E(G_1)$ bei einem Totalpostponement des betrachteten Artikels?

- Welche Verbesserungen oder Verschlechterungen $\Delta G = E(G_1) - E(G_0)$ können im Vergleich zu einer vollständigen Priorproduktion erwartet werden?

(2) *Berechnung der Postponement-Gewinne oder –Verluste bei optimaler Disposition* x_0^* *und* x_1^*

Die Gewinnerwartungen einer (totalen) Priorproduktion $E(G_0^*)$ und einer (totalen) Posteriorproduktion $E(G_1^*)$ *ohne Mehrkosten* wurden bereits bestimmt (vgl. Gl. 16, S. 24 bzw. Gl. 26, S. 29). Um die *Posterior-Gewinnerwartung bei variablen Mehrkosten* Δc zu ermitteln, greifen wir (analog zu S. 28) wieder den *Entscheidungszeitpunkt* t_1 auf:

Zum Posteriorzeitpunkt t_1 kennt der Disponent bereits den *verbesserten Prognosewert* μ_1 *mit dem geringeren Prognosefehler* $\alpha\sigma_0$. Im Gegensatz zu der auf S. 28 beschriebenen Situation haben sich aber die variablen Produktionskosten im Vergleich zum Priorzeitpunkt auf den Wert $c + \Delta c$ erhöht. Ein optimal disponierender Planer wird deshalb nicht nur die verbesserten Prognosewerte μ_1 und $\alpha\sigma_0$ bei der Bestimmung der optimalen Dispositionsmenge x_1^* berücksichtigen, sondern auch den *veränderten Zuschlagsfaktorwert* z_1^*:

Gemäß Gl. 6 (S. 19) erhalten wir für den *relativen Deckungsbeitrag* ω_1^* den Wert:

$$\omega_1^* = \frac{p-(c+\Delta c)}{p_s} = \omega_0^* - \frac{\Delta c}{p_s} = \omega_0^* - \Delta\zeta \qquad \text{Gl. 52}$$

Der *relative Deckungsbeitrag (die optimale Servicewahrscheinlichkeit)* wird also posterior um die *relative Kostenerhöhung*

$$\Delta\zeta = \frac{\Delta c}{p_s} \qquad \text{Gl. 53}$$

44

vermindert. Konsequenterweise vermindert sich auch der Wert des *optimalen Zu-schlags(Abschlags)faktors* z_1^* (vgl. Gl. 5, S. 19):

$$z_1^* = \Phi^{-1}(\omega_1^*) = \Phi^{-1}(\omega_0^* - \Delta\zeta) \qquad \text{Gl. 54}$$

Damit erhält man als optimale Produktionsmenge x_1^* zum Zeitpunkt t_1 (vgl. Gl. 4, S. 19):

$$x_1^* \text{ (posterior)} = \mu_1 + \alpha\sigma_0 \cdot \Phi^{-1}(\omega_0^* - \Delta\zeta) \qquad \text{Gl. 55}$$

Aus *Priorsicht* ist der verbesserte Posterior-Prognosewert μ_1 allerdings keine be-kannte Größe, sondern eine Zufallsvariable, die einer Normalverteilung mit den Parametern μ_0, $\sqrt{1 - \alpha^2}\,\sigma_0$ gehorcht (vgl. S. 16). Somit ist auch die Posteriormen-ge x_1^* aus Priorsicht normalverteilt mit dem Erwartungswert

$$E(x_1^*) = \mu_0 + \alpha\sigma_0 \cdot \Phi^{-1}(\omega_0^* - \Delta\zeta) \qquad \text{Gl. 56}$$

und der Standardabweichung $\sqrt{1 - \alpha^2}\,\sigma_0$.

Da die Dispositionsmenge x_1^* den *Bedarf an Reaktivkapazität* bestimmt, stellen wir aus Priorsicht fest:

- Der *Bedarf an Reaktivkapazität* zum Zeitpunkt t_1 kann aus Priorsicht nur *als Erwartungswert* (gemäß Gl. 56) prognostiziert werden.

- Die durch die Standardabweichung $\sqrt{1 - \alpha^2}\,\sigma_0$ gekennzeichnete *Bedarfsunsi-cherheit* muss durch eine entsprechende *Mengenflexibilität* der Reaktivkapazi-täten (z.B. durch einen Kapazitätspuffer) abgefangen werden.

- Der *Mengenflexibilitätsbedarf* bei den Reaktivkapazitäten (gekennzeichnet durch den Wert $\sqrt{1 - \alpha^2}\,\sigma_0$) steigt mit dem *Verbesserungsgrad* $\alpha' = 1 - \alpha$ des *Nachfrage-Prognosefehlers*. Im Grenzfall $\alpha' = 0$ (keine Nachfrageverbes-serung) kann der zum Zeitpunkt t_1 erforderliche Kapazitätsbedarf für eine Postponementproduktion bereits zum Priorzeitpunkt mit Sicherheit prognosti-ziert werden. Eine Mengenflexibilität (z.B. ein Kapazitätspuffer) ist in diesem Fall *nicht erforderlich*. Im gegenteiligen Grenzfall $\alpha' = 1$ (sichere Nachfrageprognose zum Posteriorzeitpunkt) umfasst der Flexibilitätsbedarf für eine Postponementproduktion dagegen *die volle (durch σ_0 gekennzeichnete) Bandbreite.*

- So gesehen, wird bei einer erfolgreichen Postponementproduktion *ein Teil des ursprünglichen Nachfragerisikos σ_0 durch die Flexibilität der Reaktivkapazitäten absorbiert.*

Für die gesuchte Prior-Gewinnerwartung $E(G_1^*)$ bei vollständiger Posteriorproduktion des betrachteten Artikels erhalten wir in Analogie zu Gl. 26 (S. 29) und unter Verwendung von Gl. 52 den Ausdruck:

$$E\left(G_1^* \middle| c_1 = c + \Delta c\right) = p_s \mu_0 \left[\left(\omega_0^* - \Delta\zeta\right) - \alpha \cdot v_0 \cdot \varphi\left(\Phi^{-1}\left(\omega_0^* - \Delta\zeta\right)\right)\right] \qquad \text{Gl. 57}$$

Mit Hilfe von Gl. 16 (S. 24) lässt sich hieraus das *Netto-Erfolgspotenzial einer vollständigen Postponementproduktion* ermitteln:

$$\begin{aligned}\Delta G^*\left(c_1 = c + \Delta c\right) &= E\left(G_1^* \middle| c_1 = c + \Delta c\right) - E\left(G_0^*\right) = \\ &= p_s \mu_0 \left\{v_0\left[\varphi\left(\Phi^{-1}(\omega_0^*)\right) - \alpha\varphi\left(\Phi^{-1}(\omega_0^* - \Delta\zeta)\right)\right] - \Delta\zeta\right\}\end{aligned} \qquad \text{Gl. 58}$$

Für den *Sonderfall verschwindender Mehrkosten* $\Delta c = 0$ ergibt sich aus Gl. 58 die bereits bekannte Gl. 27 (S. 29) für das maximale Verbesserungspotenzial.

(3) *Kosten- und Prognoseverbesserungsschranken für erfolgreiche Postponementstrategien*

Offensichtlich darf der *mit einem Produktionspostponement verbundene Aufpreis* $\Delta c[\text{GE}/\text{ME}]$ gewisse Grenzen nicht überschreiten, wenn diese Strategie erfolgreich sein soll.

Eine „harte" Kostenobergrenze, die auch für ein Teilpostponement gilt, resultiert zunächst aus dem *Stückdeckungsbeitrag* c_u. Dieser muss auch bei einer Posteriorproduktion positiv bleiben, wenn sich das Produkt überhaupt lohnen soll:

$$\Delta c < c_u \qquad \text{Gl. 59}$$

Hieraus ergibt sich für die *relativen Mehrkosten* $\Delta\zeta$ die äquivalente Bedingung:

$$\Delta\zeta < \omega_0^{\bullet} \qquad\qquad\qquad \text{Gl. 60}$$

Auch wenn die Kostenschranke von Gl. 60 eingehalten wird, ist ein Postponementerfolg i.d.R. nicht gegeben. Dies ist nur dann der Fall, *wenn die Produktionsmehrkosten geringer sind als die eingesparten Absatzrisikokosten*. Aus Gl. 58 erhalten wir folgende *Mindestbedingung für eine Netto-Verbesserung*:

$$v_0\left[\varphi\left(\Phi^{-1}(\omega_0^{\bullet})\right) - \alpha\,\varphi\left(\Phi^{-1}(\omega_0^{\bullet} - \Delta\zeta)\right)\right] - \Delta\zeta > 0 \qquad\qquad \text{Gl. 61}$$

Mit Hilfe von Gl. 61 können die für einen Postponementerfolg zulässigen Mehrkosten $\Delta\zeta$ noch weiter eingegrenzt werden. Zu diesem Zweck gehen wir *bei der Prognoseverbesserung vom theoretischen Idealfall* $\alpha' = 1 - \alpha = 100\%$ aus. Gl. 61 liefert dann folgende *obere Schranke für den relativen Postponement-Aufpreis* $\Delta\zeta$:

$$\Delta\zeta < v_0 \cdot \varphi\left(\Phi^{-1}(\omega_0^{\bullet})\right) \qquad\qquad\qquad \text{Gl. 62}$$

Falls die Produktionsmehrkosten $\Delta\zeta$ die Obergrenze von Gl. 62 nicht einhalten, würde sich ein Totalpostponement des betrachteten Artikels selbst dann nicht lohnen, wenn wir mit einer *sicheren Posterior-Nachfrageprognose* rechnen könnten. In Tab. 2 sind für unterschiedliche Werte des relativen Deckungsbeitrages $\omega_0^{\bullet}$ und der Prognoseunsicherheit v_0 die *oberen Kostenschranken* $\Delta\zeta$ in Prozent (gemäß Gl. 62 und 60) berechnet. Die Werte in Tab. 2 zeigen eine Struktur, die wir bereits beim maximalen Postponement-Verbesserungspotenzial (S. 29 f.) kennen gelernt haben: Die „Tragfähigkeit" für Mehrkosten Δc steigt mit der Prognoseunsicherheit v_0 von Modeartikeln, gleichzeitig sinkt sie ab, je weiter sich der relative Deckungsbeitrag $\omega_0^{\bullet}$ nach oben oder unten von seinem mittleren Bereichswert $\omega_0^{\bullet} = 50\%$ entfernt.

v_0	10 %	20 %	30 %	40 %	50 %	60 %	70 %	80 %	90 %	100 %
$\overset{\bullet}{\omega}_0 =$ 10 %	1,8	3,5	5,3	7,0	8,8	10,0	10,0	10,0	10,0	10,0
$\overset{\bullet}{\omega}_0 =$ 20 %	2,8	5,6	8,4	11,2	14,0	16,8	19,6	20,0	20,0	20,0
$\overset{\bullet}{\omega}_0 =$ 30 %	3,5	7,0	10,4	13,9	17,4	20,9	24,3	27,8	30,0	30,0
$\overset{\bullet}{\omega}_0 =$ 40 %	3,9	7,7	11,6	15,5	19,3	23,2	27,0	30,9	34,8	38,6
$\overset{\bullet}{\omega}_0 =$ 50 %	4,0	8,0	12,0	16,0	19,9	23,9	27,9	31,9	35,9	39,9
$\overset{\bullet}{\omega}_0 =$ 60 %	3,9	7,7	11,6	15,5	19,3	23,2	27,0	30,9	34,8	38,6
$\overset{\bullet}{\omega}_0 =$ 70 %	3,5	7,0	10,4	13,9	17,4	20,9	24,3	27,8	31,3	34,8
$\overset{\bullet}{\omega}_0 =$ 80 %	2,8	5,6	8,4	11,2	14,0	16,8	19,6	22,4	25,2	28,0
$\overset{\bullet}{\omega}_0 =$ 90 %	1,8	3,5	5,3	7,0	8,8	10,5	12,3	14,0	15,8	17,5

Tab. 2: Obere Schranken für die relativen Mehrkosten $\Delta\zeta$ in Prozent der Preisspanne p_s: Bei einer Überschreitung lohnt sich ein Totalpostponement selbst bei einer sicheren Posteriorprognose nicht.

Die *Kostenschranken* der Gln. 60 und 62 liefern nur grobe Ausschlusskriterien für unrentable Totalpostponement-Strategien und erste Anhaltspunkte für zulässige Kostenwerte Δc. Liegen die Mehrkosten Δc (bzw. $\Delta\zeta$) im zulässigen Bereich sollten wir umgekehrt die Frage stellen: In welchem Ausmaß $\alpha'_{min} = 1 - \alpha_{max}$ muss sich *die Nachfrageprognose zum Zeitpunkt* t_1 *mindestens verbessern*, wenn ein Totalpostponement des betrachteten Artikels lohnend sein soll? Gl. 61 gibt hier folgende Antwort:

$$\alpha_{max} = \frac{\varphi\left(\Phi^{-1}(\omega_0^*)\right) - \frac{\Delta\zeta}{v_0}}{\varphi\left(\Phi^{-1}(\omega_0^* - \Delta\zeta)\right)}$$

Gl. 63

Beispiel 4

μ_0 = 100 ME; $\qquad v_0$ = 80 %;

p = 140 GE/ME; $\qquad p_ü$ = 40 GE/ME;

c = 70 GE/ME; $\qquad \Delta c$ = 8 GE/ME

Derivative Parameterwerte:

p_s = 100 GE/ME; $\qquad \omega_0^*$ = 70 %; $\qquad \Delta\zeta$ = 8 %

$z_0^* = \Phi^{-1}(\omega_0^*) = 0{,}524;$ $\qquad \varphi(z_0^*) = 0{,}3478$

$z_1^* = \Phi^{-1}(\omega_0^* - \Delta\zeta) = \Phi^{-1}(62\%) = 0{,}305;$ $\qquad \varphi(z_1^*) = 0{,}3808$

Ein Blick auf Tab. 2 zeigt zunächst: Die obere Schranke für den $\Delta\zeta$-Wert (bei ω_0^* = 70 %; v_0 = 80 %) beträgt 27,8 %. $\Delta\zeta$ = 8 % liegt also grundsätzlich im zulässigen Bereich. Gemäß Gl. 63 berechnen wir für α_{max} :

$$\alpha_{max} = \frac{\varphi(z_0^*) - \frac{\Delta\zeta}{v_0}}{\varphi(z_1^*)} = \frac{0{,}3478 - \frac{0{,}08}{0{,}8}}{0{,}3808} = 65\%$$

Beim vorliegenden Artikel würde sich somit eine vollständige Postponementproduktion (trotz der Produktionsmehrkosten von Δc = 8 GE/ME) nur lohnen, wenn wir zum Zeitpunkt t_1 mit einer Nachfrageprognoseverbesserung $\alpha = 1 - \alpha$ rechnen können, die deutlich höher liegt als 35 %.

Bei $\alpha' = 60$ % (also $\alpha = 0{,}4$) können wir (gemäß Gl. 58) z.B. folgende *Nettoerhöhung des Gewinns* erwarten:

$\Delta G^*(c_1 = 70 + 8) =$

$\quad = 100 \cdot 100 \cdot \{0{,}8 \left[0{,}3478 - 0{,}4 \cdot 0{,}3808\right] - 0{,}08\} = 764$ GE

Da die Gewinnerwartung bei vollständiger Priorproduktion (gemäß Gl. 16, S. 24) $E(G_0^*) = 100 \cdot 100 \cdot [0,70 - 0,8 \cdot 0,3478] = 4218$ GE beträgt, bringt ein Total-postponement im vorliegenden Fall eine relative Gewinnsteigerung von 18 %.

(4) *Prozentuale Ausschöpfung des maximalen Verbesserungspotenzials* ΔG_{max}^* *durch ein Totalpostponement mit* $\Delta c > 0$

Um die relative Effizienz unterschiedlicher Postponement-Varianten zu verglei-chen, ist es zweckmäßig, die durch sie *erreichbaren Nettoerfolge als Ausschöp-fungsgrad des maximalen Verbesserungspotenzials* ΔG_{max}^* zu messen. Für den re-lativen Erfolg eines Totalpostponements mit $\Delta c > 0$ erhalten wir (unter Einsatz der Gln. 27, S. 29 und 58, S. 45) den Ausdruck:

$$\frac{\Delta G^* (\Delta c > 0)}{\Delta G_{max}^*} = \frac{\varphi\left(\Phi^{-1}(\omega_0^*)\right) - \alpha \cdot \varphi\left(\Phi^{-1}(\omega_0^* - \Delta\zeta)\right) - \dfrac{\Delta\zeta}{v_0}}{(1 - \alpha) \cdot \varphi\left(\Phi^{-1}(\omega_0^*)\right)} \qquad \text{Gl. 64}$$

Beispiel 4 (Fortsetzung)

Da $\Delta G^* (\Delta c = 8) = 764$ GE bereits berechnet wurde, genügt es, mit Hilfe von Gl. 27 (S. 29) das maximale Verbesserungspotenzial dieses Artikels zu ermitteln:

$$\Delta G_{max}^* = 100 \cdot 100 \cdot (1 - 0,4) \cdot 0,8 \cdot 0,3478 = 1669 \text{ GE}$$

Als Ausschöpfungsgrad des maximalen Verbesserungspotenzials erhalten wir so-mit:

$$\frac{\Delta G^* (\Delta c = 8)}{\Delta G_{max}^* (\Delta c = 0)} = \frac{764}{1669} = 46\%$$

50

(5) *Berechnung des Postponement-Nettoerfolges bei suboptimaler Disposition*

$x_0 = \mu_0$ *und* $x_1 = \mu_1$

Die Gewinnerwartung bei suboptimaler Priorproduktion wurde bereits in Gl. 22 (S. 26) ermittelt:

$$E\left(G_0'|x_0 = \mu_0\right) = p_s \mu_0 \left(\omega_0^* - \Psi(0) \cdot v_0\right) \approx$$
$$\approx p_s \mu_0 \left(\omega_0^* - 0{,}3989\, v_0\right)$$

Gl. 65

Für den Sonderfall $\Delta c = \Delta\zeta = 0$ wurde auch die suboptimale Posteriordisposition $x_1 = \mu_1$ schon analysiert (S. 31 f.). Erweitern wir diese Analyse auf den allgemeinen Fall $\Delta c > 0$ und damit auf den Posterior-Wert $\omega_1^* = \omega_0^* - \Delta\zeta$, dann ergibt sich die Posterior-Gewinnerwartung aus Priorsicht unmittelbar als Modifikation von Gl. 33 (S. 32):

$$E\left(G_1'|c_1 = c+\Delta c\right) = p_s \mu_0 \left((\omega_0^* - \Delta\zeta) - \Psi(0)\, \alpha\, v_0\right) \approx$$
$$\approx p_s \cdot \mu_0 \cdot \left(\omega_0^* - \Delta\zeta - 0{,}3989 \cdot \alpha \cdot v_0\right)$$

Gl. 66

Als *Netto-Erfolgspotenzial einer vollständigen Postponementproduktion bei suboptimaler Disposition* erhalten wir somit:

$$\Delta G'(c_1 = c+\Delta c) = E\left(G_1'|c_1 = c+\Delta c\right) - E(G_0') =$$
$$= p_s \cdot \mu_0 \cdot \left[\Psi(0) \cdot (1-\alpha)\, v_0 - \Delta\zeta\right] =$$
$$= \Delta G_{max}' - p_s \cdot \mu_0\, \Delta\zeta$$
$$= \Delta G_{max}' - \mu_0 \cdot \Delta c$$

Gl. 67

Hierbei beträgt das maximale Verbesserungspotenzial $\Delta G_{max}'$ bei suboptimaler Disposition (gemäß Gl. 34, S. 32):

$$\Delta G_{max}' = p_s \cdot \mu_0 \cdot \Psi(0) \cdot (1-\alpha) \cdot v_0$$

Gl. 68

Postponementerfolge kann man bei suboptimaler Disposition dann erzielen (d.h.

$\Delta G' > 0$), wenn bei gegebenem α-Wert die relativen Mehrkosten $\Delta \zeta$ die folgende

Schranke nicht überschreiten

$$\Delta \zeta < 0,3989 \cdot (1-\alpha) \, v_0 \qquad \text{Gl. 69}$$

oder wenn bei gegebenem $\Delta \zeta$-Wert der Prognoseverbesserungsfaktor-Wert α die

Bedingung

$$\alpha < 1 - \frac{\Delta \zeta}{0,3989 \, v_0} \qquad \text{Gl. 70}$$

einhält. Der Funktionswert $\Psi(0) = \frac{1}{\sqrt{2\pi}}$ wurde in den Gln. 69 und 70 nähe-

rungsweise gleich 0,3989 gesetzt. Darüber hinaus ist anzumerken, dass die Mehr-

kosten in jedem Fall Gl. 60 einhalten müssen (d.h. $\Delta c < c_u$).

Auch der *prozentuale Ausschöpfungsgrad des maximalen Verbesserungspotenzials*

kann mit Hilfe der Gln. 67 und 68 leicht bestimmt werden:

$$\frac{\Delta G' (\Delta c > 0)}{\Delta G'_{max}} = 1 - \frac{\Delta \zeta}{\Psi(0) \, (1-\alpha) \cdot v_0}$$

$$\approx 1 - \frac{\Delta \zeta}{0,3989 \cdot (1-\alpha) \cdot v_0} \qquad \text{Gl. 71}$$

Es ist jedoch anzumerken, dass *Ausschöpfungsgrade* bei optimaler Disposition

(Gl. 64) und bei suboptimaler Disposition (Gl. 71) nicht unmittelbar vergleichbar

sind, weil sie *auf unterschiedlichen Bezugsgrößen basieren.*

Beispiel 4 (Fortsetzung)

Es gelten (wie oben) die Daten:

μ_0 = 100 ME; $\qquad v_0$ = 80 %;

p = 140 GE/ME; $\qquad p_{\ddot{u}}$ = 40 GE/ME;

c = 70 GE/ME; $\qquad \Delta c$ = 8 GE/ME

und die derivativen Werte:

p_s = 100 GE/ME; $\qquad \omega_0^*$ = 70 %; $\qquad \Delta \zeta$ = 8 %

Im Gegensatz zur Analyse in (3) und (4) unterstellen wir jedoch nun prior und posterior die suboptimalen Dispositionswerte $x_0 = \mu_0 = 100$ und $x_1 = \mu_1$.

Aus Gl. 70 erhalten wir dann die „Prognose-Bedingung" für einen Postponementerfolg:

$$\alpha < 1 - \frac{0,08}{03989 \cdot 0,8}$$

$$\alpha < 75\,\%$$

Während *bei optimaler Disposition* für einen Postponementerfolg eine Mindest-Prognoseverbesserung von 35 % erforderlich war, genügt bei *suboptimaler Disposition* bereits eine Mindestverbesserung $\alpha' > 25\,\%$. Wenn wir (wie im Optimierungsfall) den Wert $\alpha = 0,4$ unterstellen, errechnen wir mit Hilfe der Gln. 65, 66 und 71 folgende Gewinnerwartungen und Postponement-Erfolgsgrößen:

Gewinnerwartung bei Priorproduktion:

$$E\left(G_0' \middle| x_0 = \mu_0\right) = 100 \cdot 100 \cdot (0,70 - 0,3989 \cdot 0,8) = 3809\ \text{GE}$$

(zum Vergleich: $E(G_0^*) = 4218\ \text{GE}$)

Gewinnerwartung bei vollständiger Posteriorproduktion:

$$E\left(G_1' \middle| x_1 = \mu_1\right) = 100 \cdot 100 \cdot (0,70 - 0,08 - 0,3989 \cdot 0,4 \cdot 0,8) = 4924\ \text{GE}$$

(zum Vergleich: $E(G_1^*) = 4982\ \text{GE}$)

Die Gewinnsteigerung durch Postponement beträgt

absolut: $\Delta G' \ (c_1 = 78) = 1115\ \text{GE}$

relativ: $\dfrac{\Delta G'}{E(G_0')} = 29\,\%$

(zum Vergleich: $\Delta G^* = 764\ \text{GE} \triangleq 18\,\%$)

Als Potenzialausschöpfung erhalten wir:

$$\frac{\Delta G^{'}(c_1 = 78)}{\Delta G^{'}_{max}} = \frac{1115}{1915} = 58\ \%$$

$$(\text{zum Vergleich:}\ \frac{\Delta G^{*}}{\Delta G^{*}_{max}} = 46\ \%)$$

Als Fazit konstatieren wir:

Wenn der ω_0^{*}-Wert eines Artikels deutlich von seinem mittleren Bereichswert 50 % abweicht, zeigt die *suboptimale Prior-Disposition* (im Vergleich zur Optimaldisposition) *zunehmend schlechtere Gewinnwerte*. Andererseits erbringt aber eine *Postponementstrategie c.p. erheblich höhere Nettoerfolge* als im Optimalfall, weil sich durch Verminderung des Prognosefehlers die suboptimale Posteriordisposition der optimalen Disposition erheblich annähert.

3.2.2 Postponementproduktion von Artikelteilmengen (Teilpostponement)

(1) *Grundkonzept*

Die Einschränkung von Abschn. 3.2.1, die Saisonmenge eines Modeartikels dürfe nur zur Gänze prior oder zur Gänze posterior produziert werden, wird nun aufgehoben. Es soll also nun „erlaubt" sein, eine *Teilmenge x_0 kostengünstig prior zu produzieren*, um dann zum Zeitpunkt t_1 (im Licht einer genaueren Nachfrageprognose) darüber zu entscheiden, *ob und gegebenenfalls in welchem Umfang eine Ergänzungsmenge Δx_1* mit Hilfe von „teueren" Reaktivkapazitäten gefertigt werden soll. Alle übrigen Strukturen und Daten des bisherigen Entscheidungsszenarios bleiben dabei unverändert. Insbesondere wird weiterhin eine *flexible Verfügbarkeit geeigneter Reaktivkapazitäten zu einem Aufpreis* von Δc [GE/ME] unterstellt.

Die erfolgversprechende *Grundidee von Teilpostponement-Strategien* lautet: Auch die oft sehr unsicheren Priorprognosen für Modeartikel enthalten (fallabhängig) gewisse *Basis-Nachfragemengen* x_0, die ohne großes Risiko bereits zum Zeitpunkt t_0 *kostengünstig auf Normalkapazitäten* produziert werden können. Die höheren Produktionskosten der Reaktivkapazitäten treffen dann nur noch die wesentlich geringeren Ergänzungsmengen Δx_1, die (falls erforderlich) zum Zeitpunkt t_1 *er-*

heblich zielgenauer disponiert werden können. Im Gegensatz zum „Entweder-Oder-Prinzip" beim Totalpostponement versuchen Teilpostponement-Strategien die *Vorteile einer kostengünstigen, aber riskanten Priorproduktion und einer teureren, aber zielgenaueren Posteriorproduktion zu kombinieren.*

Hinsichtlich des *Mengenflexibilitätsbedarfes bei den Reaktivkapazitäten* ist allerdings Folgendes anzumerken: Wenn nur noch besonders unsichere „Nachfragespitzen" der Postponement-Produktion vorbehalten bleiben, während Basis-Nachfragemengen mit relativ geringer Unsicherheit prior produziert werden, dann steigt der relative *Flexibilitätsbedarf bei den Reaktivkapazitäten (im Vergleich zum Totalpostponement) deutlich an* (vgl. S. 72 ff.). Konkret bedeutet dies: Aus Priorsicht kann der Bedarf an Reaktivkapazitäten nur mit großer (relativer) Unsicherheit geplant werden. Der *Bedarfserwartungswert verliert insbesondere dann an Planungsrelevanz,* wenn (aus Priorsicht) einerseits ein erheblicher Bedarf an Reaktivkapazität möglich erscheint, andererseits aber auch die Wahrscheinlichkeit für einen „Null-Bedarf" stark anwächst. In der Praxis wird diese hohe Bedarfsunsicherheit allerdings dadurch wesentlich entschärft, dass Reaktivkapazitäten nur in seltenen Fällen auf ein bestimmtes Produkt oder gar auf eine Produktvariante spezialisiert sind: „Null-Bedarfe" von einzelnen Modeartikeln werden bei einem Postponement ganzer Sortimente durch erhöhte Bedarfe von anderen Artikeln teilweise ausgeglichen (Nutzung von Riskpooling-Effekten: vgl. S. 11 und Kap. 4, S. 171 ff.).

(2) *Quantifizierung der Prior-Gewinnerwartung* $E(G_1^*|x_0)$ *bei gegebener Prior-Produktionsmenge* x_0 *und optimaler Posterior-Ergänzungsmenge* Δx_1^*

Die *optimale Posterior-Disposition* zum Zeitpunkt t_1 hat folgende Struktur:

- Als *Daten des betrachteten Artikels* sind bekannt
  - die Priordaten p, c, $p_\ddot{u}$, μ_0, σ_0
  - die prior disponierte und produzierte Teilmenge x_0
  - der neue (verbesserte) Nachfrageprognosewert μ_1 mit der reduzierten Unsicherheit $\sigma_1 = \alpha \sigma_0$
  - die Produktionsmehrkosten einer Posterior-Produktion Δc [GE/ME]

- Wäre der Bestand x_0 nicht vorhanden, würde man posterior die *optimale Newsboymenge* x_1^* produzieren. x_1^* wurde bereits im Rahmen der Total-postponementstrategie bestimmt. Zur Vereinfachung seien die relevanten Gleichungen 52 bis 55 hier wiederholt:

$$\omega_1^* = \frac{p-(c+\Delta c)}{p_s} = \omega_0^* - \frac{\Delta c}{p_s} = \omega_0^* - \Delta\zeta \qquad \text{Gl. 72}$$

$$\Delta\zeta = \frac{\Delta c}{p_s} \qquad \text{Gl. 73}$$

$$z_1^* = \Phi^{-1}(\omega_1^*) = \Phi^{-1}\left(\omega_0^* - \Delta\zeta\right) \qquad \text{Gl. 74}$$

$$x_1^* = \mu_1 + z_1^* \cdot \alpha\sigma_0 \qquad \text{Gl. 75}$$

- Unter Berücksichtigung des vorhandenen Bestandes x_0 besteht die *optimale Posterior-Disposition* offensichtlich darin,

  (a) keine Zusatzmenge zu produzieren, wenn $x_1^* \le x_0$ gilt, also die Produktionsmenge $\Delta x_1 = 0$ zu setzen

  (b) die vorhandene Menge x_0 auf die Optimalmenge x_1^* "aufzustocken", wenn diese größer ist als der vorhandene Bestand x_0, also die Produktionsmenge $\Delta x_1 = x_1^* - x_0$ zu planen.

Unter Beachtung der Fälle (a) und (b) können wir zusammengefasst schreiben: Bei gegebenem x_0-Wert gilt für die optimale Posterior-Disposition:

$$\Delta x_1^* = \left(x_1^* - x_0\right)^+ \qquad \text{Gl. 76}$$

- *Bestimmung der Posterior-Gewinnerwartung im nichtoptimalen Fall (a):*
  Da nur die (aus Posteriorsicht: zu hohe) Priormenge x_0 produziert wurde, gelten hier einerseits Prior-Preise und –Kosten, andererseits aber die Posterior-Nachfragedaten μ_1 und $\alpha\sigma_0$. Wenn wir Gl. 13 (S. 21) auf diese Datenkonstellation anwenden, erhalten wir als Gewinnerwartung:

$$E\left(G_1 \text{ posterior}|x_1 = x_0; \Delta x_1 = 0\right) =$$
$$= p_s\left[\mu_1 - (1-\omega_0^*)\cdot x_0 - \alpha\sigma_0 \cdot \Psi\left(\frac{x_0-\mu_1}{\alpha\sigma_0}\right)\right] \qquad \text{Gl. 77}$$

- *Bestimmung der Posterior-Gewinnerwartung für den Optimalfall (b):*

Hier wurde x_0 mit Hilfe der Posteriormenge Δx_1 zur Optimalmenge x_1^* „aufge-stockt". Wir können somit Optimalgleichung 16 (S. 24) anwenden, wobei wir allerdings die Prior-Daten durch die hier relevanten Posterior-Daten p, $c_1 = c +$ Δc, $p_{ü}$, μ_1, $\sigma_1 = \alpha\,\sigma_0$ substituieren müssen. Die Tatsache, dass die Teilmenge x_0 kostengünstiger mit Normalkapazitäten produziert wurde, berücksichtigen wir durch die „Gutschrift" $\Delta c \cdot x_0$. Zusammengefasst ergibt sich:

$$E\Big(G_1 \text{ posterior}\big|x_1 = x_1^*;\ \Delta x_1 > 0\Big) =$$
$$= \mu_1\,(p-c-\Delta c) + \Delta c \cdot x_0 - p_s \cdot \alpha \cdot \sigma_0 \cdot \varphi\Big(\Phi^{-1}(\omega_0^* - \Delta\zeta)\Big)$$

Gl. 78

Welche *Prior-Gewinnerwartung* $E\big(G_1^*\big|x_0\big)$ kann aus den Posterior-Gewinnerwar-tungen der Gln. 77 und 78 hergeleitet werden? Wie bei der Totalpostponement-Analyse ist zunächst zu beachten, dass der zum Posterior-Zeitpunkt bekannte Nachfrageprognosewert μ_1 aus Priorsicht als eine Zufallsvariable erscheint, die einer Normalverteilung mit den Parametern μ_0 und $\sqrt{1-\alpha^2}\,\sigma_0$ gehorcht. Konse-quenterweise gehorcht aus Priorsicht auch die optimale Posteriormenge x_1^* einer Normalverteilung mit dem Erwartungswert

$$E\big(x_1^*\big) = \mu_0 + z_1^* \,\alpha\,\sigma_0$$

Gl. 79

und der Standardabweichung $\sqrt{1-\alpha^2}\,\sigma_0$.

Aus Priorsicht tritt der Fall (a) mit $\Delta x_1 = 0$ dann ein, wenn μ_1 und damit x_1^* posterior einen relativ „niedrigen" Wert annimmt. Als Eintrittswahrscheinlichkeit $p_{tief} = p_T$ für den Fall (a) mit der Posteriormenge null ermittelt man:

$$p_T = p\big(x_1^* \le x_0\big) = p\big(\mu_1 \le x_0 - z_1^* \,\alpha\,\sigma_0\big) =$$
$$= p\big(\mu_1 \le \hat{\mu}_1\big)$$

Gl. 80

Durch Normierung erhalten wir die standard-normalverteilte Zufallsgröße z_1 und die normierte Grenze $\hat{z}_1$:

$$z_1 = \frac{\mu_1 - \mu_0}{\sqrt{1-a^2}\,\sigma_0}$$

Gl. 81

$$\hat{z}_1 = \frac{\hat{\mu}_1 - \mu_0}{\sqrt{1-\alpha^2}\,\sigma_0} = \frac{x_0 - z_1^* \alpha \sigma_0 - \mu_0}{\sqrt{1-\alpha^2}\,\sigma_0} \qquad\qquad \text{Gl. 82}$$

Aus Priorsicht ist also mit der Wahrscheinlichkeit

$$p_T = \Phi(\hat{z}_1) \qquad\qquad \text{Gl. 83}$$

keine ergänzende Posterior-Produktion erforderlich (Fall a). Entsprechend wird mit der Komplementär-Wahrscheinlichkeit $p_{hoch} = p_H$ die positive Ergänzungsmenge Δx_1 produziert (Fall b):

$$p_H = \Phi(-\hat{z}_1) = 1 - p_T \qquad\qquad \text{Gl. 84}$$

Um die Prior-Gewinnerwartung $E\left(G_1^* | x_0\right)$ zu berechnen, definieren wir zunächst die *Wahrscheinlichkeitsdichte* $f(\mu_1)$ des künftigen (verbesserten) Prognosewertes μ_1:

$$f(\mu_1) = \frac{1}{\sqrt{2\pi}\,\sqrt{1-\alpha^2}\,\sigma_0} \cdot e^{-\frac{1}{2}\left(\frac{\mu_1 - \mu_0}{\sqrt{1-\alpha^2}\,\sigma_0}\right)^2} \qquad\qquad \text{Gl. 85}$$

Unter Verwendung der Gln. 77 und 78 und der Grenze $\hat{\mu}_1 = x_0 - z_1^* \alpha \sigma_0$ zwischen den Fällen (a) und (b) lautet der *Ansatz zur Berechnung des gesuchten Erwartungswertes*:

$$E\left(G_1^* | x_0\right) =$$

$$= \int_{-\infty}^{\hat{\mu}_1} E\left(G_1 \text{ posterior} | x_1 = x_0; \Delta x_1 = 0\right) f(\mu_1)\,d\mu_1 + \qquad\qquad \text{Gl. 86}$$

$$+ \int_{\hat{\mu}_1}^{+\infty} E\left(G_1 \text{ posterior} | x_1 = x_1^*; \Delta x_1 > 0\right) f(\mu_1)\,d\mu_1$$

Um die Teilintegrale auszuwerten, die sich aus Gl. 86 (zusammen mit den Gln. 77 und 78) ergeben, ersetzen wir μ_1 (gem. Gl. 81) durch die normierte Größe z_1 und entsprechend die Fallgrenze $\hat{\mu}_1$ durch $\hat{z}_1$ (gem. Gl. 82). Auch die Prior-Entscheidungsvariable x_0 lässt sich durch die Variable $\hat{z}_1$ substituieren:

$$x_0 = \mu_0 + z_1^* \, \alpha \sigma_0 + \hat{z}_1 \sqrt{1-\alpha^2} \, \sigma_0 \qquad \text{Gl. 87}$$

Die Größe $\hat{z}_1$ kann somit einerseits als normierte Grenze zwischen den Fällen (a) und (b) und andererseits als *normierte Prior-Entscheidungsvariable* interpretiert werden.

Nach Auswertung und Zusammenfassung der Teilintegrale kann $E\left(G_1^* | \hat{z}_1\right)$ wie folgt als algebraische Kombination der Standardfunktionen $\Phi(z)$, $\varphi(z)$ und $\Psi(z)$ dargestellt werden (vgl. S. 19 f.):

$$E\left(G_1^* | \hat{z}_1\right) = (p-c)\,\mu_0 -$$
$$- \sigma_0 \Big\{ \big[(c_{\ddot{o}} + \Delta c) \cdot \Phi(\hat{z}_1) - \Delta c \big] \cdot \Big(\hat{z}_1 \sqrt{1-\alpha^2} + z_1^* \, \alpha \Big) +$$
$$+ (c_{\ddot{o}} + \Delta c) \cdot \sqrt{1-\alpha^2} \cdot \varphi(\hat{z}_1) \qquad \text{Gl. 88}$$
$$+ (c_{\ddot{o}} + c_u) \cdot \alpha \cdot \varphi\left(z_1^*\right) \cdot \Phi(-\hat{z}_1)$$
$$+ (c_{\ddot{o}} + c_u) \cdot \alpha \int_{-\infty}^{\hat{z}_1} \Psi\left(a z_1 + b\right) \varphi(z_1)\, d z_1 \Big\}$$

mit den Hilfsgrößen

$$a = -\frac{\sqrt{1-\alpha^2}}{\alpha} \qquad \text{Gl. 89}$$

$$b = \frac{\sqrt{1-\alpha^2}}{\alpha} \hat{z}_1 + z_1^* = \frac{z_0}{\alpha} \qquad \text{Gl. 90}$$

$$c_{\ddot{o}} = c - p_{\ddot{o}} \qquad \text{Gl. 91}$$

$$c_u = p - c \qquad \text{Gl. 92}$$

$$z_0 = \frac{x_0 - \mu_0}{\sigma_0} = \hat{z}_1 \sqrt{1-\alpha^2} + z_1^* \, \alpha \qquad \text{Gl. 93}$$

Die kompakten Teilterme von Gl. 88 eignen sich zwar bestens für numerische Auswertungen in einem Rechenprogramm, sie *können aber inhaltlich kaum interpretiert werden*. Wir wollen deshalb eine mathematisch äquivalente Alternativdarstellung von $E\left(G_1^* | \hat{z}_1\right)$ vornehmen, indem wir Gl. 88 inhaltlich dekomponieren:

Der positive Term von Gl. 88 stellt offenbar den *risikofreien Gewinn* dar (vgl. Gl. 1, S. 18):

$$E(G_{rf}) = (p-c)\mu_0 \qquad\qquad \text{Gl. 94}$$

Der risikofreie Gewinn wird zunächst vermindert um die *Absatzrisikokosten* $E(K_1 | x_1 = x_0)$, die sich mit der Wahrscheinlichkeit $p_T = \Phi(\hat{z}_1)$ dann realisieren, wenn die Priormenge x_0 höher ist als die optimale Posteriormenge x_1^* *(wenn also posterior nichts produziert wird:* $\Delta x_1 = 0$). Wenn man die Eintrittswahrscheinlichkeit p_T bereits im Erwartungswert $E(K_1 | x_1 = x_0)$ berücksichtigt, ergibt sich folgender Ausdruck:

$$
\begin{aligned}
E(K_1 | x_1 = x_0) &= \\
&= \sigma_0 \left[c_{\ddot{u}}\left(\sqrt{1-\alpha^2}\ \hat{z}_1 + \alpha z_1^*\right) \cdot \Phi(\hat{z}_1) \right. \\
&\quad + c_{\ddot{u}}\ \sqrt{1-\alpha^2}\ \varphi(\hat{z}_1) \\
&\quad \left. + \alpha(c_{\ddot{u}}+c_u) \cdot \int_{-\infty}^{\hat{z}_1} \Psi(a z_1 + b)\ \varphi(z_1)\ d z_1 \right]
\end{aligned}
\qquad \text{Gl. 95}
$$

Weiterhin wird der risikofreie Gewinn vermindert um die *Absatzrisikokosten* $E(K_1 | x_1 = x_1^*)$, die dann relevant werden, wenn (mit der Wahrscheinlichkeit $p_H = 1 - p_T = \Phi(-\hat{z}_1)$) die Priormenge x_0 nicht ausreicht, um die Optimalmenge x_1^* abzudecken. Diesen *Fall einer positiven Posterior-Menge* $\Delta x_1 > 0$ wollen wir allerdings (der besseren Interpretation wegen) etwas anders behandeln als im ursprünglichen Ansatz von Gl. 78: Im Gegensatz zu diesem Ansatz nehmen wir an, die gesamte Posterior-Optimalmenge $x_1^* = \mu_1 + \Phi^{-1}(\omega_0^* - \Delta\zeta) \cdot \alpha\sigma_0 = x_0 + \Delta x_1$ könnte mit den niedrigen Prior-Stückkosten c produziert werden. Die in Wirklichkeit auftretenden zusätzlichen Posterior-Produktionskosten $\Delta c \cdot \Delta x_1$ sollen dann in einem weiteren Kosten-Term berücksichtigt werden (vgl. Gl. 98).

Unter Einrechnung der Eintrittswahrscheinlichkeit $p_H = \Phi(-\hat{z}_1)$ können die Risikokosten $E(K_1 | x_1 = x_1^*)$ dann wie folgt dargestellt werden:

$$E\left(K_1 \big| x_1 = x_1^*\right) =$$

$$= \alpha \sigma_0 \left[c_u \cdot \Psi\left(z_1^*\right) + c_{\bar{u}} \cdot \Psi\left(-z_1^*\right) \right] \cdot \Phi\left(-\hat{z}_1\right) = \qquad \text{Gl. 96}$$

$$= \alpha \sigma_0 \cdot \left[\left(c_{\bar{u}} + c_u\right) \cdot \phi\left(z_1^*\right) - \Delta c \cdot z_1^* \right] \cdot \Phi\left(-\hat{z}_1\right)$$

Um den Erwartungswert der *durch den Kostenaufschlag* Δc *verursachten zusätzlichen Produktionskosten* $E\left(\Delta c \cdot \Delta x_1\right)$ zu berechnen, benötigen wir zunächst den *Prior-Erwartungswert* $E\left(\Delta x_1\right)$ *der Posterior-Produktionsmenge* Δx_1. Mit Hilfe der Fehlmengenfunktion $\Psi\left(z\right)$ (gemäß Gl. 11, S. 21) lässt sich dieser leicht bestimmen:

$$E\left(\Delta x_1\right) = \sqrt{1-\alpha^2} \; \sigma_0 \cdot \Psi\left(\hat{z}_1\right) \qquad \text{Gl. 97}$$

Wie bei den bisher diskutierten Erwartungswerten $E\left(K_1 \big| x_1 = x_0\right)$ und $E\left(K_1 \big| x_1 = x_1^*\right)$ ist auch im Erwartungswert $E\left(\Delta x_1\right)$ bereits berücksichtigt, dass eine positive Posterior-Menge $\Delta x_1 > 0$ nur mit der Wahrscheinlichkeit $p_H = \Phi\left(-\hat{z}_1\right)$ auftritt (d.h. die Fälle $\Delta x_1 = 0$ sind in $E\left(\Delta x_1\right)$ mit eingerechnet). Mit Hilfe von Gl. 97 können die *zusätzlichen* Δc*-Produktionskosten wie folgt berechnet werden:*

$$E\left(\Delta c \cdot \Delta x_1\right) = \Delta c \cdot E\left(\Delta x_1\right) = \Delta c \cdot \sqrt{1-\alpha^2} \cdot \sigma_0 \cdot \Psi\left(\hat{z}_1\right) \qquad \text{Gl. 98}$$

Fassen wir die Gleichungen 94 bis 98 zusammen, dann erhalten wir die Gewinnerwartung $E\left(G_1^* \big| \hat{z}_1\right)$ in einer zu Gl. 88 äquivalenten „dekomponierten" Form:

$$E\left(G_1^* \big| \hat{z}_1\right) =$$
$$E\left(G_{rf}\right) - \left[E\left(K_1 \big| x_1 = x_0\right) + E\left(K_1 \big| x_1 = x_1^*\right) + \Delta c \cdot E\left(\Delta x_1\right) \right] \qquad \text{Gl. 99}$$

Das *Netto-Erfolgspotenzial einer Teilpostponementstrategie* mit der Prior-Teilmenge x_0 (normiert $\hat{z}_1$) errechnet sich aus der Differenz von Gl. 88 (oder 99) und Gl. 16 (S. 24):

$$\Delta G^* \left(\text{Teilpostponement} \middle| x_0; \Delta c \right) =$$

$$= E\left(G_1^* \middle| \hat{z}_1\right) - E\left(G_0^* \middle| z_0 = z_0^*\right) \qquad \text{Gl. 100}$$

$$= E\left(G_1^* \middle| \hat{z}_1\right) - \left[c_u \mu_0 - \sigma_0 (c_u + c_{\ddot{u}}) \cdot \phi(z_0^*)\right]$$

(3) *Bewältigung von numerischen Auswertungsproblemen bei der Bestimmung der Prior-Gewinnerwartung* $E\left(G_1^* \middle| \hat{z}_1\right)$

Bei der numerischen Auswertung der Gewinngleichung 88 oder der Kostenglei-chung 95 verursacht nur das Integral der Fehlmengenfunktion $\Psi(z_1)$

$$E(\Psi_T) =$$

$$= \int_{-\infty}^{\hat{z}_1} \Psi(a z_1 + b) \, \phi(z_1) \, dz_1 \qquad \text{Gl. 101}$$

(begrenzte) Probleme, weil es im Gegensatz zu allen übrigen Teilfunktionen nicht als Standardfunktion verfügbar ist. Gangbar sind u.a. zwei alternative Wege um dieses numerische Problem zu bewältigen: (a) der „klassische" Weg einer *numeri-schen Integrationsprozedur* oder (b) die Bestimmung des Erwartungswertes $E\left(K_1 \middle| x_1 = x_0\right)$ gemäß Gl. 95 *mit Hilfe einer Näherungsverteilung*, die das Integ-ral $E(\Psi_T)$ nicht benötigt.

(a) *Entwicklung einer einfachen Prozedur zur numerischen Berechnung des Integ-rals* $E(\Psi_T)$

Beim Integral $E(\Psi_T)$ gemäß Gl. 101 lassen sich nur Spezialfälle (z.B. der Spezialfall b = 0) als einfache algebraische Kombinationen der Standardfunk-tionen $\phi(z)$, $\Phi(z)$ oder $\Psi(z)$ darstellen (vgl. Anhang B, Gl. B 5). Das *all-gemeine Integral* entzieht sich einer solchen Darstellung. Eine numerische Auswertungsprozedur ist jedoch ohne Schwierigkeiten zu finden. Die in An-hang B dargestellte Rechenprozedur arbeitet als Excel-Programm mit einem Approximationsfehler von 10^{-6} und dürfte somit *allen praktischen und theore-tischen Genauigkeitsanforderungen genügen*.

(b) *Approximative Berechnung von* $E(K_1|x_1 = x_0)$ *mit Hilfe einer Näherungsverteilung*

Die Prior-Kostenerwartung $E(K_1|x_1 = x_0)$ wird in jenen Fällen relevant, in denen sich posterior ein so kleiner Prognosewert $\mu_1 \leq \hat{\mu}_1$ zeigt, dass aus Posteriorsicht die vorhandene Priormenge x_0 ohne Nachproduktion ausreichend erscheint $\left(x_0 \geq x_1^*; \Delta x_1 = 0\right)$. Im bisherigen Ansatz wurden für diese Situation (wie auch für die Alternativsituation $\mu_1 > \hat{\mu}_1$) zunächst die *Kosten- und Gewinnerwartungen aus Posteriorsicht* bestimmt (vgl. z.B. Gl. 77, S. 55 für Δx_1 = 0) und diese dann in einem zweiten Schritt *in die Priorsicht transformiert* (vgl. Gl. 86, S. 57). Als Ergebnis erhält man Gl. 88 bzw. (im vorliegenden Fall) Gl. 95 (S. 59).

Prinzipiell kann man auch umgekehrt vorgehen und zunächst fragen: Welcher Nachfrageverteilung f_{T2} (r_T) (bzw. f_{H2} (r_H) gehorchen *aus Priorsicht* jene Nachfragewerte r_T (bzw. r_H), welche nach dem 2. Zufallsziehungsschritt unseres Prognose- und Nachfragemodells (S. 15 f.) aus den „tiefen" (bzw. „hohen") μ_1-Werten $\mu_1 \leq \hat{\mu}_1$ (bzw. $\mu_1 > \hat{\mu}_1$) hervorgehen. Gelingt es, diese Priorverteilungen f_{T2} (r) und f_{H2} (r) zu bestimmen, dann können mit ihrer Hilfe auch die Fehl- und Übermengenerwartungen und damit die Risikokosten für die Situationen $\mu_1 \leq \hat{\mu}_1$ und $\mu_1 > \hat{\mu}_1$ berechnet werden.

In Anhang C wird dieser alternative Weg beschritten: Die komplementären Verteilungsdichten f_{T2} (r) und f_{H2} (r) werden explizit hergeleitet (vgl. Anhang C (4), insbesondere die Gln. C 38 bis C 43) und ihre Charakteristiken diskutiert (vgl. Anhang C (5)). Es zeigen sich interessante analytische Einsichten (vgl. insbesondere die Gln. C 30 und C 31 und den Abschnitt C (5)). Aus der Verteilung f_{T2} (r) lässt sich auch eine alternative Formel zur Bestimmung der Fehlmengenerwartung für den Fall $\mu_1 < \hat{\mu}_1$ (Δx_1 = 0) herleiten (Gl. C 48). Leider enthält Gl. C 48 (wie die bisherigen exakten Erwartungswert-Gleichungen) ein Integral $E(\Phi(z))$, das nur mit einer numerischen Auswertungsprozedur bestimmt werden kann (vgl. Anhang B (8)). Wenn wir uns allerdings mit einer *approximativen Lösung* zufrieden geben, eröffnet die Verteilungsdichte f_{T2} (r) einen einfacheren Weg: Die *unimodale Komponentenvertei-lung* f_{T2} (r) (und, falls erforderlich, auch die Komplementärverteilung f_{H2} (r)) kann durch eine *Normalverteilung* f'_{T2} (r) (bzw. f'_{H2} (r)) mit den entsprechenden Parameterwerten μ_{T2}, σ_{T2} (bzw. μ_{H2}, σ_{H2}) angenähert werden. Akzeptiert man diese Annäherung als ausreichend, dann können die gesuchten *Unter- und Überdeckungserwartungen und mit ihnen die gesuchten Kostenerwartungen* leicht berechnet werden (vgl. die Gln. C 54, C 55, C 49 und C 56 in Anhang C):

$$E\left(U\middle|\mu_1 < \hat{\mu}_1\right) \approx \sigma_{T2} \cdot \Psi\left(\frac{x_0 - \mu_{T2}}{\sigma_{T2}}\right) \qquad \text{Gl. 102}$$

$$E\left(\ddot{U}\middle|\mu_1 < \hat{\mu}_1\right) \approx \sigma_{T2} \cdot \Psi\left(-\frac{x_0 - \mu_{T2}}{\sigma_{T2}}\right) \qquad \text{Gl. 103}$$

oder:

$$E\left(\ddot{U}\middle|\mu_1 < \hat{\mu}_1\right) = x_0 - \mu_{T2} + E\left(U\middle|\mu_1 < \hat{\mu}_1\right) \qquad \text{Gl. 104}$$

und schließlich:

$$E\left(K_1\middle|x_1 = x_0\right) = \Phi(\hat{z}) \cdot \left[c_u \cdot E\left(U\middle|\mu_1 < \hat{\mu}_1\right) + c_{\ddot{u}} \cdot E\left(\ddot{U}\middle|\mu_1 < \hat{\mu}_1\right)\right] \qquad \text{Gl. 105}$$

Um die Gln. 102 bis 105 auszuwerten, benötigen wir korrekte Werte für den Erwartungswert und die Standardabweichung der Approximationsverteilung f'_{T2} (r). Hier gilt (vgl. die Gln. C 19, C 20, C 9 und C 13 in Anhang C):

$$\mu_{T2} = \mu_0 + \sqrt{1-\alpha^2}^2 \, \sigma_0 \cdot \overline{z}_T \qquad \text{Gl. 106}$$

$$\sigma_{T2} = \sigma_0 \cdot \sqrt{1 - \left(1-\alpha^2\right)\left(\overline{z}_T^2 - \hat{z}_1 \cdot \overline{z}_T\right)} \qquad \text{Gl. 107}$$

$$\overline{z}_T = -\frac{\varphi(\hat{z}_1)}{\Phi(\hat{z}_1)} \qquad \text{Gl. 108}$$

$$\hat{z}_1 = \frac{\hat{\mu}_1 - \mu_0}{\sqrt{1-\alpha^2}\,\sigma_0} = \frac{x_0 - z_1^{\cdot}\alpha\sigma_0 - \mu_0}{\sqrt{1-\alpha^2}\,\sigma_0} \qquad \text{Gl. 109}$$

Zur *Approximationsgüte* ist Folgendes anzumerken (vgl. Anhang C (6)): Gl. 102 führt zu einer geringen Überschätzung ΔU der Unterdeckungsmenge $E\left(U|\mu_1 < \hat{\mu}_1\right)$. Da E(U) und E(Ü) durch die Beziehung von Gl. 104 verbunden sind, tritt derselbe Überschätzungsfehler $\Delta\ddot{U} = \Delta U$ auch bei der Überdeckungsmenge gemäß Gl. 103 auf. Über Gl. 105 pflanzt sich dieser Überschätzungsfehler ΔU auf die Kosten fort, so dass wir insgesamt *bei der Kosten- und Gewinnerwartung mit folgendem Approximationsfehler* ΔK rechnen müssen (vgl. Gl. C 59):

$$\Delta K \text{ (approx.)} = \Phi(\hat{z}_1) \cdot p_s \cdot \Delta U [GE] \qquad \text{Gl. 110}$$

mit

$$\Delta U = E\left(U|\mu_1 < \hat{\mu}_1|\text{approx.}\right) - E\left(U|\mu_1 < \hat{\mu}_1|\text{exakt}\right)[ME] \qquad \text{Gl. 111}$$

Es lässt sich zeigen (Anhang C (5)), dass das Ausmaß der Unsymmetrie der Originalverteilungen f_{T2} (r) und f_{H2} (r) ansteigt, je weiter sich der Parameter α seinem unteren Grenzwert null nähert. Da die Näherungsverteilungen f'_{T2} (r) und f'_{H2} (r) (als Normalverteilungen) die Unsymmetrie der Originalverteilungen nicht reproduzieren können, wächst der Fehler $\Delta U = \Delta\ddot{U}$ und damit ΔK c.p. mit sinkenden α-Werten. Rechenexperimente zeigen jedoch, dass der *Approximationsfehler (bezogen auf die Modell-Gesamtkosten)* in den meisten Fällen unter 3 Prozent liegt.

Fazit: Bei den Näherungsgleichungen 102 und 103 handelt es sich um eine brauchbare Rechenmethode zur Bestimmung der Risikokosten in Teilpostponement-Modellen, solange der Wert des Parameters α nicht in der Nähe des unteren Grenzwertes null liegt.

(4) *Entwicklung einer Näherungsmethode zur Bestimmung der optimalen Prior-Teilmenge* x_0^*

Wir gehen aus von der Prior-Gewinngleichung 88 (S. 58) für die Teilpostponementsituation. Gleichung 88 enthält die *Prior-Entscheidungsvariable* x_0 in der normierten Form $\hat{z}_1$ (Gl. 87, S. 58). Es erhebt sich die Frage: Bei welcher Prior-Teilmenge x_0^* wird die Prior-Gewinnerwartung gemäß Gl. 88 maximal?

Obwohl sich diese Frage bei bekannten Modellparameterwerten leicht mit Hilfe einer systematischen numerischen Prozedur beantworten lässt, wollen wir uns diesem Problem analytisch zuwenden, um grundsätzliche Einsichten und zumindest eine grobe Näherungslösung für den Optimalwert x_0^* zu gewinnen:

Wir beginnen mit einer *Konsistenzanalyse der Gewinngleichung* 88:

- Wenn *die Prior-Produktionsmenge* $x_0 = 0$ gewählt wird, erhält man:

$$E\left(G_1^* \middle| x_0 = 0\right) =$$
$$= \left(p - c - \Delta c\right)\mu_0 - \alpha\sigma_0 \cdot p_s \cdot \varphi\left(z_1^*\right)$$

Gl. 112

Gl. 112 ist (wie es sein muss) identisch mit Gl. 57 (S. 45), welche die Prior-Gewinnerwartung bei *vollständiger Posteriorproduktion* quantifiziert.

- Wenn man umgekehrt eine Prior-Produktionsmenge x_0 disponiert, die *deutlich größer ist als die Prior-Optimalmenge* ohne Postponement-Möglichkeit (gemäß Gl. 4, S. 19), dann ist die Wahrscheinlichkeit für eine positive Posterior-Ergänzungsmenge $\Delta x_1 > 0$ praktisch null und wir erhalten aus Gl. 88:

$$E\left(G_1^* \middle| x_0 \text{ "sehr groß"}\right) =$$
$$= \left(p - c\right)\mu_0 - \sigma_0\left[c_{\ddot{u}}\frac{x_0 - \mu_0}{\sigma_0} + \left(c_u + c_{\ddot{u}}\right) \cdot \Psi\left(\frac{x_0 - \mu_0}{\sigma_0}\right)\right]$$

Gl. 113

Gl. 113 entspricht (wie aus Konsistenzgründen erforderlich) der Gewinnerwartung $E(G_0)$, die man gemäß Gl. 13 (S. 21) erhält, *wenn die Postponement-Option nicht besteht.*

- *Teilpostponement im Grenzfall* $\alpha = 1$:
  Im Grenzfall $\alpha = 1$ hat man zum Posteriorzeitpunkt t_1 keine genaueren Nachfrageinformationen als zum Priorzeitpunkt t_0, andererseits wäre aber eine Posteriorproduktion mit höheren Produktionskosten $c + \Delta c$ [GE/ME] verbunden. Offensichtlich besteht die optimale Strategie darin, ohne Beachtung der

Postponement-Option die beste Priormenge gemäß Gl. 3 und 4 (S. 19) zu wählen:

$$z_0^{\bullet} (\alpha = 1) = \Phi^{-1} \left(\frac{p-c}{p-p_{\ddot{u}}} \right)$$

Gl. 114

$$x_0^{\bullet} (\alpha = 1) = \mu_0 + z_0^{\bullet} \sigma_0$$

Gl. 115

Konsequenterweise entspricht für $\alpha = 1$ auch die Gewinnerwartung dem optimierten Nicht-Postponementfall von Gl. 16 (S. 24):

$$E\left(G_0^{\bullet} \middle| z_0 = z_0^{\bullet} \right) = c_u \mu_0 - \sigma_0 (c_u + c_{\ddot{u}}) \, \varphi \, (z_0^{\bullet})$$

Gl. 116

- *Teilpostponement im entgegengesetzten Grenzfall $\alpha = 0$:*
  Im Grenzfall $\alpha = 0$ kennt der Disponent zum Posteriorzeitpunkt t_1 *exakt den kommenden Nachfragewert* r. Wenn die vorhandene Priormenge x_0 größer als r ist, entstehen Überdeckungskosten $K_{\ddot{u}} = c_{\ddot{u}} (x_0 - r)$, wenn andererseits $x_0 < r$ gilt, stockt man ohne Über- oder Unterdeckungsrisiko bis zur Nachfragemenge r auf: $\Delta x_1 = r - x_0$. Aus Priorsicht ist eine zu große Priormenge x_0 mit *Überdeckungsrisiken* bedroht, eine zu kleine Priormenge mit *Produktions-Mehrkosten* Δc. Unterdeckungsrisiken (im Hinblick auf die Nachfrage r) gibt es nicht. Darüber hinaus zeigt Gl. 109 für $\alpha = 0$ die Gleichheit von $\hat{z}_1 = z_0 = \frac{x_0 - \mu_0}{\sigma_0}$. Als stark vereinfachten Gewinnerwartungswert erhalten wir somit:

$$E\left(G_1 \text{ prior} \middle| \alpha = 0 \middle| \hat{z}_1 = z_0 \right) =$$
$$= (p-c) \mu_0 - c_{\ddot{u}} \cdot \sigma_0 \, \Psi(-z_0) - \Delta c \, \sigma_0 \, \Psi(z_0)$$

Gl. 117

Für den Spezialfall von Gl. 117 kann die *optimale Prior-Produktionsteilmenge* $x_0^{\bullet}$ mit Hilfe der Differenzialrechnung leicht ermittelt werden. Aus der Bedingung

$$\frac{d}{dz_0} E\left(G_1 \text{ prior} \middle| \alpha = 0 \right) = 0$$

Gl. 118

folgt für die normierte Variable z_0 der Optimalwert

$$z_0^*(\alpha = 0) = z_{\Delta c}^* = \Phi^{-1}\left(\frac{\Delta c}{c_{\ddot{u}} + \Delta c}\right) = \Phi^{-1}\left(\frac{\Delta c}{c + \Delta c - p_{\ddot{u}}}\right) \qquad \text{Gl. 119}$$

woraus sich

$$x_0^*(\alpha = 0) = \mu_0 + z_{\Delta c}^* \cdot \sigma_0 \qquad \text{Gl. 120}$$

ergibt.

- *Bestimmung eines Näherungswertes für die optimale Prior-Teilmenge* $x_0^*(0 < \alpha < 1)$

Je höher die durch $\alpha' = 1 - \alpha$ beschriebene Prognoseverbesserung ausfällt, desto attraktiver wird c.p. ein Produktionspostponement. Umgekehrt können wir somit für die Prior-Teilmenge x_0^* bei jeweils optimaler Politik den höchsten Wert für den Fall $\alpha = 1$, den niedrigsten für den Fall $\alpha = 0$ erwarten. Aus der Kontinuität der beteiligten Funktionen folgt, dass der (unbekannte) Optimalwert x_0^* mit steigendem α-Wert *monoton* von seinem niedrigsten Wert x_0^* ($\alpha = 0$) bis zu seinem Maximalwert x_0^* ($\alpha = 1$) anwächst. Wenn wir in erster Näherung einen linearen Anstieg unterstellen, erhalten wir für α-Werte zwischen den Grenzen $0 < \alpha < 1$ die optimale Prior-Teilmenge x_0^* approximativ durch lineare Interpolation zwischen den Grenzen von Gl. 119 und Gl. 114:

$$x_0^* \approx \mu_0 + \sigma_0\left[\alpha z_0^* + (1-\alpha) z_{\Delta c}^*\right] \qquad \text{Gl. 121}$$

mit z_0^* aus Gl. 114 und $z_{\Delta c}^*$ aus Gl. 119.

Systematische Rechenexperimente zeigen, dass die durch Gl. 121 beschriebene Teilmenge tatsächlich sehr nahe am gesuchten Optimalwert x_0^* liegt.

(5) *Analyse eines numerischen Beispiels*

Um einen direkten Vergleich mit der Totalpostponement-Strategie zu ermöglichen, verwenden wir auch für die *Teilpostponement-Strategie* die Daten von *Beispiel 4 (vgl. S. 48, 49 und 51):*

$$\mu_0 = 100 \text{ ME}; \qquad v_0 = 80\% \rightarrow \sigma_0 = 80 \text{ ME}$$

$$p = 140 \text{ GE/ME}; \qquad p_0 = 40 \text{ GE/ME};$$

$$c = 70 \text{ GE/ME}; \qquad \Delta c = 8 \text{ GE/ME}; \qquad \alpha = 0,4$$

derivative Werte:

$$p_s = 100 \text{ GE/ME}; \qquad \omega_0^\bullet = 70\%; \qquad \Delta\zeta = 8\%$$

$$z_0^\bullet = \Phi^{-1}(\omega_0^\bullet) = 0,524; \qquad \varphi(z_0^\bullet) = 0,3478$$

$$z_1^\bullet = \Phi^{-1}(\omega_0^\bullet - \Delta\zeta) = \Phi^{-1}(62\%) = 0,305; \qquad \varphi(z_1^\bullet) = 0,3808$$

Berechnung einer Näherungslösung für die optimale Prior-Teilmenge $x_0^\bullet$ (Gl. 115, 120 und 121):

$$x_0^\bullet (\alpha = 1) = \mu_0 + z_0^\bullet \sigma_0 = 141,92 \text{ ME}$$

$$x_0^\bullet (\alpha = 0) = \mu_0 + z_{\Delta c}^\bullet \sigma_0 = 100 + \Phi^{-1}\left(\frac{8}{70+8-40}\right) \cdot 80 =$$

$$= 100 + \Phi^{-1}(21\%) \cdot 80 = 100 - 0,806 \cdot 80 = 35,52 \text{ ME}$$

$$x_0^\bullet (\alpha = 0,4) \approx 35,52 + 0,4\,(141,92 - 35,52) = 78,08 \text{ ME}$$

Eine Auswertung von Gl. 88 (S. 58) für die (näherungsweise) *optimale Prior-Teilmenge* $x_0^\bullet = 78$ ME erbringt für die Prior-Gewinnerwartung den Wert:

$$E\left(G_1^\bullet \middle| x_0 = 78\right) = (p-c) \cdot \mu_0 - 22,38\,\sigma_0$$
$$= 7000 - 1790 = 5210 \text{ GE}$$

Der optimale Gewinnwert bei *ausschließlicher Prior-Produktion* (Gl. 16, S. 24) beträgt demgegenüber nur

$$E\left(G_0^\bullet \middle| x_0 = 141,9\right) = 4218 \text{ GE}$$

Durch Übergang von einer ausschließlichen Priorproduktion zu einer optimalen Teilpostponement-Strategie können wir somit gemäß Gl. 100 folgende *Nettover-besserung des Gewinns* erwarten:

$$\Delta G^\bullet \left(\text{Teilpostponement} \middle| x_0 = 78; \Delta c = 8\right) = 992 \text{ GE}$$

Als relative Gewinnsteigerung ermittelt man:

$$\frac{\Delta G^* (\text{Teilpostp.})}{E(G_0^*)} = \frac{992}{4218} = 23,5 \%$$

Da das *maximale Verbesserungspotenzial* dieses Artikels (bei $\alpha = 0,4$; $\Delta c = 0$) $\Delta G_{max}^* = 1669$ GE beträgt (vgl. S. 49), zeigt sich für die optimale Teilpostponement-Strategie bei $\Delta c = 8$ ein *Ausschöpfungsgrad* von

$$\frac{\Delta G^* (\text{Teilpostp.} | \Delta c = 8)}{\Delta G_{max}^* (\Delta c = 0)} = 60 \%$$

Wenn wir diesen Werten die Ergebnisse der *optimalen Totalpostponement-Strategie* für $\Delta c = 8$ (S. 48 f.) gegenüberstellen, wird die deutlich höhere Effizienz von Teilpostponement-Systemen sichtbar:

$$\Delta G^* (\text{Totalpostp.}) = 764 \text{ GE} \quad (\text{gegenüber } 992 \text{ GE})$$

$$\frac{\Delta G^* (\text{Totalpostp.})}{E(G_0^*)} = 18 \% \quad (\text{gegenüber } 23,5 \%)$$

$$\frac{\Delta G^* (\text{Totalpostp.} | \Delta c = 8)}{\Delta G_{max}^* (\Delta c = 0)} = 46 \% \quad (\text{gegenüber } 60 \%)$$

Überprüfung der Näherungslösung für die optimale Priorteilmenge x_0^* gemäß Gl. 121

Zur Überprüfung der Näherungslösung $x_0^* = 78,08$ ME soll die Gewinnerwartung für eine ca. 10 % kleinere (= 70 ME) und eine ca. 15 % größere (= 90 ME) Prior-Teilmenge berechnet werden. Man erhält mit Hilfe von Gl. 88 (S. 58) folgende Resultate:

$$E(G_1 \mid x_0 = 70) = 7000 - 1787 = 5213 \text{ GE}$$
$$E(G_1 \mid x_0 = 78) = 7000 - 1790 = 5210 \text{ GE}$$
$$E(G_1 \mid x_0 = 90) = 7000 - 1814 = 5186 \text{ GE}$$

Aus den Ergebnissen entnehmen wir zunächst, dass der *exakte Optimalwert x_0^* im Beispiel offensichtlich etwas tiefer liegt* als der mit Gl. 121 ermittelte Näherungswert von 78 ME. Darüber hinaus zeigt das Rechenbeispiel aber auch, dass die Auswirkungen des Näherungsfehlers Δx_0^* auf die Gewinnerwartung vernachlässigbar sind, weil die *Gewinnkurve in der Umgebung des Maximums offenbar sehr flach ist.*

Überprüfung der Approximationsgüte bei Einsatz der Näherungsverteilung $f_{T2}^{'}(r)$ *gemäß Gl. 102 bis 109*

Im vorliegenden Beispiel erhält man bei Einsatz der Näherungsverteilung $f_{T2}^{'}(r)$ für die drei alternativen Priormengen x_0 folgende Ergebnisse für die Kosten- und Gewinnerwartungen:

$E(G_1 \mid x_0 = 70) \approx 7000 - 1818 = 5182 \text{ GE}$
Überschätzung der Kosten um 31 GE, d.h. 1,7 %

$E(G_1 \mid x_0 = 78) \approx 7000 - 1825 = 5175 \text{ GE}$
Überschätzung der Kosten um 35 GE, d.h. 2,0 %

$E(G_1 \mid x_0 = 90) \approx 7000 - 1858 = 5142 \text{ GE}$
Überschätzung der Kosten um 44 GE, d.h. 2,4 %

Der Beispielfall $x_0 = 78$ wird in Anhang C (6) genauer analysiert.

(6) *Kosten- und Prognoseverbesserungsschranken für erfolgreiche Teilpostponement-Strategien*

Eine „harte" Kostenobergrenze für den Aufpreis Δc wurde bereits bei den Total-postponement-Strategien identifiziert (vgl. S. 45 f.): Der *Stückdeckungsbeitrag* einer Postponement-Produktion $p - c_1 = p - (c + \Delta c)$ darf nicht negativ werden. Die äquivalenten Bedingungen von Gl. 59 und Gl. 60 gelten somit unverändert auch im Teilpostponement-Fall:

$$\Delta c < c_u = p - c \qquad \text{Gl. 122}$$

Oder in relativen Größen:

$$\Delta \zeta < \omega_0^* \qquad \text{Gl. 123}$$

Für alle Artikel mit einem positiven Posterior-Deckungsbeitrag $p - c_1 = p - c - \Delta c$ > 0 liefert die *Option einer Ergänzungsproduktion zum Posterior-Zeitpunkt* t_1 *grundsätzlich einen „nicht-negativen" Beitrag zur Prior-Gewinnerwartung.* Naturgemäß hängt aber die Höhe dieses Beitrags erheblich von den spezifischen Werten der Artikelparameter (insbesondere von Δc, α und σ_0) und von der gewählten Priormenge x_0 ab. Ein grober Indikator für den artikelspezifischen Wert der Posterior-Produktions-Option ist die *Prior-Wahrscheinlichkeit für eine positive Posterior-Produktionsmenge* Δx_1:

$$p(\Delta x_1 > 0) = \Phi(-\hat{z}_1) = \Phi\left(\frac{\mu_0 - x_0 + \Phi^{-1}(\omega_0^\bullet - \Delta\zeta)\alpha\sigma_0}{\sqrt{1 - \alpha^2}\,\sigma_0}\right) \qquad \text{Gl. 124}$$

Aus Gl. 124 erkennt man, dass bei relativ hohen Priormengen x_0, bei geringen (relativen) Posterior-Deckungsbeiträgen $\omega_0^\bullet - \Delta\zeta$ und bei schlechten Prognoseverbesserungswerten α (nahe 1) die *Wahrscheinlichkeit für eine Ergänzungsproduktion* Δx_1 *gegen null geht,* so dass die *Postponement-Option ihren Wert verliert.*

Stellt man höhere Ansprüche an die *Postponement-Option*, dann misst man ihren Verbesserungswert nicht an der Alternative „Option vorhanden / nicht vorhanden", sondern an der *optimalen Gewinnerwartung* $E(G_0^\bullet)$ *ohne Postponement (Gl. 100).* Damit erhebt sich die Frage: Haben alle Artikel mit positivem Posterior-Deckungsbeitrag $p - c - \Delta c > 0$ im Sinn von Gl. 100 ein *positives Verbesserungspotenzial:*

$$E(G_1^\bullet | \hat{z}_1) > E(G_0^\bullet | z_0 = z_0^\bullet)?$$

Für *nicht-optimale Prior-Teilmengen* x_0 trifft dies sicherlich nicht zu: Die negativen Gewinneffekte von völlig verfehlten Priormengen x_0 können durch eine Posterior-Produktions-Option auch bei mäßigen Mehrkosten Δc und erfreulichen Prognoseverbesserungswerten α nicht kompensiert werden. Dies gilt insbesondere für *zu hohe Priormengen* x_0, die naturgemäß durch eine Ergänzungsproduktion nicht „nach unten" korrigierbar sind.

Beschränken wir uns deshalb auf jene Artikel, für die jeweils optimale Teilmengen $x_0^\bullet$ disponiert wurden. Betrachten wir hier zunächst den einfachen Grenzfall

$\alpha = 0$ (Prognoseverbesserungs-Idealfall). Für diesen Fall existieren explizite analytische Ausdrücke für die optimale Priormenge x_0^* (vgl. Gl. 120) und für die resultierende maximale Gewinnerwartung $E\left(G_1^* \text{ prior} | \alpha = 0\right)$ (vgl. Gl. 117 für $z_0 = z_{\Delta c}^*$). Steigt in den Funktionsgleichungen 120 und 117 der Δc-Wert c.p. von der Untergrenze null zur Obergrenze $p - c$ (gemäß Gl. 122), dann nähert sich

- der x_0^*-Wert „von unten" dem Grenzwert $\mu_0 + z_0^* \sigma_0 = x_0^*$ (ohne Postpon.)
- $E\left(G_1 \text{ prior} | \alpha = 0\right)$ „von oben" dem Grenzwert $E\left(G_0^* | \text{ohne Postpon.}\right)$ gem. Gl. 16 (S. 24)

Für alle Δc-Werte $< p - c$ ist das Teilpostponement-Verbesserungspotenzial ΔG^* gemäß Gl. 100 positiv, an der Obergrenze $\Delta c = p - c$ verschwindet es:

$$\Delta G^*\left(\text{Teilposp.} | x_0^*; \ \alpha = 0; \ \Delta c = c_u\right) = E\left(G_0^*\right) - E\left(G_0^*\right) = 0$$

Fazit: Für den einfachen Grenzfall $\alpha = 0$ treten negative „Verbesserungs-Potenzialwerte $\Delta G^*\left(\text{Teilpostp.} | x_0^*\right)$ gemäß Gl. 100 nicht auf, wenn die optimale Prior-Teilmenge x_0^* gewählt wird (näherungsweise gemäß Gl. 121) und der Aufpreis Δc für die Nutzung von Reaktiv-Kapazitäten im zulässigen Bereich $0 \leq \Delta c \leq p - c$ bleibt. Dass diese *Nicht-Verschlechterung der Gewinnerwartung durch Teilpostponement* auch für alle Artikel mit realistischen α-Werten ($0 < \alpha < 1$) gilt, folgt bereits aus der Tatsache, dass *Teilpostponement-Strategien* optimale Nicht-Postponement-Strategien (gemäß Gl. 16, S. 24) immer als eine (von vielen) Dispositions-Optionen enthalten.

(7) *Quantifizierung des steigenden Mengenflexibilitätsbedarfes bei den Reaktivkapazitäten*

Bereits im Rahmen von *Totalpostponement-Strategien* hatten wir erkannt, dass bei einer erfolgreichen Postponementproduktion *ein Teil des ursprünglichen Nachfragerisikos σ_0 durch die Mengenflexibilität der Reaktivkapazitäten absorbiert werden muss* (S. 45). Da *Teilpostponement-Strategien* (anders als beim Totalpostponement) die teuere Reaktiv-Produktion auf die besonders unsicheren „Nachfragespitzen" beschränken (während die relativ sicheren Nachfrage-Basismengen kostengünstig prior produziert werden), wird den Reaktivkapazitäten *eine noch höhere Mengenflexibilität als beim Totalpostponement abverlangt*. Konkret heißt dies: Aus Priorsicht steigt die *relative Bedarfsunsicherheit* hinsichtlich der posterior tatsächlich benötigten Reaktivkapazitäten (im Vergleich zum Totalpostponement) deutlich an (vgl. S. 54). Um diesen Anstieg zu quantifizieren, können wir als groben Indikator den *Variationskoeffizienten* v *des zum Priorzeitpunkt prognostizierten Posterior-Kapazitätsbedarfes* verwenden. Wie bisher beschränken wir uns zunächst auf die „Pro-Artikel-Analyse". (Auf die Nutzung von Risk-Pooling-Effekten beim Sortiments-Postponement wurde bereits hingewiesen; vgl. S. 10, S. 54 und Kap. 4., S. 171 ff.)

- *Relativer Flexibilitätsbedarf beim Totalpostponement*

  Beim Totalpostponement eines Modeartikels ist der *Bedarf an Reaktivkapazitäten* (gemessen in ME des betrachteten Artikels) durch die optimale Posterior-Dispositionsmenge x_i^* bestimmt. Aus Priorsicht ist x_i^* eine Zufallsvariable, die einer Normalverteilung mit den Parametern $\mu_{x_i^*}$, $\sigma_{x_i^*}$ gehorcht. Die *kumulierte Verteilungsfunktion* von x_i^* lautet:

$$F_{x_i^*}(x_i^*) = \Phi\left(\frac{x_i^* - \left(\mu_0 + z_i^* \alpha \sigma_0\right)}{\sqrt{1-\alpha^2}\,\sigma_0}\right)$$

Gl. 125

Die *Prior-Bedarfsprognose* für die posterior erforderliche Reaktivkapazität entspricht dem Erwartungswert $E\left(x_i^*\right) = \mu_{x_i^*}$ dieser Verteilung (Gl. 56, S. 44):

$$\mu_{x_i^*} = \mu_0 + z_i^* \alpha \sigma_0 \; [ME]$$

Gl. 126

Der Prognosewert $\mu_{x_i^*}$ ist mit dem *Standardprognosefehler*

$$\sigma_{x_i^*} = \sqrt{1-\alpha^2}\,\sigma_0 \; [ME]$$

Gl. 127

behaftet. Der Standardprognosefehler kann als Indikator für den bei der Kapazitätsbereitstellung einzuplanenden *absoluten Flexibilitätsbedarf [ME]* interpretiert werden. Der Variationskoeffizient $v_{x_i^*}$ als Indikator für die relative Bedarfsunsicherheit und damit für den *relativen Flexibilitätsbedarf* bei der Bereitstellung der Reaktivkapazitäten hat beim Totalpostponement eines Artikels offenbar folgenden Wert:

$$v_{x_1^*} = \frac{\sigma_{x_1^*}}{\mu_{x_1^*}} = \frac{\sqrt{1-\alpha^2}\,\sigma_0}{\mu_0 + \alpha\sigma_0 z_1^*} \qquad\qquad \text{Gl. 128}$$

Beispiel 5

μ_0 = 10000 ME; σ_0 = 4000 ME;

p = 70 GE/ME; p_0 = 15 GE/ME;

c = 30 GE/ME; Δc = 10 GE/ME; α = 0,5;

derivative Größen

p_s = 55 GE/ME; ω_0^* = 0,7272; $\Delta\zeta$ = 0,1818

$z_0^* = \Phi^{-1}(\omega_0^*) = 0,6046;\quad z_1^* = \Phi^{-1}(\omega_0^* - \Delta\zeta) = 0,1142;$

$\varphi(z_1^*) = 0,3964;\quad \sqrt{1-\alpha^2} = 0,8660$

Wenn der im Beispiel beschriebene Modeartikel *zur Gänze posterior produziert werden soll*, prognostizieren wir für ihn zum Zeitpunkt t_0 (gem. Gl. 126) einen zukünftigen Bedarf an Reaktivkapazitäten von

$$\mu_{x_1^*} = 10000 + 0,5 \cdot 4000 \cdot 0,1142 = 10228\ \text{ME}$$

Diese Prognose ist mit einem Standardprognosefehler von

$$\sigma_{x_1^*} = \sqrt{1 - 0,25} \cdot 4000 = 3464\ \text{ME}$$

belastet (ein Indikator für den *absoluten Flexibilitätsbedarf* der für den Zeitpunkt t_1 einzuplanenden Reaktivkapazitäten). Für den Variationskoeffizienten (als Indikator des *relativen Flexibilitätsbedarfes*) berechnet man den Wert

$$v_{x_1^*} = \frac{3464}{10228} = 0,339$$

- *Relativer Flexibilitätsbedarf beim Teilpostponement*
  Gehen wir vom Totalpostponement zum *Postponement von Artikelteilmengen* über, schrumpft der prognostizierte Bedarf an Reaktivkapazitäten (vgl. Gl. 76, S. 55) auf die (posterior möglicherweise erforderliche) *Ergänzungsmenge*

$\Delta x_1 = \left(x_1^* - x_0 \right)^+$. Da die Ergänzungsmenge Δx_1 (aus Priorsicht) von der Zu-fallsvariablen x_1^* und von der Prior-Produktionsmenge x_0 abhängt, ist sie ebenfalls eine stochastische Größe.

Die *kumulierte Verteilungsfunktion* $F_{\Delta x_1}(\Delta x_1)$ der Zufallsgröße Δx_1 erhalten wir durch Verschiebung der Verteilungsfunktion $F_{x_1^*}$ um den Betrag x_0 (also $F_{x_1^*}(\Delta x_1 + x_0)$) und Nullsetzung der Funktionswerte für negative Werte von Δx_1. Damit ergibt sich:

$$F_{\Delta x_1}(\Delta x_1) = \begin{cases} 0 & \text{für } \Delta x_1 < 0 \\ \Phi\left(\dfrac{\Delta x_1 + x_0 - \left(\mu_0 + z_1^* \alpha \sigma_0 \right)}{\sqrt{1-\alpha^2}\, \sigma_0} \right) & \text{für } \Delta x_1 \geq 0 \end{cases} \qquad \text{Gl. 129}$$

Beim Merkmalswert $\Delta x_1 = 0$ hat $F_{\Delta x_1}(\Delta x_1)$ eine Sprungstelle, d.h. die Posterior-Produktionsmenge null hat die positive Wahrscheinlichkeit (vgl. die Gln. 82, 83, 84, S. 57):

$$p\left(\Delta x_1 = 0 \right) = \Phi\left(\frac{x_0 - \left(\mu_0 + z_1^* \alpha \sigma_0 \right)}{\sqrt{1-\alpha^2}\, \sigma_0} \right) = \Phi\left(\hat{z}_1 \right) \qquad \text{Gl. 130}$$

Die in Gl. 130 auftretende normierte Variable

$$\hat{z}_1 = \frac{x_0 - \left(\mu_0 + z_1^* \alpha \sigma_0 \right)}{\sqrt{1-\alpha^2}\, \sigma_0} \qquad \text{Gl. 131}$$

spielt im Teilpostponement-Modell eine wichtige Rolle: Bereits auf S. 58 wurde darauf hingewiesen, dass $\hat{z}_1$ einerseits als *normierte Grenze* zwischen den alternativen Posterior-Situationen $\Delta x_1 = 0$ und $\Delta x_1 > 0$, andererseits als *normierte Entscheidungsvariable* x_0 interpretiert werden kann.

Aufgrund der Sprungstelle bei $\Delta x_1 = 0$ besitzt die Verteilung $F_{\Delta x_1}$ (insgesamt gesehen) keine Dichtefunktion. Hilfsweise kann aber der positive Bereich $\Delta x_1 > 0$ mit einer Partialdichte in Form einer (*unten bei null*) *abgeschnittenen*

Normalverteilung dargestellt werden. Der von der Partialdichte erfasste Merkmalsbereich $\Delta x_1 > 0$ hat insgesamt das Gewicht $1 - \Phi(\hat{z}_1) < 100\%$.

Der Erwartungswert $E(\Delta x_1) = \mu_{\Delta x_1}$ beträgt (gemäß Gl. 97, S. 60):

$$\mu_{\Delta x_1} = \sqrt{1-\alpha^2}\,\sigma_0 \cdot \Psi(\hat{z}_1) \qquad \text{Gl. 132}$$

Fassen wir $\mu_{\Delta x_1}$ aus Priorsicht als *Prognosewert für den Umfang der posterior einzuplanenden Reaktivkapazitäten* auf, dann ist dieser Prognosewert mit folgendem *Standardprognosefehler* $\sigma_{\Delta x_1}$ zu belegen (ohne Herleitung):

$$\sigma_{\Delta x_1} = \sqrt{1-\alpha^2}\,\sigma_0 \cdot \sqrt{\Phi(-\hat{z}_1) - \hat{z}_1 \cdot \Psi(\hat{z}_1) - \Psi^2(\hat{z}_1)} \qquad \text{Gl. 133}$$

Der *Bedarf an Reaktivkapazität* für die Ergänzungsmenge Δx_1 gemäß Gl. 132 ist i.d.r. *wesentlich geringer* als der Kapazitätsbedarf bei einem Totalpostponement gemäß Gl. 126. Dies gilt konsequenterweise auch für den *absoluten Flexibilitätsbedarf* [ME] gemäß Gl. 133 im Vergleich zum absoluten Flexibilitätsbedarf gemäß Gl. 127. Es wurde aber bereits darauf hingewiesen (S. 54), dass die relative Bedarfsunsicherheit und damit der *relative Mengenflexibilitätsbedarf beim Teilpostponement stark ansteigt*. Dieser Anstieg kann am wachsenden Wert des Variationskoeffizienten $v_{\Delta x_1}$ abgelesen werden:

$$v_{\Delta x_1} = \frac{\sigma_{\Delta x_1}}{\mu_{\Delta x_1}} = \frac{\sqrt{\Phi(-\hat{z}_1) - \hat{z}_1 \cdot \Psi(\hat{z}_1) - \Psi^2(\hat{z}_1)}}{\Psi(\hat{z}_1)} \qquad \text{Gl. 134}$$

Beispiel 5 (Fortsetzung)

Berechnung der optimalen Prior-Produktionsmenge x_0^* (gem. Gl. 121):

$$z_0^*(\alpha=1) = \Phi^{-1}\left(\frac{40}{55}\right) = 0,6046$$

$$z_{\Delta c}^*(\alpha=0) = \Phi^{-1}\left(\frac{10}{25}\right) = -0,2533$$

$$x_0^* \approx \mu_0 + \sigma_0\left[\alpha\, z_0^* + (1-\alpha)\, z_{\Delta c}^*\right] = 10703 \text{ ME}$$

$$\hat{z}_1 = \frac{x_0^* - z_1^*\,\alpha\,\sigma_0 - \mu_0}{\sqrt{1-\alpha^2}\,\sigma_0} = 0,13689$$

$$\Phi\left(-\hat{z}_1\right) = p(\Delta x_1 > 0) = 0,4456$$

$$\Psi(\hat{z}_1) = 0,3342$$

$$\mu_{\Delta x_1} = \sqrt{1-\alpha^2} \cdot \sigma_0 \cdot \Psi(\hat{z}_1) = 1158 \text{ ME}$$

(zum Vergleich: $\mu_{x_1^*} = 10228$ ME)

$$\sigma_{\Delta x_1} = \sqrt{1-\alpha^2} \, \sigma_0 \cdot \sqrt{\Phi(-\hat{z}_1) - \hat{z}_1 \cdot \Psi(\hat{z}_1) - \Psi^2(\hat{z}_1)} = 1860 \text{ ME}$$

(zum Vergleich: $\sigma_{x_1^*} = 3464$ ME)

$$v_{\Delta x_1} = \frac{\sigma_{\Delta x_1}}{\mu_{\Delta x_1}} = \frac{1860}{1158} = 1,606$$

(zum Vergleich: $v_{x_1^*} = 0,339$)

Konsistenzprüfung:

Das Teilpostponement-Modell enthält das Totalpostponement-Modell als Grenzfall $x_0 = 0$. Für $x_0 = 0$ hat die normierte Variable $\hat{z}_1$ den Wert

$$\hat{z}_1 = \frac{-0,1145 \cdot 0,5 \cdot 4000 - 10000}{\sqrt{1-0,25} \cdot 4000} = -2,9527$$

$$\Phi\left(-\hat{z}_1\right) = 0,9984; \qquad \Psi(\hat{z}) = 2,9532$$

$$\mu_{\Delta x_1} = \sqrt{1-\alpha^2} \, \sigma_0 \, \Psi(\hat{z}_1) = 10230 \text{ ME} \approx \mu_{x_1^*}$$

$$\sigma_{\Delta x_1} = \sqrt{1-\alpha^2} \, \sigma_0 \, \sqrt{\Phi(-\hat{z}_1) - \hat{z}_1 \cdot \Psi(\hat{z}_1) - \Psi^2(\hat{z}_1)} = 3459 \text{ ME} \approx \sigma_{x_1^*}$$

$$v_{\Delta x_1} = \frac{\sigma_{\Delta x_1}}{\mu_{\Delta x_1}} = 0,338 \approx v_{x_1^*}$$

Die kleinen Abweichungen zwischen den Werten des Totalpostponement-Modells $\mu_{x_1^*}, \sigma_{x_1^*}, v_{x_1^*}$ einerseits und den Werten des Teilpostponement-Modells $\mu_{\Delta x_1}, \sigma_{\Delta x_1}, v_{\Delta x_1}$ andererseits sind auf die im vorliegenden Einsatz unangenehme Eigenschaft der Normalverteilung zurückzuführen, in begrenztem Ausmaß negative Werte zu erzeugen (vgl. hierzu S. 33 ff., insbesondere S. 38: E (Unterdeckungsmenge$|x_0 = 0$) = μ_0).

Die *Ergebnisse von Beispiel 5* belegen eindrucksvoll unsere theoretischen Überlegungen: Beim Übergang vom Totalpostponement zum Teilpostponement sinkt der prognostizierte Bedarf an teuerer Reaktivkapazität dramatisch (von 10228 ME auf 1158 ME) und mit ihm auch die in Mengeneinheiten gemessene Bedarfsunsicherheit (von 3464 ME auf 1860 ME). Gleichzeitig steigt aber die *relative* Bedarfsunsicherheit auf das Fünffache (von $v = 0,339$ auf $v = 1,606$). Als besonderer Unsicherheitsfaktor ist zu bedenken, dass eine gegebenenfalls bereitgestellte Reaktivkapazität für die Produktion von 1000 bis 2000 ME mit einer Wahrscheinlichkeit von 55 % zum Posteriorzeitpunkt überhaupt nicht benötigt wird ($p (\Delta x_1 = 0) = 55$ %).

(8) *Teilpostponement-Erfolge bei suboptimaler Disposition*

Wir greifen unsere Überlegungen zur suboptimalen Disposition wieder auf (vgl. S. 26, S. 31 ff. und S. 50 ff.) und analysieren ihre Erfolge im Rahmen einer Teilpostponement-Strategie. Wie in den früheren Analysen konzentrieren wir uns auf die weit verbreitete Praxis, als Produktions- oder Bestellmenge in riskanten Situationen nicht die Newsboy-Menge (mit ihrer optimalen Balance zwischen Über- und Unterdeckungskosten) zu wählen, sondern sich jeweils für den Nachfrageprognosewert (erwartungswert) μ zu entscheiden.

Bei der Umsetzung einer Teilpostponement-Strategie wäre es allerdings in der Priorsituation kontraproduktiv, als Prior-Teilmenge x_0 einfach den Prior-Prognosewert μ_0 zu verwenden, weil bei der Wahl von x_0 offensichtlich die posterior zu erwartende Prognoseverbesserung $\alpha' = 1 - \alpha$ einerseits und die Mehrkosten Δc andererseits eine maßgebliche Rolle spielen sollten. Wir beschränken deshalb das suboptimale Dispositionsverhalten auf die Posterior-Situation und unterstellen folgende *Posterior-Entscheidungsregel*:

Wenn bei gegebener Prior-Menge x_0 zum Zeitpunkt t_1 der verbesserte Nachfrageprognosewert μ_1 bekannt wird, wählt der Disponent für die Posterior-Ergänzungsmenge Δx_1

• den Wert $\Delta x_1 = 0$, wenn $\mu_1 \leq x_0$ (d.h. keine Reaktiv-Produktion, wenn der vorhandene Bestand x_0 den Prognosewert μ_1 abdeckt)

- den Wert $\Delta x_1 = \mu_1 - x_0$, wenn $\mu_1 > x_0$ (d.h. Aufstockung des vorhandenen Bestandes x_0 auf die eigentlich vom Disponenten gewünschte Menge $x_1^{'} = x_0 + \Delta x_1 = \mu_1 =$ neuester Nachfrageprognosewert)

Um die *Netto-Gewinnverbesserungen* $\Delta G^{'}$ (Teilpostp.) einer Teilpostponement-Strategie auf Basis dieser Entscheidungsregel zu berechnen, wählen wir (wie auf S. 50) als *Vergleichsmaßstab* nicht die optimale, sondern die suboptimale Nicht-Postponement-Alternative $x_0 = \mu_0$ mit einer Gewinnerwartung gemäß Gl. 22 (S. 26):

$$E\left(G_0^{'}\middle|x_0 = \mu_0\right) = (p-c)\,\mu_0 - \Psi(0) \cdot (c_u + c_{\ddot{u}}) \cdot \sigma_0 \qquad \text{Gl. 135}$$

Die suboptimale Gewinnerwartung $E\left(G_1^{'} \text{ Teilpostp.}\middle|x_0; \Delta c > 0\right)$ kann im Prinzip wie die optimale Gewinnerwartung $E\left(G_1^{*}\middle|\hat{z}_1\right)$ entwickelt werden (vgl. S. 54 – 58), aufgrund der suboptimalen Entscheidungsregel sind allerdings die normierten Variablen anders zu definieren.

Als wichtigste Größe ist hier zunächst die Variable $\hat{z}_1$, die *normierte Grenze* zwischen den alternativen Posterior-Situationen $\Delta x_1 = 0$ und $\Delta x_1 > 0$, zu nennen. Da sich diese Grenze verschiebt, gilt im suboptimalen Szenario nicht die Festlegung von Gl. 82 (S. 57), sondern die *alternative Definition*:

$$\hat{z}_1 = \frac{x_0 - \mu_0}{\sqrt{1 - \alpha^2}\,\sigma_0} \qquad \text{Gl. 136}$$

Wie im optimalen Szenario ist $\hat{z}_1$ nicht nur als Fallgrenze, sondern auch als *normierte Prior-Entscheidungsvariable* x_0 zu interpretieren, wobei jetzt allerdings (anders als in Gl. 87, S. 58) gilt:

$$x_0 = \mu_0 + \hat{z}_1 \sqrt{1 - \alpha^2}\,\sigma_0 \qquad \text{Gl. 137}$$

Schließlich ist festzustellen, dass die suboptimale Disposition entgegen der News-boy-Theorie (gem. Gl. 74, S. 55) und unabhängig von den Preis- und Kostenverhältnissen eines Modeartikels mit dem Zuschlagsfaktor-Wert

$$z_1^{*} = 0 \qquad \text{Gl. 138}$$

operiert.

Wenn wir die Alternativdefinition von $\hat{z}_1$ (gem. Gl. 136) und den Wert $z_1^* = 0$ beachten, dann entspricht die gesuchte Funktionsgleichung für die suboptimale Gewinnerwartung $E\left(G_1' \text{ Teilpostp.} \middle| x_0; \Delta c > 0\right)$ formal der optimalen Gewinngleichung 88 (S. 58), wie sich leicht zeigen lässt. Somit ergibt sich:

$$
\begin{aligned}
E &\left(G_1' \text{ Teilpostp.} \middle| \hat{z}_1 = \frac{x_0 - \mu_0}{\sqrt{1-\alpha^2}\,\sigma_0} \right) = (p-c)\,\mu_0 - \\
&- \sigma_0 \left\{ \left[(c_{\ddot{u}} + \Delta c) \cdot \Phi(\hat{z}_1) - \Delta c \right] \cdot \hat{z}_1 \sqrt{1-\alpha^2} \right. \\
&\quad + (c_{\ddot{u}} + \Delta c) \cdot \sqrt{1-\alpha^2} \cdot \varphi(\hat{z}_1) \\
&\quad + (c_{\ddot{u}} + c_u) \cdot \alpha \cdot \Psi(0) \cdot \Phi(-\hat{z}_1) \\
&\quad + (c_{\ddot{u}} + c_u) \cdot \alpha \int_{-\infty}^{\hat{z}_1} \Psi(a\,z_1 + b)\,\varphi(z_1)\,d z_1 \Bigg\}
\end{aligned}
$$

Gl. 139

mit den Hilfsgrößen

$$
a = -\frac{\sqrt{1-\alpha^2}}{\alpha}
$$

$$
b = \frac{\sqrt{1-\alpha^2}}{\alpha} \cdot \hat{z}_1
$$

$$
c_{\ddot{u}} = c - p_{\ddot{u}}
$$

$$
c_u = p - c
$$

Das *Netto-Erfolgspotenzial einer suboptimalen Teilpostponement-Strategie* berechnen wir als Differenz von Gl. 139 und 135:

$$
\begin{aligned}
\Delta G' &\left(\text{Teilpostp.} \middle| x_0; \hat{z}_1 = \frac{x_0 - \mu_0}{\sqrt{1-\alpha^2}\,\sigma_0} \right) = \\
&= E\left(G' \text{ Teilpostp.} \middle| \hat{z}_1 = \frac{x_0 - \mu_0}{\sqrt{1-\alpha^2}\,\sigma_0} \right) - E\left(G_0' \middle| x_0 = \mu_0\right) = \\
&= \Psi(0) \cdot \sigma_0 \cdot (c_{\ddot{u}} + c_u) \cdot \left[1 - \alpha \cdot \Phi(-\hat{z}_1) \right] \\
&- \sigma_0 \left\{ \left[(c_{\ddot{u}} + c_u) \cdot \Phi(\hat{z}_1) - \Delta c \right] \cdot \hat{z}_1 \cdot \sqrt{1-\alpha^2} \right. \\
&\quad + (c_{\ddot{u}} + \Delta c) \cdot \sqrt{1-\alpha^2} \cdot \varphi(\hat{z}_1) \\
&\quad + (c_{\ddot{u}} + c_u) \cdot \alpha \cdot \int_{-\infty}^{\hat{z}_1} \Psi(a\,z_1 + b)\,\varphi(z_1)\,d z_1 \Bigg\}
\end{aligned}
$$

Gl. 140

mit den Hilfsgrößen von Gl. 139

Beispiel 4 (vgl. S. 48 f., S. 51 ff. und S. 67 ff.)

Um den direkten Vergleich mit den bisher diskutierten Entscheidungssituationen und Strategien zu ermöglichen, verwenden wir wieder die Daten von Beispiel 4:

μ_0 = 100 ME; σ_0 = 80 ME

p = 140 GE/ME; $p_{\ddot{u}}$ = 40 GE/ME;

c = 70 GE/ME; Δc = 8 GE/ME; α = 0,4

derivative Parameterwerte:

$c_{\ddot{u}}$ = 30 GE/ME; $p_s = c_{\ddot{u}} + c_u$ = 100 GE/ME;

$\omega_0^\bullet$ = 70 %; $\Delta\zeta$ = 0,08;

c_u = p − c = 70 GE/ME; $c_{\ddot{u}} + \Delta c$ = 38 GE/ME

Die *suboptimale Nicht-Postponement-Strategie*, die den Basiswert zur Messung der Postponement-Verbesserung liefert, hat gemäß Gl. 135 folgende Gewinnerwartung (vgl. S. 52):

$$E\left(G_0^{'} \middle| x_0 = \mu_0 = 100\right) = 70 \cdot 100 - 0,3989 \cdot 100 \cdot 80 =$$
$$= 7000 - 3191 = 3809 \text{ GE}$$

Um die *suboptimale Teilpostponement-Strategie* bewerten zu können, benötigen wir zunächst einen plausiblen Wert für die *Prior-Produktionsmenge* x_0. Die direkte Vergleichsmöglichkeit spricht hier für den Wert x_0 = 78,08 ME, der bei der Berechnung der *optimalen Teilpostponement-Strategie* verwendet wurde (S. 68). Die Basisparameter von Gl. 139 können dann wie folgt quantifiziert werden:

$$\hat{z}_1 \text{ (subopt.)} = \frac{x_0 - \mu_0}{\sqrt{1-\alpha^2}\,\sigma_0} = -0,29896$$

$$\Phi\left(-\hat{z}_1\right) = 0,6175 \quad \text{(Wahrsch. für eine positive Posterior-Produktionsmenge } \Delta x_1)$$

Für die *suboptimale Gewinnerwartung (Gl. 139) und für das Verbesserungspotenzial (Gl. 140)* erhält man:

$$E\left(G_1^{'} \text{ Teilpostp.}|x_0 = 78\right) = 7000 - 1827 = 5173 \text{ GE}$$

$$\Delta G^{'}\left(\text{Teilpostp.}|x_0 = 78\right) = 5173 - 3809 = 1364 \text{ GE}$$

Mit denselben Modelldaten und der gleichen Prior-Menge $x_0 = 78$ ME zeigte die *optimale Teilpostponement-Strategie* (S. 68 f.) folgende Erfolgsgrößen:

$$E\left(G_0^{*}|x_0 = x_0^{*} = 142\right) = 4218 \text{ GE}$$

$$E\left(G_1^{*} \text{ Teilpostp.}|x_0 = 78\right) = 5210 \text{ GE}$$

$$\Delta G^{*}\left(\text{Teilpostp.}|x_0 = 78\right) = 992 \text{ GE}$$

Beim *Vergleich der optimalen und der suboptimalen Werte* können wir konstatieren: Die Gewinn-Unterschiede optimal/suboptimal sind für die Nicht-Postponement-Strategien relativ hoch, während sie für die Postponement-Strategien fast verschwinden:

$$E\left(G_0^{*}\right) - E\left(G_0^{'}\right) = 4218 - 3809 = 409 \text{ GE}$$

$$E\left(G_1^{*} \text{ Teilpostp.}\right) - E\left(G^{'} \text{ Teilpostp.}\right) = 5210 - 5173 = 37 \text{ GE}$$

Die Erklärung ist leicht zu finden:

Wenn im Rahmen einer Postponement-Strategie eine deutliche Prognoseverbesserung (kleiner α-Wert) wirksam wird, nähert sich die optimale Posterior-Menge x_1^{*} dem suboptimal disponierten Nachfrageerwartungswert μ_1 an, weil sich der optimale Newsboy-Zuschlag erheblich verkleinert. I.d.R. trägt der Posterior-Aufpreis Δc zusätzlich zur Verringerung eines (positiven) Zuschlagsfaktorwertes bei (d.h. $z_1^{*} < z_0^{*}$). Insgesamt liegt somit die optimale Posterior-Menge x_1^{*} meist wesentlich näher an der suboptimal disponierten Menge μ_1 als die optimale Prior-Menge x_0^{*} an der Nachfrageerwartung μ_0.

Im vorliegenden Beispiel berechnen wir als Erwartungswert für die optimale Posterior-Menge:

$$E\left(x_1^{*}\right) = \mu_0 + z_1^{*}\alpha\sigma_0 = 109,7 \text{ ME}$$

d.h. es besteht nur noch ein geringer Unterschied zur „suboptimalen" Mengener-
wartung:

$$E(x_1^*) = \mu_0 = 100 \text{ ME}$$

Die Unterschiede zwischen optimaler und suboptimaler Dispositionsmenge bei der
Nicht-Postponement-Strategie sind dagegen erheblich ($x_0^* = 142$ ME; $x_0' = 100$
ME). Das im Totalpostponement-Fall konstatierte *Fazit* (S. 53) gilt also auch für
Teilpostponement-Strategien.

3.3 Erwerb einer begrenzten Quick-Response-Flexibilität in Form einer Option zur Nutzung von Reaktivkapazitäten

3.3.1 Einsatz von Kapazitätsoptionen im Risikomanagement von Supply-Chains

Mit Verträgen zur Bereitstellung und optionalen Nutzung von Produktionskapazitäten
(*Kapazitäts(nutzungs)optionen*) werden im Supply-Chain-Management insbesondere
zwei Ziele verfolgt:

- Zum einen sollen die mit der Bewältigung von *Nachfrage- und Produktionsrisiken
  verbundenen Mehrkosten* (z.B. für Fehlmengen, Übermengen, Fehlkapazitäten,
  Überkapazitäten oder für reaktionsschnelle und flexible Produktionssysteme) fair
  zwischen den Supply-Chain-Partnern aufgeteilt werden.
- Zum anderen sollen beide Supply-Chain-Partner, der *Käufer (buyer)* der Option
  und der *Produzent (supplier)* durch die Anreizstruktur der Option zu *effizientem
  Verhalten* in Richtung eines ganzheitlichen Supply-Chain-Optimums angeregt
  werden.

Kapazitätsoptionen (capacity options) sind spezielle *Realoptionen (real options)*[1], die
in Theorie und Praxis in zahlreichen Ausgestaltungsformen analysiert und eingesetzt
werden. In Abhängigkeit von der Branche, und vom speziellen Forschungsumfeld (In-

---

[1] Vgl. zur allgemeinen Theorie der „Real Options" z.B. Amram/Kulatilaka (1999) oder Trigeorgis (2000)

ventory Management/Supply Chain Management/Operations Management) findet man u.a. folgende alternativen Optionsformen:[1]

- *Backup Agreements*

  Der „Käufer" vereinbart mit dem „Produzenten" am Anfang des Planungshorizonts (bei unsicherer Bedarfsprognose) die Herstellung einer bestimmten Planungsmenge eines speziellen Produktes (z.b. die Produktion einer bestimmten Anzahl von Versandkatalogen). In der ersten Planungsperiode erwirbt der Käufer dann einen Anteil dieser Planungsmenge (z.b. 25 %) zum vertraglich festgelegten Preis. In der zweiten Periode, wenn der tatsächliche Bedarf offenbar wird, kauft der Auftraggeber eine abschließende zweite Teilmenge des Produktes. Wird mit der zweiten Teilmenge die ursprüngliche Planungsmenge nicht ausgeschöpft, dann bezahlt der Käufer dem Hersteller für jede nicht abgenommene Einheit der Restmenge einen vereinbarten *Strafkostensatz*. Der Käufer beteiligt sich auf diese Weise an den Produktionsrisiken des Herstellers.

- *Quantity Flexibility Contracts*

  Der Käufer übermittelt dem Produzenten zu Beginn des Planungszeitraums eine (unsichere) Prognose über den Umfang der von ihm geplanten Produktionsaufträge. Gleichzeitig verpflichtet er sich, eine bestimmte *Minimalmenge* zu einem vereinbaren Preis zu kaufen. Umgekehrt verpflichtet sich der Hersteller, eine *begrenzte Mengenflexibilität* bis zu einer bestimmten *Maximalmenge* sicherzustellen. Mit der Kaufpflicht für die Minimalmenge erwirbt der Käufer somit eine Option auf eine Zusatzmenge zum Stückpreis der Minimalmenge. Andererseits wird der Produzent durch den sicheren Verkauf einer Mindestmenge für die von ihm übernommenen Kapazitätsnutzungsrisiken entschädigt. Quantity Flexibility Contracts werden vor allem in der Elektronikindustrie abgeschlossen (Beispiele: IBM Printer Division, Sun Microsystems, Solectron, Hewlett Packard).

- *Pay-to-delay Capacity Reservations*

  Wenn in einer Branche die Kapazitäten knapp werden, sind viele Käufer bereit, für *Kapazitätsreservierungen Vorausgebühren (upfront fees)* zu bezahlen. Bekannt geworden sind derartige Verträge insbesondere aus der Halbleiterindustrie. Ein

---

[1] Vgl. z.B. Tan (2001)

Teil der Reservierungsverträge (ca. 30% in der Halbleiterindustrie) sind einfache „Take-or-pay"-Verträge. Daneben werden aber auch „Pay-to-delay"-Reservierungen abgeschlossen, die eine kompliziertere Struktur aufweisen: Der Käufer verpflichtet sich hier zum *Kauf einer Minimalmenge* zum Preis c_0 [GE/ME]. Darüber hinaus bezahlt er c_R [GE/ME] *im Voraus für Kapazitätsreservierungen* zur Produktion einer *optionalen Zusatzmenge*. Diese Zusatzmenge kann der Käufer dann später, wenn die tatsächliche Nachfrage offenbar wird, zu einem Preis c_1 [GE/ME] teilweise oder zur Gänze erwerben.

Im Entscheidungsszenario der vorliegenden Arbeit sind insbesondere die *Reaktivkapazitäten* knapp. Darüber hinaus wird den Reaktivkapazitäten unter zeitkritischen Bedingungen eine *erhebliche Mengenflexibilität* abverlangt (vgl. S. 8-10), weil sie anders, wie von ihnen erwartet, die Nachfrageunsicherheit nicht absorbieren können (vgl. S. 45 und S. 72 ff.). Die *Mehrkosten der Reaktivität und Flexibilität* werden in unseren bisherigen Modellen ausschließlich durch *variable Zusatzkosten* Δc [GE/ME] der Postponementproduktion erfasst (S. 42). In Anbetracht der hohen Über- und Leerkapazitätsrisiken, die vor allem bei Teilpostponementstrategien auftreten können (S. 74 ff.) erscheint diese Entscheidungs- und Kostenstruktur nicht in jedem Fall ausreichend. Insbesondere fallen im bisherigen Δc-Modell mit flexibler Kapazitätsverfügbarkeit dann keine Zusatzkosten an, wenn ein prior prognostizierter Bedarf an Reaktivkapazitäten zum Posteriorzeitpunkt überhaupt nicht benötigt wird. Demgegenüber sind in der Realität in diesem Fall Kosten für Leerkapazitäten oder für die Organisation von (oft weniger ertragreichen) Alternativbeschäftigungen zu verzeichnen.

Um die mit *Kapazitätsbedarfsrisiken* verbundenen Konflikte und Kosten angemessen abzubilden, erscheint es folgerichtig, unsere bisherige Modellstruktur durch eine *Kapazitätsreservierungsentscheidung* zum Priorzeitpunkt t_0 zu ergänzen.

Ausgangspunkt der beabsichtigten Modellerweiterung ist das *bisherige Entscheidungsszenario für das flexible Teilpostponementmodell* (S. 53 i.V.m. S. 42 und S. 26 ff.). In diesem Modell gibt es zum Priorzeitpunkt pro Modeartikel *nur eine Entscheidungsvariable: die Prior-Produktionsmenge* x_0. Das Entscheidungsproblem lautet: Welche Teilmenge x_0 des betrachteten Modeartikels soll trotz unsicherer Nachfrageprognose ohne Zeitverzögerung auf den kostengünstigen Normalkapazitäten produziert werden? Bei zu hohen Priormengen drohen entsprechend hohe Übermengenkosten, während zu niedrige Priormengen mit dem Risiko übermäßiger Ergänzungsproduktionen auf teueren Reaktivkapazitäten verbunden sind.

In Anlehnung an die Struktur von „Pay-to-delay Capacity Reservations" wird nun diese Modellstruktur durch eine *zweite Prior-Entscheidungsvariable* R_0 [ME] ergänzt. Mit Hilfe dieser Entscheidungsvariablen ersetzen wir die bisherige unbegrenzte Verfügbarkeit und Flexibilität von Reaktivkapazitäten durch eine *begrenzt flexible Kapazitätsoption:* Wenn der Disponent zum Zeitpunkt t_0 für den betrachteten Artikel eine Teilpostponement-Strategie für opportun hält, dann muss er (neben der richtigen Wahl der Priormenge x_0) auch für eine ausreichende Verfügbarkeit von Reaktivkapazitäten sorgen, damit die eventuell erforderliche Posterior-Ergänzungsmenge $\Delta x_1 = x_1^* - x_0$ tatsächlich produziert werden kann. Die Sicherstellung der Kapazitätsverfügbarkeit geschieht durch *Kauf einer Kapazitätsoption zum Priorzeitpunkt* nach folgenden Regeln:

- Simultan mit der Wahl der Priormenge x_0 [ME] wird über die Reservierung von R_0 [ME] der (möglicherweise) posterior erforderlichen Reaktivkapazitäten entschieden: $R_0 \geq 0$

- Wenn prior R_0 [ME] an Reaktivkapazität reserviert wurden, dann können posterior maximal R_0 [ME] des Artikels produziert werden: $0 \leq \Delta x_1 \leq R_0$
  Im Grenzfall $R_0 = 0$ entscheidet man sich also gegen die Postponementoption. I.d.R. wird man in diesem Fall die optimale Priormenge $x_0^* = \mu_0 + z_0^* \sigma_0$ (gemäß Gl. 4, S. 19) wählen.

- Bei Reservierung von R_0 [ME] der Reaktivkapazität fallen *Priorkosten (upfront fees)* in folgender Höhe an:

$$K(R_0) = c_R \cdot R_0 \qquad \text{Gl. 141}$$

Die Kosten $K(R_0)$ hängen (im Gegensatz zu den Produktionsmehrkosten $\Delta c \cdot \Delta x_1$) nicht davon ab, in welchem Ausmaß die reservierte Kapazität R_0 später tatsächlich genutzt wird. Aus Sicht des „Prior-Disponenten" wird zum Preis $c_R R_0$ *eine Option der Bandbreite* R_0 für eine spätere „Eventual-Nutzung" von Reaktivkapazitäten erworben. Aus Sicht des „Posterior-Produzenten" sollte der Preis $c_R \cdot R_0$ ein angemessener Beitrag des Auftraggebers zur *Abdeckung der Leerkapazitätsrisiken und Flexibilitätskosten* sein.

3.3.2 Modellierung und Optimierung von Postponementstrategien mit begrenzter Quick-Response-Flexibilität

(1) *Quantifizierung der Prior-Gewinnerwartung* $E\left(G_1^* | x_0; R_0\right)$ *bei gegebener Prior-Produktionsmenge* x_0 *und gegebener Kapazitätsoption* R_0:

Da wir, wie bei der Entwicklung des Teilpostponementmodells mit „unbegrenzt" flexiblen Reaktivkapazitäten, optimale Posterior-Entscheidungen unterstellen (S. 53 ff.), können wir unter Beachtung der zusätzlichen Restriktion $\Delta x_1 \leq R_0$ einen Teil der dort dargestellten Strukturen übernehmen. Im Gegensatz zum bisherigen Teilpostponementmodell müssen wir allerdings jetzt posterior in Abhängigkeit von Prognosewert μ_1 (und damit in Anhängigkeit von der Posterior-Optimalmenge x_1^*) nicht nur zwei (S. 55) sondern *drei disjunkte Entscheidungsbereiche (a, b, c)* unterscheiden. Jeder dieser Bereiche liefert eine spezielle Komponente zu den Absatzrisikokosten. Konsequenterweise verzeichnen wir nicht nur eine $\hat{\mu}_1$-Grenze zwischen den Entscheidungsbereichen (a) und (b) (vgl. die Gln. 80 bis 82, S. 56 f.), sondern eine „tiefe" Grenze $\hat{\mu}_{1T}$ zwischen den Bereichen (a) und (b) und eine „hohe" Grenze $\hat{\mu}_{1H}$ zwischen den Bereichen (b) und (c). Wenn wir die Kostenkomponenten (a), (b) und (c) durch die Δc-Postponementkosten (d) und die c_R-Reservierungskosten (e) ergänzen, erhalten wir aus *Posterior-Sicht* folgende Komponenten der Gewinnfunktion:

(a)-Bereich: $x_1^* \leq x_0$

Aus $x_1^* = \mu_1 + z_1^* \alpha \sigma_0 \leq x_0$ folgt:

$$\mu_1 \leq \hat{\mu}_{1T} \qquad\qquad\qquad \text{Gl. 142}$$

mit

$$\hat{\mu}_{1T} = x_0 - z_1^* \alpha \sigma_0 \qquad\qquad\qquad \text{Gl. 143}$$

Wenn die Priormenge x_0 höher ist als die optimale Posteriormenge, gilt für diesen nichtoptimalen Fall (wie S. 55):

$\Delta x_1 = 0$ und $x_1 = x_0$

Die Kapazitätsoption R_0 bleibt völlig ungenutzt (muss aber trotzdem bezahlt werden). Für die Gewinnerwartung (ohne Δc- und R_0-Kosten) gilt:

$$E\left(G_1 \text{ posterior}\middle|x_1 = x_0;\ \Delta x_1 = 0\right) =$$
$$= c_u \mu_1 - \alpha \sigma_0 \left[c_{\bar{u}} \frac{x_0 - \mu_1}{\alpha \sigma_0} + (c_u + c_{\bar{u}})\ \Psi\left(\frac{x_0 - \mu_1}{\alpha \sigma_0}\right) \right] \qquad \text{Gl. 144}$$

(b)-Bereich: $x_0 < x_1^* \leq x_0 + R_0$

Der Prognosewert μ_1 liegt im (b)-Bereich, wenn gilt:

$$\hat{\mu}_{1T} < \mu_1 \leq \hat{\mu}_{1H} \qquad \text{Gl. 145}$$

mit $\hat{\mu}_{1T}$ aus Gl. 143 und

$$\hat{\mu}_{1H} = x_0 + R_0 - z_1^* \alpha \sigma_0 = \hat{\mu}_{1T} + R_0 \qquad \text{Gl. 146}$$

Im Bereich (b) kann die Priormenge x_0 durch Produktion der Ergänzungsmenge $\Delta x_1^* = x_1^* - x_0$ zur optimalen Posteriormenge x_1^* aufgestockt werden. Die Kapazitätsoption (Reservierung) R_0 wird *teilweise genutzt*. Ohne Beachtung der Δc-Mehrkosten und der Reservierungskosten $c_R R_0$ hat die Posterior-Gewinnerwartung den Wert:

$$E\left(G_1 \text{ posterior}\middle|x_1 = x_1^*;\ \Delta x_1 = x_1^* - x_0\right) =$$
$$= c_u \cdot \mu_1 - \alpha \sigma_0 \left[c_{\bar{u}} \cdot z_1^* + (c_u + c_{\bar{u}}) \cdot \Psi\left(z_1^*\right) \right] \qquad \text{Gl. 147}$$

mit x_1^* aus Gl. 75 und z_1^* aus Gl. 74, S. 55

(c)-Bereich: $x_1^* > x_0 + R_0$

Für den Prognosewert μ_1 gilt in diesem Fall:

$$\mu_1 > \hat{\mu}_{1H} \qquad \text{Gl. 148}$$

mit $\hat{\mu}_{1H}$ aus Gl. 146

Im (a)-Bereich kann die optimale Posteriormenge x_1^* nicht realisiert werden, weil die *untere Schranke* x_0 dies verhindert, im (c)-Bereich wird die Nichtoptimalität durch *die obere Schranke* $x_0 + R_0$ verursacht. Aus Posteriorsicht wurde prior eine zu geringe Reaktivkapazität R_0 reserviert. Die beste Posteriorstrategie besteht offenbar darin, *die reservierte Kapazität R_0 voll auszuschöpfen* und die Posterior-Produktionsmenge $\Delta x_1 = R_0$ zu disponieren. Als Gewinnerwartung (ohne Δc- und c_R-Kosten) erhalten wir dann:

$$E\left(G_1 \text{ posterior}\middle|x_1 = x_0 + R_0;\ \Delta x_1 = R_0\right) =$$

$$= c_u \cdot \mu_1 - \alpha\sigma_0 \left[c_{\bar{u}} \frac{x_0 + R_0 - \mu_1}{\alpha\sigma_0} + (c_u + c_{\bar{u}}) \cdot \Psi\left(\frac{x_0 + R_0 - \mu_1}{\alpha\sigma_0}\right) \right] \qquad \text{Gl. 149}$$

(d) Δc-*Postponementkosten*

Da in den Gewinnkomponenten der Gln. 144, 147 und 149 die Produktionsmehrkosten $\Delta c \cdot \Delta x_1$ [GE] der Posteriorproduktionsmengen Δx_1 nicht enthalten sind, sollen sie nun zusammenfassend berücksichtigt werden.

Wir stellen zunächst fest: Aus Posteriorsicht sind die Produktionsmengen Δx_1 und damit die Mehrkosten $\Delta c \cdot \Delta x_1$ keine stochastischen Größen, sondern deterministische Folgegrößen der Disposition. Somit lautet die einfache Kostenprognose:

$$\Delta c \cdot \Delta x_1 = \begin{cases} 0 & \text{für} & x_1^* \le x_0 & \text{(Bereich a)} \\ \Delta c \cdot \left(x_1^* - x_0\right) & \text{für } x_0 \le x_1^* \le x_0 + R_0 & \text{(Bereich b)} \\ \Delta c \cdot R_0 & \text{für} & x_1^* > x_0 + R_0 & \text{(Bereich c)} \end{cases} \qquad \text{Gl. 150}$$

(e) *Kosten der Kapazitätsoption R_0*

Die Kosten der Kapazitätsoption R_0 sind bereits aus Priorsicht nichtstochastische Folgegrößen der Prior-Disposition. Aus Posteriorsicht handelt es sich um „historische", also um nicht-beeinflussbare *versunkene Kosten (sunk costs)*, deren Höhe $K(R_0) = c_R \cdot R_0$ unmittelbar aus Gl. 141 hervorgeht.

Nachdem (gemäß (a) bis (d)) die Kosten- und Gewinnkomponenten aus Posteriorsicht bestimmt wurden, sind wir in der Lage, die gesuchte *Prior-Gewinnerwartung*

$E\left(G_1^* \middle| x_0, R_0\right)$ zu berechnen. Im Prinzip gehen wir unter Verwendung der Dichtefunktion $f(\mu_1)$ (Gl. 85, S. 57) in Analogie zu Gl. 86 (S. 57) vor. Wenn wir die oben definierten *Posteriorkomponenten (a) bis (d) (soweit erforderlich) sukzessive in Prior-Erwartungswerte transformieren*, lautet der Berechnungsansatz:

$$E\left(G_1^* \middle| x_0, R_0\right) =$$

$$= \int_{-\infty}^{\hat{\mu}_{1T}} E\left(G_1 \text{ posterior} \middle| x_1 = x_0\right) f\left(\mu_1\right) d\mu_1$$

$$+ \int_{\hat{\mu}_{1T}}^{\hat{\mu}_{1H}} E\left(G_1 \text{ posterior} \middle| x_1 = x_1^*\right) f\left(\mu_1\right) d\mu_1$$

$$+ \int_{\hat{\mu}_{1H}}^{+\infty} E\left(G_1 \text{ posterior} \middle| x_1 = x_0 + R_0\right) f\left(\mu_1\right) d\mu_1 \qquad \text{Gl. 151}$$

$$- \Delta c \cdot \left\{ \int_{\hat{\mu}_{1T}}^{\hat{\mu}_{1H}} \left(x_1^* - x_0\right) f\left(\mu_1\right) d\mu_1 + \int_{\hat{\mu}_{1H}}^{\infty} R_0 \, f\left(\mu_1\right) d\mu_1 \right\} - c_R \cdot R_0$$

Bei der Auswertung der Teilintegrale von Gl. 151 erweist es sich als zweckmäßig die beiden Bereichsgrenzen $\hat{\mu}_{1T}$ und $\hat{\mu}_{1H}$ wie folgt zu normieren:

$$\hat{z}_{1T} = \frac{\hat{\mu}_{1T} - \mu_0}{\sqrt{1-\alpha^2} \, \sigma_0} = \frac{x_0 - z_1^* \alpha \sigma_0 - \mu_0}{\sqrt{1-\alpha^2} \, \sigma_0} \qquad \text{Gl. 152}$$

$$\hat{z}_{1H} = \frac{\hat{\mu}_{1H} - \mu_0}{\sqrt{1-\alpha^2} \, \sigma_0} = \frac{x_0 + R_0 - z_1^* \alpha \sigma_0 - \mu_0}{\sqrt{1-\alpha^2} \, \sigma_0} \qquad \text{Gl. 153}$$

In Analogie zur Größe $\hat{z}_1$ im einfachen Teilpostponement-Modell (S. 58) können die Variablen $\hat{z}_{1T}$ und $\hat{z}_{1H}$ einerseits als *normierte Grenzen* (zwischen den Bereichen a, b bzw. b, c), andererseits aber auch als *normierte Prior-Entscheidungsvariable* (anstelle der nicht-normierten Größen x_0 bzw. R_0) interpretiert werden.

Unter Verwendung der normierten Größen $\hat{z}_{1T}$ und $\hat{z}_{1H}$ erbringt die Auswertung der Teilintegrale in Gl. 151 folgendes Ergebnis für die gesuchte *Prior-*

Gewinnerwartung (vgl. Gl. 99, S. 60 als entsprechendes Ergebnis für das einfache Teilpostponement-Modell):

$$E\left(G_1^* \middle| \hat{z}_{1T}, \hat{z}_{1H}\right) = E\left(G_{rf}\right) -$$
$$- \left[E\left(K_1 \middle| x_1 = x_0\right) + E\left(K_1 \middle| x_1 = x_1^*\right) + \right. \qquad \text{Gl. 154}$$
$$\left. + E\left(K_1 \middle| x_1 = x_0 + R_0\right) + \Delta c \cdot E\left(\Delta x_1 \middle| \Delta x_1 \le R_0\right) + c_R \cdot R_0\right]$$

mit dem *risikofreien Gewinn*

$$E\left(G_{rf}\right) = c_u \cdot \mu_0 = (p-c) \cdot \mu_0 \qquad \text{Gl. 155}$$

und den *Kostenkomponenten* der Gln. 156 bis 165:

(a)-Bereich:

$$E\left(K_1 \middle| x_1 = x_0\right) = \alpha \sigma_0 \left[c_{\bar{u}}\left(b \cdot \Phi\left(\hat{z}_{1T}\right) - a \cdot \varphi\left(\hat{z}_{1T}\right)\right) + \right.$$
$$\left. + \left(c_{\bar{u}} + c_u\right) \int_{-\infty}^{\hat{z}_{1T}} \Psi\left(a z_1 + b\right) \varphi\left(z_1\right) d z_1\right] \qquad \text{Gl. 156}$$

mit den Hilfsgrößen

$$a = -\frac{\sqrt{1-\alpha^2}}{\alpha} \qquad \text{Gl. 157}$$

$$b = \frac{x_0 - \mu_0}{\alpha \sigma_0} = \frac{\sqrt{1-\alpha^2}}{\alpha} \cdot \hat{z}_{1T} + z_1^* \qquad \text{Gl. 158}$$

(b)-Bereich:

$$E\left(K_1 \middle| x_1 = x_1^*\right) =$$
$$= \alpha \sigma_0 \left[c_{\bar{u}} z_1^* + \left(c_{\bar{u}} + c_u\right) \cdot \Psi\left(z_1^*\right)\right] \cdot \left[\Phi\left(\hat{z}_{1H}\right) - \Phi\left(\hat{z}_{1T}\right)\right] \qquad \text{Gl. 159}$$

Wie man leicht erkennt, entspricht der letzte Klammerterm von Gl. 159 der *Prior-Wahrscheinlichkeit, dass posterior die optimale Dispositionsmenge* x_1^* realisiert werden kann:

$$p\left(x_1 = x_1^*\right) = \Phi\left(\hat{z}_{1H}\right) - \Phi\left(\hat{z}_{1T}\right) \qquad \text{Gl. 160}$$

$p(x_1 = x_1^*)$ wird wesentlich von der *Bandbreite* R_0 *der prior disponierten Kapazitätsoption* bestimmt.

(c)-Bereich:

$$E(K_1 | x_1 = x_0 + R_0) = \alpha\,\sigma_0 \left[c_{\ddot{u}} \left(b \cdot \Phi(-\hat{z}_{1H}) + a \cdot \varphi(\hat{z}_{1H}) \right) + \right.$$
$$\left. + (c_{\ddot{u}} + c_u) \cdot \int_{\hat{z}_{1H}}^{\infty} \Psi(a z_1 + b)\, \varphi(z_1)\, d z_1 \right] \qquad \text{Gl. 161}$$

mit den Hilfsgrößen

$$a = -\frac{\sqrt{1-\alpha^2}}{\alpha} \qquad \text{Gl. 162}$$

$$b = \frac{x_0 + R_0 - \mu_0}{\alpha\,\sigma_0} = \frac{\sqrt{1-\alpha^2}}{\alpha} \cdot \hat{z}_{1H} + z_1^* \qquad \text{Gl. 163}$$

(d) Δc-Postponementkosten

Eine Integration des Δc-Terms von Gl. 151 zeigt, dass sich der Erwartungswert der an der oberen Schranke R_0 begrenzten Posteriormengen Δx_1 als *Differenz von zwei Fehlmengenerwartungen* darstellen lässt. Damit ergibt sich für die Δc-Kostenerwartung:

$$\Delta c \cdot E(\Delta x_1 | \Delta x_1 \le R_0) = \Delta c \cdot \sqrt{1-\alpha^2}\,\sigma_0 \left[\Psi(\hat{z}_{1T}) - \Psi(\hat{z}_{1H}) \right] \qquad \text{Gl. 164}$$

(e) *Kosten der Kapazitätsoption* R_0

Wenn wir auch diese deterministische Größe mit Hilfe der normierten Entscheidungsvariablen $\hat{z}_{1T}$ und $\hat{z}_{1H}$ darstellen, lautet der Kostenterm:

$$K(R_0) = c_R \cdot R_0 = c_R \cdot \sqrt{1-\alpha^2}\,\sigma_0 (\hat{z}_{1H} - \hat{z}_{1T}) \qquad \text{Gl. 165}$$

(2) *Kosten- und Prognoseverbesserungsschranken für erfolgreiche Postponementstrategien im Kapazitätsoptionsmodell*

Unter Einsatz der numerischen Integrationsprozedur in Anhang B lässt sich für das *Kapazitätsoptionsmodell ein Auswertungsprogramm* erstellen, mit dem unter Verwendung der Gln. 154 bis 165 für vorgegebene Modelldaten und Dispositionswerte die *Gewinnerwartung* $E\left(G_1^* | x_0, R_0\right)$ berechnet werden kann. Ein praktikables analytisches Verfahren zur *Auffindung der Optimalwerte* x_0^* und R_0^* für die Entscheidungsvariablen ist jedoch nicht zu finden.[1] Man muss somit bei der Optimierung auf *numerische Suchprozeduren* (im einfachsten Fall auf das SOLVER-Programm von EXCEL) zurückgreifen. Der Suchaufwand ist im Kapazitätsoptionsmodell weitaus höher als im einfachen Teilpostponementmodell $E\left(G_1^* | x_0\right)$ (vgl. S. 64 ff.), weil simultan zwei Variablenwerte zu optimieren sind. Wegen des „gutartigen" Profils des „Gewinn-Gebirges" wird allerdings die Optimallösung x_0^*, R_0^* i.d.R. ohne Schwierigkeiten gefunden (vgl. Abb. 6).

Aus zahlreichen numerischen Optimierungsexperimenten werden zwei grundlegende Struktureigenschaften des Kapazitätsoptionsmodells deutlich:

(a) Das „Gewinn-Gebirge" $E\left(G_1^* | x_0, R_0\right)$ ist in der näheren Umgebung des „Gewinn-Gipfels" x_0^*, R_0^* *sehr flach*, d.h. bei Verwendung von Näherungswerten für die Optimallösung erleidet man *praktisch keine Gewinneinbußen* (vgl. Abb. 6 und Abschn. (3)).

(b) Die *artikelspezifischen Schwellwerte* für einen lohnenden Einsatz von Postponementstrategien hängen beim Kapazitätsoptionsmodell *in kritischer Weise* vom *Reservierungspreis* c_R [GE/ME] ab.

---

[1] Vgl. hierzu das Näherungsverfahren im folgenden Abschn. (3)

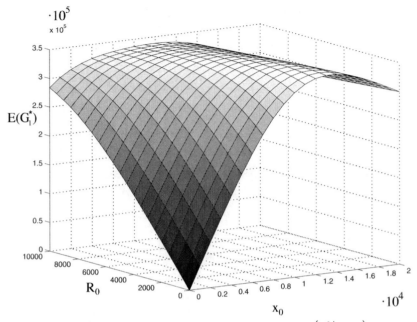

Abb. 6: Perspektivische Darstellung des Gewinngebirges $E\left(G_i^* \,\middle|\, x_0, R_0\right)$ für die

Beispieldaten: $\mu_0 = 10000$; $\sigma_0 = 4000$; $\alpha = 0,6$; $p = 70$; $c = 30$; $\Delta c = 2$;

$c_R = 2$; $p_u = 20$; Gewinn-Gipfel bei $x_0^* = 11622$; $R_0^* = 3234$

Wenden wir uns zunächst der *grundsätzlichen Postponement-Einsatzschwelle* zu:
Es gibt Artikel in einem Modesortiment, deren spezifische Daten darauf hinweisen, dass sich *ein Einsatz der Postponementoption grundsätzlich nicht lohnt (NP-
Artikel)*. Wie wir bereits früher erkannt haben, gehören zur NP-Klasse *alle Modeartikel*, bei denen keine Prognoseverbesserung zu erwarten ist ($\alpha = 1$) oder bei
denen die variablen Mehrkosten Δc [GE/ME] einer Postponement-Produktion zu
negativen Stückdeckungsbeiträgen $p - (c + \Delta c) \le 0$ führen würden (S. 45). Ob
auch bestimmte Artikel, die die Grundbedingungen eines Postponement-Einsatzes
$\alpha < 1$ und $p - (c + \Delta c) > 0$ erfüllen, zur NP-Klasse gerechnet werden müssen,
hängt vom unterstellten Entscheidungsszenario ab:

- Im *einfachen Teilpostponement-Modell hat jeder Artikel* mit positivem Posterior-Deckungsbeitrag $p - (c + \Delta c) > 0$ und positiver Prognoseverbesserung $\alpha < 1$ eine (wenn auch vielleicht sehr kleine) Chance, durch eine Posterior-Ergänzungsmenge Δx_1 seine Gewinnerwartung zu verbessern (S. 72). Diese für einen Postponement-Einsatz günstige Struktur erklärt sich aus der Wirkungsweise der $\Delta c \cdot \Delta x_1$-Mehrkosten (vgl. S. 85): Wenn der Disponent für eine ausreichende Priormenge x_0 gesorgt hat, dann kann er posterior, d.h. *nach Bekanntwerden* des verbesserten Prognosewertes μ_1 (*bei deutlich reduziertem Risiko*) darüber entscheiden, ob und gegebenenfalls in welchem Umfang es sich lohnt, die teurere Reaktivproduktion in Anspruch zu nehmen. Entscheidet er sich aufgrund eines zu geringen μ_1-Wertes oder eines zu hohen Δc-Preises gegen eine Inanspruchnahme (setzt er also $\Delta x_1 = 0$), dann *beteiligt er sich in keiner Weise am Bereitstellungsrisiko und an den Flexibilitätskosten*, die aufseiten der Reaktivkapazitäten gleichwohl angefallen sind. Aus Priorsicht ist somit das Risiko eines Postponement-Einsatzes (bei ausreichender Priormenge x_0) vernachlässigbar.

- Die Prior-Risikosituation ändert sich deutlich, wenn pro Artikel nur *Alles-oder-Nichts-Entscheidungen (Totalpostponement-Entscheidungen)* möglich sind (vgl. S. 42 ff.). Hier ist gegebenenfalls *die gesamte Dispositionsmenge* x_1 mit Reaktiv-Mehrkosten $\Delta c \cdot x_1$ belastet, so dass i.d.R. die Einhaltung der Mindestbedingungen $p - (c + \Delta c) > 0$ und $\alpha < 1$ für eine positive Postponement-Entscheidung nicht ausreicht. Konsequenterweise identifizieren wir im Totalpostponement-Szenario zahlreiche Artikel die zwar die Mindestbedingungen erfüllen, die aber trotzdem wegen zu hoher relativer Kosten $\Delta\zeta$ (vgl. Tab. 2, S. 47) oder wegen zu geringer Prognoseverbesserung $\alpha > \alpha_{max}$ (vgl. Gl. 63, S. 48) zur NP-Klasse gehören.

- Im *Kapazitätsoptionsmodell* schließlich liegen einerseits die für eine Postponement-Strategie günstigen Verhältnisse des Teilpostponement-Modells vor, andererseits muss aber der Disponent *bereits in der unsicheren Prior-Situation* entscheiden, ob und gegebenenfalls in welchem Umfang R_0 später Reaktivkapazitäten verfügbar sein sollen. Da die *Kosten für die Kapazitätsoption* $c_R \cdot R_0$ unabhängig von den späteren tatsächlichen Nutzungsmöglichkeiten anfallen, wächst mit steigendem Reservierungspreis c_R [GE/ME] das *Prior-Risiko eines Postponement-Einsatzes* erheblich an. Umgekehrt bedeutet dies: Der Prognoseverbesserungs-Schwellwert α_{max} sinkt; alle Artikel mit einem „schlechteren" α -Wert $\alpha \geq \alpha_{max}$ werden zu NP-Artikeln.

NP-Artikel, also Artikel für die sich *aus Priorsicht ein Postponement grundsätzlich nicht lohnt*, sind im Kapazitätsoptionsmodell durch den optimalen Reservierungswert $R_0^* = 0$ gekennzeichnet. Da wegen $R_0^* = 0$ posterior keine Möglichkeit für eine Ergänzungsproduktion $\Delta x_1 > 0$ besteht, entspricht die *optimale Prior-Produktionsmenge* x_0^* der Optimalmenge des reinen Prior-Modells (vgl. Gl. 4 und 5, S. 19 und S. 86).

Es erhebt sich die Frage, wie im Kapazitätsoptionsmodell mit seinen zahlreichen Parametern NP-Artikel identifiziert werden können. Da die einfache Methode mit einer Gleichung für den Prognoseverbesserungs-Schwellwert α_{max} (wie beim Totalpostponement-Modell: Gl. 63, S. 48) ausscheidet, verbleibt nur die mühsame *Berechnung der Schwellwerte α_{max} für alle sinnvollen Parameterwert-Kombinationen* mit Hilfe eines effizienten numerischen Optimierungsprogramms (vgl. S. 93).

Um den Umfang der Ergebnistabellen nicht ausufern zu lassen, müssen vor einer derartigen Rechenprozedur *die Anzahl und die Wertebereiche der relevanten Modellparameter* so weit wie möglich eingeschränkt werden. Man erreicht diese Einschränkung, indem man die Funktionsgleichung für die Gewinnerwartung $E\left(G_1^* \middle| \hat{z}_{1T}, \hat{z}_{1H}\right)$ (Gl. 154 i.V.m. den Gln. 155 bis 165) über das bisherige Maß hinaus *normiert*. In Analogie zu unseren früheren Modellentwicklungen definieren wir daher folgende *relativen Größen*:

- relativer Deckungsbeitrag

$$\omega_0^* = \frac{c_u}{p - p_u} = \frac{p - c}{p - p_u} \qquad \text{Gl. 166}$$

mit $0 < \omega_0^* < 1$

- relative Prior-Produktionskosten

$$\zeta = \frac{c_{\ddot{u}}}{p - p_{\ddot{u}}} = \frac{c - p_{\ddot{u}}}{p - p_{\ddot{u}}} = 1 - \omega_0^*$$

Gl. 167

mit $0 < \zeta < 1$

- relativer Aufpreis der Reaktivproduktion

$$\Delta\zeta = \frac{\Delta c}{p - p_{\ddot{u}}}$$

Gl. 168

mit $\Delta\zeta < \omega_0^*$

- relativer Reservierungspreis

$$\zeta_R = \frac{c_R}{p - p_{\ddot{u}}}$$

Gl. 169

Auf Basis der Normierungen der Gln. 166 bis 169 lassen sich alle Kosten- und Deckungsbeitragswerte (wie der Parameterwert α der Prognoseverbesserung) auf einer *Prozentskala* messen. Als Bezugsgröße dieser Prozentskala dient die *Preisreduzierungsspanne* p_s des betrachteten Modeartikels (vgl. S. 27):

$$p_s = p - p_{\ddot{u}}$$

Gl. 170

In der *normierten Kompaktform* lautet die Funktionsgleichung für die *Gewinnerwartung im Kapazitätsoptionsmodell*:

$$E\left(G_1^* \big| \hat{z}_{1T}, \hat{z}_{1H}\right) = c_u \cdot \mu_0 -$$

$$- p_s \cdot \alpha \cdot \sigma_0 \cdot \left\{ \zeta \left[\frac{\sqrt{1-\alpha^2}}{\alpha} \hat{z}_{1T} + z_1^* \right] \Phi(\hat{z}_{1T}) + \zeta \frac{\sqrt{1-\alpha^2}}{\alpha} \varphi(\hat{z}_{1T}) + \right.$$

$$+ \int_{-\infty}^{\hat{z}_{1T}} \Psi\left(-\frac{\sqrt{1-\alpha^2}}{\alpha} z_1 + \frac{\sqrt{1-\alpha^2}}{\alpha} \hat{z}_{1T} + z_1^* \right) \varphi(z_1) \, dz_1 +$$

$$+ \left[\zeta z_1^* + \Psi\left(z_1^*\right) \right] \cdot \left[\Phi(\hat{z}_{1H}) - \Phi(\hat{z}_{1T}) \right] +$$

$$+ \zeta \left[\frac{\sqrt{1-\alpha^2}}{\alpha} \hat{z}_{1H} + z_1^* \right] \Phi(-\hat{z}_{1H}) - \zeta \frac{\sqrt{1-\alpha^2}}{\alpha} \varphi(\hat{z}_{1H}) +$$

$$+ \int_{\hat{z}_{1H}}^{\infty} \Psi\left(-\frac{\sqrt{1-\alpha^2}}{\alpha} z_1 + \frac{\sqrt{1-\alpha^2}}{\alpha} \hat{z}_{1H} + z_1^* \right) \varphi(z_1) \, dz_1 +$$

$$+ \Delta\zeta \cdot \frac{\sqrt{1-\alpha^2}}{\alpha} \cdot \left[\Psi(\hat{z}_{1T}) - \Psi(\hat{z}_{1H}) \right] +$$

$$+ \zeta_R \cdot \frac{\sqrt{1-\alpha^2}}{\alpha} \left[\hat{z}_{1H} - \hat{z}_{1T} \right] \right\}$$

Gl. 171

mit

$$z_1^* = \Phi^{-1}\left(1 - \zeta - \Delta\zeta\right)$$

Gl. 172

Wie man aus der Struktur von Gl. 171 erkennt, werden die gesuchten *Optimalwerte der normierten Entscheidungsvariablen* $\hat{z}_{1T}$ und $\hat{z}_{1H}$ nur von den vier Parametern α, ζ, $\Delta\zeta$ und ζ_R bestimmt (von denen jeder auf einer *Prozentskala* gemessen werden kann).

Damit können wir im Rahmen des Kapazitätsoptionsmodells zur konkreten Beantwortung der Frage schreiten: Lohnt sich für einen bestimmten Modeartikel mit spezifischen Werten für die Modellparameter α, ζ, $\Delta\zeta$ und ζ_R grundsätzlich die Reservierung von Reaktivkapazitäten $R_0 > 0$ und die damit verbundene Verfolgung einer Teilpostponement-Strategie oder gehört der betrachtete Artikel zur NP-Klasse?

Zur Lösung dieses Problems ziehen wir die *Tabellen in Anhang D* heran. Sie dokumentieren die Ergebnisse umfangreicher numerischer Optimierungsläufe. An Stelle der relativen Kosten ζ wurde der relative Deckungsbeitrag $\omega_0^* = 1 - \zeta$ verwendet. Dargestellt sind in den Tabellen die *Grenzwerte* α_{max} *der Prognoseverbesserung* für folgende Parameterwerte:

- die *praxisrelevanten Deckungsbeitragswerte* $\omega_0^* \geq 50\,\%$ in 10 %-Schritten:

  $\omega_0^* = 50\,\%; \ 60\,\%; \ ...; \ 90\,\%$

- die *Aufpreiswerte* in Prozentschritten:

  $\Delta\zeta = 0,00; \ 0,01; \ 0,02; \ ...$

- die *Reservierungspreise* ebenfalls in Prozentschritten:

  $\zeta_R = 0,00; \ 0,01; \ 0,02; \ ...$

Die Entscheidungsregel lautet:

Gilt für einen Modeartikel mit den Parameterwerten α, ω_0^*, $\Delta\zeta$ und ζ_R

- $\alpha \geq \alpha_{max}$,

  dann gehört dieser Artikel zu den NP-Artikeln, d.h. eine Kapazitätsreservierung und eine entsprechende Teilpostponement-Strategie lohnen sich grundsätzlich nicht ($R_0^* = 0; \ x_0^* = \mu_0 + z_0^* \sigma_0$).

- $\alpha < \alpha_{max}$,

  dann könnte eine Reservierung ($R_0 > 0$) und eine geeignete Teilpostponement-Strategie ($x_0^* < \mu_0 + z_0^* \sigma_0$) grundsätzlich lohnend sein (zu den möglichen Postponement-Verbesserungen: vgl. Punkt (3) und Abschn. 3.3.3).

In *Anhang D* ist im Rahmen der Tabellenerklärung ein *numerisches Beispiel* zu finden.

(3) *Entwicklung eines Näherungsverfahrens zur Auffindung der Optimalwerte* x_0^* *und*

R_0^*

Auf die Schwierigkeiten einer analytischen Optimierung der Gewinnfunktion $E\left(G_1^* \middle| \hat{z}_{1T}, \hat{z}_{1H}\right)$ wurde bereits hingewiesen (S. 93). Die beiden Optimalbedingungen erster Ordnung für den Gewinngipfel

$$\frac{\partial \ E\left(G_1^* \middle| \hat{z}_{1T}, \hat{z}_{1H}\right)}{\partial \ \hat{z}_{1T}} = 0 \qquad\qquad \text{Gl. 173}$$

$$\frac{\partial \ E\left(G_1^* \middle| \hat{z}_{1T}, \hat{z}_{1H}\right)}{\partial \ \hat{z}_{1H}} = 0 \qquad\qquad \text{Gl. 174}$$

können zwar allgemein formuliert werden, sie führen aber auf zwei (separierbare) Integralgleichungen, die zu ihrer Lösung numerische Suchverfahren erfordern. Im Vergleich zu einer direkten „Gipfelsuche" ist somit wenig gewonnen, zumal auch Schwierigkeiten bei der Einhaltung der Nicht-Negativitätsbedingungen $R_0 \geq 0$ und $x_0 \geq 0$ auftreten können. Für den *Grenzfall* $\alpha = 0$ kann allerdings mit klassischen Methoden eine explizite analytische Optimallösung berechnet werden, weil sich für diesen Grenzfall (wie beim einfachen Teilpostponement-Modell, S. 66 f.) *die Gewinnfunktion erheblich vereinfacht.*

Um diese *Grenz-Gewinnfunktion* $E\left(G_1^* \middle| \hat{z}_{1T}, \hat{z}_{1H}, \alpha = 0\right)$ herzuleiten, stellen wir zunächst fest, dass für $\alpha = 0$ folgende Parameter-Vereinfachungen gelten (vgl. Gl. 75, S. 55; Gl. 152 und 153, S. 90):

$$x_1^* \ (\alpha = 0) \ = \ \mu_1 \ = \ r \ \text{(Nachfragewert)} \qquad\qquad \text{Gl. 175}$$

$$\hat{z}_{1T} \ (\alpha = 0) \ = \ \frac{x_0 - \mu_0}{\sigma_0} \qquad\qquad \text{Gl. 176}$$

$$\hat{z}_{1H} \ (\alpha = 0) \ = \ \frac{x_0 + R_0 - \mu_0}{\sigma_0} \qquad\qquad \text{Gl. 177}$$

Im Prinzip kommt auch im Kapazitätsoptionsmodell die beim Teilpostponement-Modell (S. 66) erläuterte Posterior-Logik zur Anwendung, allerdings mit der Erweiterung um einen dritten μ_1-Bereich (c):

- Im (a)-Bereich sind nur Überdeckungskosten möglich, die eine Prior-Erwartung von $E(K_{\ddot{u}}) = c_{\ddot{u}} \cdot \sigma_0 \cdot \Psi(-\hat{z}_{1T})$ aufweisen.

- Im (b)-Bereich entfallen die Über- und Unterdeckungskosten, weil man mit Hilfe der Ergänzungsmenge $\Delta x_1 = \mu_1 - x_0 = r - x_0$ genau auf den posterior bekannten Bedarf r aufstocken kann.

- Im (c)-Bereich können nur Unterdeckungskosten auftreten, deren Prior-Erwartung $E(K_u) = c_u \cdot \sigma_0 \cdot \Psi(\hat{z}_{1H})$ beträgt. Außerdem gilt: $\Delta x_1 = R_0$

- Die Δc-Postponementkosten (vgl. Gl. 164, S. 92) haben für $\alpha = 0$ den Prior-Erwartungswert $\Delta c \cdot E(\Delta x_1 | \Delta x_1 \leq R_0) = \Delta c \cdot \sigma_0 \left[\Psi(\hat{z}_{1T}) - \Psi(\hat{z}_{1H}) \right]$

- Schließlich entsprechen die Kosten der Kapazitätsoption dem allgemeinen Modell (Gl. 165, S. 92): $K(R_0) = c_R \cdot R_0 = c_R \cdot \sigma_0(\hat{z}_{1H} - \hat{z}_{1T})$

Wenn man alle Kostenterme addiert, nach Entscheidungsvariablen ordnet und $E(G_{rf})$ ergänzt, erhält man die einfache Gewinnfunktion:

$$E(G_1^* | \hat{z}_{1T}, \hat{z}_{1H}, \alpha = 0) = c_{\ddot{u}} \cdot \mu_0 -$$
$$- \sigma_0 \cdot \left\{ (c_{\ddot{u}} + \Delta c) \cdot \Psi(\hat{z}_{1T}) + (c_{\ddot{u}} - c_R) \cdot \hat{z}_{1T} + \right.$$
$$\left. + (c_u - \Delta c) \cdot \Psi(\hat{z}_{1H}) + c_R \cdot \hat{z}_{1H} \right\}$$

Gl. 178

Wendet man die Optimalbedingung erster Ordnung gemäß Gl. 173 auf Gl. 178 an, resultiert für den normierten Optimalwert $\hat{z}_{1T}^*$ die explizite Lösung:

$$\hat{z}_{1T}^* = -\Phi^{-1}\left(\frac{c_{\ddot{u}} - c_R}{c_{\ddot{u}} + \Delta c} \right) = \Phi^{-1}\left(\frac{\Delta c + c_R}{\Delta c + c_{\ddot{u}}} \right)$$

Gl. 179

Entsprechend führt eine verschwindende partielle Ableitung gemäß Gl. 174 zu folgendem Optimalwert für die normierte Entscheidungsvariable $\hat{z}_{1H}^*$:

$$\hat{z}_{1H}^* = -\Phi^{-1}\left(\frac{c_R}{c_u - \Delta c} \right) = \Phi^{-1}\left(\frac{c_u - \Delta c - c_R}{c_u - \Delta c} \right)$$

Gl. 180

Mit Hilfe der Gln. 176 und 177 berechnet man hieraus für den *Idealfall der Prognoseverbesserung* $\alpha = 0$ folgende (nicht-normierten) Optimalwerte für die Priorentscheidung:

- optimale Prior-Produktionsmenge

$$x_0^* (\alpha = 0) = \mu_0 - \sigma_0 \cdot \Phi^{-1}\left(\frac{c_\text{ü} - c_R}{c_\text{ü} + \Delta c}\right) \qquad \text{Gl. 181}$$

- optimale Kapazitätsreservierung

$$R_0^* (\alpha = 0) = \sigma_0\left[\Phi^{-1}\left(\frac{c_\text{ü} - c_R}{c_\text{ü} + \Delta c}\right) - \Phi^{-1}\left(\frac{c_R}{c_\text{u} - \Delta c}\right)\right] \qquad \text{Gl. 182}$$

Die Optimallösungen gemäß Gl. 181 und 182 gelten allerdings nur für Parameterwerte $\mu_0, \sigma_0, c_\text{ü}, c_\text{u}, c_R$ und Δc, die zu nichtnegativen Ergebnissen $x_0^* \geq 0$ und $R_0^* \geq 0$ führen. Umgekehrt lassen sich aus den Nicht-Negativitätsrestriktionen aber auch Bedingungen für das Auftreten von NP-Modeartikeln herleiten (vgl. S. 94). Insbesondere folgt aus der Forderung $R_0 (\alpha = 0) \geq 0$ die Bedingung:

$$\zeta_R \leq \left(1 - \omega_0^*\right)\left(\omega_0^* - \Delta\zeta\right) \qquad \text{Gl. 183}$$

Gl. 183 ist wie folgt zu interpretieren:

Für Modeartikel, deren Parameterwerte für ζ_R, ω_0^* und $\Delta\zeta$ (gem. Gl. 169, 166, 168) die Bedingung von Gl. 183 nicht einhalten, würde sich der *Einsatz einer Postponement-Strategie selbst dann nicht lohnen, wenn posterior der Idealfall einer sicheren Nachfrageprognose* ($\alpha = 0$) *zu erwarten wäre.* Für diese Artikelklasse gilt somit in jedem Fall: $R_0^* = 0$ und $x_0^* = \mu_0 + z_0^* \sigma_0$.

In den α_max-Tabellen in Anhang D entspricht die durch Gl. 183 definierte Grenze dem Grenzverlauf der Nulleinträge.

Setzt man die beiden normierten Optimallösungen (gem. Gl. 179 und 180) in die zugehörige Gewinnfunktion Gl. 178 ein, dann erhält man folgenden Ausdruck für den *maximalen Gewinn bei idealer Prognoseverbesserung* $\alpha = 0$:

$$E\left(G_1^* \middle| \hat{z}_{1T}^*, \hat{z}_{1H}^*, \alpha = 0\right) = c_u \cdot \mu_0 -$$

$$- \sigma_0 \left\{ (c_{\bar{u}} + \Delta c) \cdot \varphi\left(\Phi^{-1}\left(\frac{c_{\bar{u}} - c_R}{c_{\bar{u}} + \Delta c}\right)\right) + \right.$$

$$\left. + (c_u - \Delta c) \cdot \varphi\left(\Phi^{-1}\left(\frac{c_R}{c_u - \Delta c}\right)\right) \right\} = \qquad \text{Gl. 184}$$

$$= c_u \cdot \mu_0 - p_s \cdot \sigma_0 \left\{ (\zeta + \Delta\zeta) \cdot \varphi\left(\Phi^{-1}\left(\frac{\zeta - \zeta_R}{\zeta + \Delta\zeta}\right)\right) + \right.$$

$$\left. + (\omega_0^* - \Delta\zeta) \cdot \varphi\left(\Phi^{-1}\left(\frac{\zeta_R}{\omega_0^* - \Delta\zeta}\right)\right) \right\}$$

Ist man sich bei einem bestimmten Modeartikel mit definierten Preis- und Kosten-parametern über das Ausmaß der zu erwartenden Prognoseverbesserungen α und über die resultierenden Postponement-Vorteile im Unklaren, dann empfiehlt sich mit Hilfe von Gl. 184 eine „Best-Case-Rechnung" zur *Abschätzung der Größen-ordnung möglicher Erfolge.*

Neben Best-Case-Abschätzungen verhilft uns die Optimallösung für den Grenzfall $\alpha = 0$ in Verbindung mit den α_{max}-Tabellen in Anhang D zu einem brauchbaren Näherungsverfahren zur Auffindung der Optimalwerte x_0^* und R_0^* für den allge-meinen Fall $0 < \alpha < \alpha_{max}$. Im Prinzip gehen wir wie im eindimensionalen Fall vor (S. 67): Wir kennen die Optimallösungen für die beiden Grenzfälle $\alpha = \alpha_{max}$ (Nicht-Postponementfall) und $\alpha = 0$ (ideale Prognoseverbesserung). Aus den Lö-sungen x_0^* und R_0^* der beiden Grenzfälle ermitteln wir Näherungswerte für den allgemeinen Fall durch lineare Interpolation. Zusammengefasst ergibt sich folgen-des Verfahren:

(a) *Ermittlung des α_{max}-Wertes des betrachteten Modeartikels*

- Berechnung der Werte für ω_0^*, $\Delta\zeta$ und ζ_R (vgl. die Gln. 166, 168 und 169, S. 96 und 97)

- Ermittlung des resultierenden α_{max}-Wertes mit Hilfe der Tabellen in An-hang D (falls erforderlich, linear interpolieren)

(b) *Feststellung, ob ein Nicht-Postponement-Artikel vorliegt*

- Ein Nicht-Postponement-Artikel liegt vor, wenn gilt: $\alpha \geq \alpha_{max}$
- ausschließlich Prior-Produktion; keine Kapazitätsreservierung
- Optimale Politik (vgl. S. 19):

$$x_0^*\left(\alpha \geq \alpha_{max}\right) = \mu_0 + \Phi^{-1}\left(\frac{p-c}{p-p_{\ddot{u}}}\right) \cdot \sigma_0 \qquad \text{Gl. 185}$$

$$R_0^*\left(\alpha \geq \alpha_{max}\right) = 0 \qquad \text{Gl. 186}$$

(c) *Optimalstrategie für Postponement-Artikel (Näherungslösung)*

- Ein Postponement-Artikel liegt vor, wenn gilt: $\alpha < \alpha_{max}$

- Berechnung der Optimalwerte für den Idealfall einer sicheren Posterior-Prognose $\alpha = 0$ (vgl. S. 102):
  - optimale Priormenge $x_0^*\left(\alpha = 0\right)$ gem. Gl. 181
  - optimale Kapazitätsreservierung $R_0^*\left(\alpha = 0\right)$ gem. Gl. 182

- Für den betrachteten Artikel mit einem α-Wert im Bereich $0 < \alpha < \alpha_{max}$ gilt dann näherungsweise folgende Optimalstrategie:
  - optimale Priormenge

$$x_0^*\left(0 < \alpha < \alpha_{max}\right) \approx x_0^*\left(\alpha = 0\right) + \\ + \frac{\alpha}{\alpha_{max}} \cdot \left[x_0^*\left(\alpha \geq \alpha_{max}\right) - x_0^*\left(\alpha = 0\right)\right] \qquad \text{Gl. 187}$$

  - optimale Kapazitätsreservierung

$$R_0^*\left(0 < \alpha < \alpha_{max}\right) \approx \left(1 - \frac{\alpha}{\alpha_{max}}\right) \cdot R_0^*\left(\alpha = 0\right) \qquad \text{Gl. 188}$$

- Berechnung des *Netto-Erfolgspotenzials einer optimalen Teilpostpone-mentstrategie mit Kapazitätsoption* (vgl. Gl. 154, S. 91 oder Gl. 171, S. 98 und Gl. 16, S. 24):

$$\Delta G^*\left(\text{Teilpostponement}\big| x_0^*, R_0^*\right) = \\ = E\left(G_1^*\big| \hat{z}_{1T}^*, \hat{z}_{1H}^*\right) - E\left(G_0^*\big| z_0 = z_0^*\right) \qquad \text{Gl. 189}$$

Beispiel 6

Für einen Modeartikel wurden folgende Daten abgeschätzt:

μ_0 = 10000 ME; $\quad \sigma_0$ = 6000 ME

p = 70 GE/ME; $\quad$ c = 40 GE/ME; $\quad p_{\hat{u}}$ = 20 GE/ME

Δc = 2 GE/ME; $\quad c_R$ = 1 GE/ME; $\quad \alpha$ = 0,4

- *Ermittlung des Nicht-Postponement-Grenzwertes α_{max} (vgl. Anhang D)*

$p_s = p - p_{\hat{u}}$ = 50 ME/GE;

$$\omega_0^* = \frac{p-c}{p_s} = 60\,\%; \quad \Delta\zeta = \frac{\Delta c}{p_s} = 4\,\%; \quad \zeta_R = \frac{c_R}{p_s} = 2\,\%$$

$c_u = p - c$ = 30 GE/ME; $\quad c_{\hat{u}} = c - p_{\hat{u}}$ = 20 GE/ME

Aus der Tabelle für $\omega_0^* = 60\,\%$ in Anhang D entnimmt man für ζ_R = 0,02 und $\Delta\zeta$ = 0,04 den Wert $\alpha_{max} \geq 0,9$. Da in der Tabelle der Wert $\alpha_{max} \geq 0,9$ bereits bei ζ_R = 0,06 beginnt, verwenden wir als (unkritischen) Schätzwert $\alpha_{max} \approx 1,00$. Wegen α = 0,4 < 1,00 lohnt sich (grundsätzlich) der Einsatz der Postponement-Option.

- *Berechnung von Näherungswerten x_0^* und R_0^* für die Optimalstrategie*

  - optimale Priormenge ohne Postponement-Option:

$$x_0^*(\alpha \geq \alpha_{max}) = \mu_0 + \Phi^{-1}(0,60) \cdot \sigma_0 =$$
$$= 10000 + 0,2533 \cdot 6000 = 11520 \text{ ME}$$

  - optimale Strategie für den Idealfall einer sicheren Posterior-Prognose α = 0:

$$x_0^*(\alpha = 0) = \mu_0 - \sigma_0 \cdot \Phi^{-1}\left(\frac{c_{\hat{u}} - c_R}{c_{\hat{u}} + \Delta c}\right) =$$
$$= 10000 - 6000 \cdot \Phi^{-1}\left(\frac{20-1}{20+2}\right) =$$
$$= 10000 - 6000 \cdot \Phi^{-1}(0,8636) = 10000 - 6000 \cdot 1,0968 = 3419 \text{ ME}$$

$$R_0^*(\alpha = 0) = \sigma_0\left[\Phi^{-1}\left(\frac{c_{\hat{u}} - c_R}{c_{\hat{u}} + \Delta c}\right) - \Phi^{-1}\left(\frac{c_R}{c_u - \Delta c}\right)\right] =$$
$$= 6000\left[\Phi^{-1}(0,8636) - \Phi^{-1}(0,0357)\right] =$$
$$= 6000[1,0968 + 1,8027] = 17397 \text{ ME}$$

- *Berechnung der angenäherten Optimalstrategie für den tatsächlich vorliegenden Wert $\alpha = 0,4$ (gem. Gl. 187 und 188):*

$$x_0^*(\alpha = 0,4) \approx 3419 + \frac{0,4}{1,00} \cdot [11520 - 3419] = 6659 \text{ ME}$$

$$R_0^*(\alpha = 0,4) \approx \left(1 - \frac{0,4}{1,00}\right) \cdot 17397 = 10438 \text{ ME}$$

Zum Vergleich: Mit einem numerischen Optimierungsprogramm erhält man als *exakte Optimallösung*:

$$x_0^*(\alpha = 0,4) = 5937 \text{ ME } (-11\,\%)$$

$$R_0^*(\alpha = 0,4) = 12617 \text{ ME } (+21\,\%)$$

Wie sich nach Auswertung der Gewinnfunktion zeigen wird, führen die Approximationsfehler der Näherungslösung angesichts der Flachheit der Gewinnfunktion (S. 93 f.) nicht zu gravierenden Nachteilen.

- *Berechnung des Netto-Erfolgspotenzials einer optimalen Postponementstrategie (verglichen mit der optimalen Nicht-Postponement-Strategie)*

Gemäß Gl. 154 oder 171 berechnet man für die angenäherte Optimallösung:

$$E\left(G_1^* \middle| x_0^* = 6659; \ R_0^* = 10438\right) = 220419 \text{ GE}$$

Zum Vergleich: Mit der exakten Optimallösung erzielt man nur eine vernachlässigbare Gewinnsteigerung:

$$E\left(G_1^* \middle| x_0^* = 5937; \ R_0^* = 12617 \text{ ME}\right) = 221134 \text{ GE } (+3\,\%o)$$

Die *optimale Nicht-Postponement-Strategie* hat demgegenüber eine deutlich niedrigere Gewinnerwartung (Gl. 16, S. 24):

$$E\left(G_0^* \middle| z_0 = z_0^*\right) = c_u \cdot \mu_0 - \sigma_0(c_u + c_ü) \cdot \varphi(z_0^*) =$$
$$= 30 \cdot 10000 - 6000 \cdot 50 \cdot \varphi(0,2533) =$$
$$= 300000 - 300000 \cdot 0,3863 = 184110 \text{ GE}$$

Das *Netto-Erfolgspotenzial einer Teilpostponement-Strategie mit Kapazitätsoption* beträgt somit im vorliegenden Beispiel:

$$\Delta G^* \left(\text{Teilpostponement} \middle| x_0^* = 6659; \ R_0^* = 10438 \right) =$$
$$= 220419 - 184110 = 36309 \text{ GE}$$

Dies bedeutet: Die Gewinnerwartung steigt durch Realisierung der Postponement-Option um $\dfrac{\Delta G^*}{E\left(G_0^*\right)} = 20 \%$.

- *Theoretische Maximalverbesserung* ΔG_{max}^* *bei einem Totalpostponement ohne Mehrkosten* $\left(\Delta c = 0; \ c_R = 0 \right)$

Gemäß Gl. 27 (S. 29) gilt:

$$\Delta G_{max}^* = p_s \cdot \sigma_0 \cdot (1 - \alpha) \ \varphi\left(\Phi^{-1}\left(\omega_0^*\right)\right)$$
$$= 50 \cdot 6000 \cdot 0,6 \cdot \varphi(0,2533) = 69534 \text{ GE}$$

Ausschöpfungsgrad des theoretischen Verbesserungspotenzials:

$$\frac{\Delta G^* \left(\Delta c = 2; \ c_R = 1 \right)}{\Delta G_{max}^* \left(\Delta c = 0; \ c_R = 0 \right)} = \frac{36309}{69534} = 52 \%$$

- *Best-Case-Rechnung bei gegebenen Mehrkosten* $(\Delta c = 2; \ c_R = 1)$ *für den Idealfall einer sicheren Posterior-Prognose* $\alpha = 0$:

Die optimale Prior-Disposition wurde für diesen Fall bereits berechnet:
$$x_0^*(\alpha = 0) = 3419 \text{ ME und } R_0^*(\alpha = 0) = 17397 \text{ ME}.$$

Die Gewinnerwartung würde bei einer sicheren Posterior-Prognose (gem. Gl. 184, S. 103) auf folgenden Wert steigen:

$$E\left(G_1^* \middle| \alpha = 0\right) = 30 \cdot 10000 -$$

$$- 6000 \left\{ (20 + 2) \cdot \varphi\left(\Phi^{-1}\left(\frac{20-1}{20+2} \right) \right) + (30 - 2) \cdot \varphi\left(\Phi^{-1}\left(\frac{1}{30-2} \right) \right) \right\} =$$

$$= 300000 - 6000 \left\{ 22 \cdot \varphi(1,0968) + 28 \cdot \varphi(1,8027) \right\} = 258178 \text{ GE}$$

Es zeigt sich, dass eine sichere Posterior-Prognose $\alpha = 0$ (bei gegebenen Kosten $\Delta c = 2$; $c_R = 1$) im vorliegenden Beispiel eine höhere Gewinnsteigerung bewirken würde als ein Totalpostponement ohne Mehrkosten $\Delta c = 0$; $c_R = 0$) mit $\alpha = 0,4$:

$$\Delta G^* \left(\Delta c = 2; \ c_R = 1; \ \alpha = 0 \right) = 258178 - 184110 = 74068 \ GE$$

$$\Delta G^*_{max} \left(\Delta c = 0; \ c_R = 0; \ \alpha = 0,4 \right) = 69534 \ GE < 74068 \ GE$$

3.3.3 Analyse des Kapazitätsoptionsmodells: Interpretationsmöglichkeiten und Erkenntnisse zur Postponement-Attraktivität

(1) *Die bisher diskutierten Modelle als Spezial- oder Grenzfälle des Kapazitätsoptionsmodells (Gl. 154, S. 91 oder Gl. 171, S. 98)*

Alle bisher diskutierten Modelle lassen sich als Spezial- oder Grenzfälle aus dem Kapazitätsoptionsmodell herleiten. Diese Herleitungen zeigen die innere Konsistenz der Modellstruktur.

(a) *Das reine Prior-Produktionsmodell als Spezialfall einer unterlassenen Kapazitätsreservierung:* $R_0 = 0$

Setzt man im Kapazitätsoptionsmodell die Kapazitätsreservierung $R_0 = 0$, dann haben die beiden normierten Entscheidungsvariablen $\hat{z}_{1T}$ und $\hat{z}_{1H}$ (Gl. 152 und 153, S. 90) denselben Wert: $\hat{z}_{1H} = \hat{z}_{1T}$. Als Konsequenz verschwinden in der Gewinnfunktion der (b)-Bereich, die Δc-Kosten und die R_0-Kosten. Ferner lassen sich die Integrale in Gl. 171 (S. 98) zusammenfassen. Mit Hilfe von Gl. B 7 (in Anhang B) erhält Gl. 171 dann folgende Form:

$$E\left(G_1^* \middle| \hat{z}_{1T} = \hat{z}_{1H}\right) = c_u \cdot \mu_0 - \\ - \sigma_0 \left[c_{\bar{u}} \frac{x_0 - \mu_0}{\sigma_0} + \left(c_u + c_{\bar{u}} \right) \cdot \Psi \left(\frac{x_0 - \mu_0}{\sigma_0} \right) \right] \qquad \text{Gl. 190}$$

Dies entspricht (wie aus Konsistenzgründen erforderlich) der Gewinnfunktion des reinen Prior-Produktionsmodells gem. Gl. 13 (S. 21).

(b) *Das einfache Teilpostponement-Modell als Grenzfall verschwindender Reservierungskosten:* $c_R = 0$

Wenn man die Reservierungskosten mit $c_R = 0$ definiert, dann kann die Kapazitätsreservierung R_0 ohne Kostennachteile auf einen „sehr großen" Wert gesetzt werden. Als Resultat erhält man ein Modell, bei dem die Reaktivkapazitäten eine (praktisch) nicht begrenzte Mengenflexibilität aufweisen. Dies entspricht genau der Struktur des einfachen Teilpostponement-Modells (S. 53 ff.), bei dem flexibel verfügbare Reaktivkapazitäten gegen einen Aufpreis Δc [GE/ME] unterstellt werden.

(c) *Das Totalpostponement-Modell als Spezialfall fehlender Reservierungskosten $c_R = 0$ und fehlender Prior-Produktion $x_0 = 0$*

Setzt man im Grenzfall (b) die Priorproduktionsmenge $x_0 = 0$, verbleibt nur noch die reine Posterior-Produktion $x_1 = \Delta x_1$: Das ursprüngliche Kapazitätsreservierungsmodell verwandelt sich in das mengenflexible Totalpostponement-Modell (S. 42 ff.). Setzt man zusätzlich den Aufpreis für Posterior-Produktionsmengen $\Delta c = 0$, lässt sich mit dem Kapazitätsoptionsmodell sogar das maximale Verbesserungspotenzial ΔG^*_{max} eines Artikels berechnen (vgl. Gl. 27, S. 29).

(2) *Aufpreis Δc für flexibel verfügbare Kapazitäten und Optionspreis c_R für begrenzte Flexibilität im Vergleich*

Wenn wir im Kapazitätsoptionsmodell den Aufpreis für Posterior-Produktionsmengen $\Delta c = 0$ setzen, verbleiben als Postponement-Zusatzkosten nur die prior anfallenden Reservierungskosten $c_R \cdot R_0$. Aus Sicht des Risikomanagements in einer Supply-Chain ist es durchaus von Interesse, dieses *„reine" Kapazitätsoptionsmodell* hinsichtlich seiner Kosten- und Gewinnwirkungen mit dem *„reinen" Aufpreismodell Δc für flexibel verfügbare Reaktivkapazitäten* (S. 53 ff.) zu vergleichen. Bereits bei der Diskussion der Kosten- und Prognoseverbesserungsschranken (S. 93 ff.) hatten wir erkannt, dass sich die Kostenrisiken in den beiden Alternativmodellen deutlich unterscheiden: Im einfachen Teilpostponement-Modell (Δc-Modell) muss der Disponent *erst nach Bekanntwerden des verbesserten Prognosewertes μ_1* (also bei deutlich reduziertem Risiko) entscheiden, ob und gegebenenfalls in welchem Umfang er die um Δc [GE/ME] teureren Reaktivkapazitäten in Anspruch nehmen möchte. Im Kapazitätsoptionsmodell (c_R-Modell) muss er dagegen schon *in der unsicheren Prior-Situation* festlegen, ob und gegebenenfalls in welcher Bandbreite R_0 er eine Kapazitätsoption zum Preis $c_R R_0$ kauft, um sich Handlungsspielräume zum Posteriorzeitpunkt zu eröffnen. Bereits diese qualitativen Überlegungen legen die Vermutung nahe, dass die Postponement-Attraktivität bei einer Erhöhung des Optionspreises c_R [GE/ME] weitaus stärker absinkt als bei einer Erhöhung des Aufpreises Δc [GE/ME].

Quantitativ wollen wir nun das Δc-Modell und das c_R-Modell anhand des *Idealfalles einer Prognoseverbesserung* $\alpha = 0$ vergleichen. Der Grenzfall $\alpha = 0$ bietet mehrere Vorteile (vgl. S. 66 und S. 100 ff.): Die Gewinnfunktionen sind wesentlich übersichtlicher als im allgemeinen Fall. Weiterhin lassen sich die Optimalstrategien und –gewinne explizit analytisch formulieren. Schließlich gelten die strukturellen Erkenntnisse dieser prognostischen Best-Case-Rechnung auch für realistische Prognoseverbesserungen $\alpha > 0$, wenn man die Δc- und c_R-Kostenniveaus entsprechend nach unten korrigiert (vgl. hierzu die Tabellen in Anhang D).

(a) *flexibel verfügbare Reaktivkapazitäten gegen einen Aufpreis* Δc [GE/ME]

Die Gewinnfunktion und die Optimalstrategie für den prognostischen Idealfall $\alpha = 0$ können wir den Gln. 117 bis 120 (S. 66 f.) entnehmen. Wenn wir die Optimallösung $z_0 = z^*_{\Delta c}$ in die Gewinnfunktion substituieren und die üblichen Normierungen durchführen, erhalten wir folgende *Funktion für den maximalen Gewinn*:

$$E\left(G_1^* \middle| \Delta c > 0; \ c_R = 0; \ \alpha = 0\right) =$$

$$= c_u \cdot \mu_0 - \sigma_0\left(c_u + \Delta c\right) \cdot \varphi\left(\Phi^{-1}\left(\frac{\Delta c}{c_u + \Delta c}\right)\right) = \qquad \text{Gl. 191}$$

$$= p_s \cdot \mu_0 \cdot \left\{\omega_0^* - v_0\left(1 - \omega_0^* + \Delta\zeta\right) \cdot \varphi\left(\Phi^{-1}\left(\frac{\Delta\zeta}{1 - \omega_0^* + \Delta\zeta}\right)\right)\right\}$$

mit den Parameterdefinitionen S. 96 f.

(b) *Kapazitätsoptionsmodell mit dem Reservierungspreis* c_R [GE/ME]

Die Funktion für den maximalen Gewinn im Grenzfall $\alpha = 0$ ist in Gl. 184 (S. 103) niedergelegt. Da wir im vorliegenden Zusammenhang das „reine" c_R-Modell mit dem „reinen" Δc-Modell vergleichen wollen, gilt der Spezialfall $\Delta c = \Delta\zeta = 0$:

$$E\left(G_1^* \big| \Delta c = 0; \ c_R > 0; \ \alpha = 0\right) =$$

$$= c_u \cdot \mu_0 - \sigma_0 \left\{ c_{\bar u} \cdot \varphi\left(\Phi^{-1}\left(\frac{c_{\bar u} - c_R}{c_{\bar u}}\right)\right) + c_u \cdot \varphi\left(\Phi^{-1}\left(\frac{c_R}{c_u}\right)\right) \right\} =$$

$$= p_s \cdot \mu_0 \left\{ \omega_0^* - v_0\left[\left(1 - \omega_0^*\right) \cdot \varphi\left(\Phi^{-1}\left(\frac{1 - \omega_0^* - \zeta_R}{1 - \omega_0^*}\right)\right) + \right. \right.$$

$$\left. \left. + \omega_0^* \cdot \varphi\left(\Phi^{-1}\left(\frac{\zeta_R}{\omega_0^*}\right)\right)\right] \right\}$$

Gl. 192

(c) *Gewinnvorteile flexibler Kapazitäten im Vergleich zum Optionsmodell bei gleichen Flexibilitätspreisen $\Delta c = c_R$*

Ermittelt man für einen bestimmten Modeartikel alternativ die optimalen Gewinnerwartungen für das Δc-Modell (Gl. 191) und für das c_R-Modell (Gl. 192) unter der Annahme $\Delta c = c_R$ (oder $\Delta\zeta = \zeta_R$), dann zeigen sich durchgängig Gewinnvorteile für das (aus Sicht des Prior-Disponenten) „risikoarme" Δc-Modell. Die Gewinnvorteile sind in der Nähe des mittleren Bereichswertes des relativen Deckungsbeitrages $\omega_0^* = 50\,\%$ relativ hoch. Sie sinken c.p. ab, je weiter sich der ω_0^*-Wert nach oben oder unten vom mittleren Bereichswert entfernt. Dies entspricht den allgemeinen Struktureigenschaften des Postponement-Verbesserungspotenzials (vgl. S. 29).

Beispiel 7

Die Analyse der Postponement-Schwellwerte hat gezeigt (S. 93 ff. und Anhang D), dass Postponement-Strategien nur dann erfolgreich sein können, wenn die Reservierungspreise c_R (normiert: ζ_R) im Kapazitätsoptionsmodell relativ niedrig sind. Für den vorliegenden Grenzfall $\alpha = 0$ und $\Delta\zeta = 0$ lautet die obere Preisschranke der Postponement-Rentabilität (vgl. Gl. 183, S. 102):

$$\zeta_R < \omega_0^*\left(1 - \omega_0^*\right)$$

Gl. 193

Für unser Beispiel erscheint es zweckmäßig, den Reservierungspreis ζ_R als Prozentsatz dieser Preisobergrenze festzulegen:

$$\zeta_R = \gamma \cdot \omega_0^* \left(1 - \omega_0^*\right) \qquad \text{Gl. 194}$$

mit $0 < \gamma < 1$

Beginnen wir mit folgenden Beispieldaten:

$$\omega_0^* = 50\ \%;\quad \gamma = 0,5$$

Dann gilt gem. Gl. 194: $\zeta_R = 0,125$

Dies bedeutet: Der Reservierungspreis c_R [GE/ME] entspricht 12,5 % der Preisspanne $p - p_u$. Voraussetzungsgemäß unterstellen wir für das alternative Δc-Modell denselben Aufpreis $\Delta \zeta = 0,125$.

Für die optimale Gewinnerwartung des Δc-Modells (Gl. 191) erhält man mit diesen Daten folgendes Ergebnis:

$$E\left(G_1^* | \Delta c > 0;\ c_R = 0;\ \alpha = 0\right) =$$
$$= p_s \cdot \mu_0 \cdot \left\{0,50 - v_0 \cdot 0,1759\right\}$$

Analog berechnet man für die optimale Gewinnerwartung (Gl. 192) des c_R-Modells:

$$E\left(G_1^* | \Delta c = 0;\ c_R > 0;\ \alpha = 0\right) =$$
$$= p_s \cdot \mu_0 \cdot \left\{0,50 - v_0 \cdot 0,3178\right\}$$

Um die Gewinnerwartungen in Geldeinheiten zu berechnen, sind offensichtlich weitere Daten erforderlich (für die Preisspanne p_s, für die Nachfrageerwartung μ_0 und für die relative Nachfrageunsicherheit $v_0 = \sigma_0 / \mu_0$). Da wir im vorliegenden Fall jedoch nur den *prozentualen Gewinnvorteil* des Δc-Modells ermitteln wollen, genügt eine beispielhafte Festlegung der Prognoseunsicherheiten. Wir unterstellen:

$$v_0 = \sigma_0 / \mu_0 = 50\ \%$$

Damit erhalten wir:

$$\frac{E\left(G_1^* \middle| \Delta c - \text{Modell}\right)}{E\left(G_1^* \middle| c_R - \text{Modell}\right)} = \frac{0,5 - 0,5 \cdot 0,1750}{0,5 - 0,5 \cdot 0,3178} = 1,21$$

Ergebnis: Im Beispiel erreicht man eine um 21 % höhere Gewinnerwartung, wenn man nicht gezwungen wird, prior Kapazitäten zum Preis $\zeta_R = 0,125$ zu reservieren. Alternativ muss stattdessen zum Posteriorzeitpunkt eine flexible Verfügbarkeit der Reaktivkapazitäten zum Aufpreis $\Delta\zeta = 0,125$ gewährleistet sein.

Wie entwickelt sich der prozentuale Gewinnvorteil des Δc-Modells, wenn wir im Beispiel c.p. den *relativen Deckungsbeitrag* ω_0^* *von 50 % auf 80 % erhöhen?*

Hier erhebt sich zunächst die Frage, wie die Ceteris-Paribus-Klausel in Bezug auf den unterstellten Postponementpreis $\zeta_R = \Delta\zeta$ zu interpretieren ist: Nimmt man weiterhin denselben Preis $\zeta_R = \Delta\zeta = 0,125$ an oder unterstellt man in Anbetracht der gesunkenen Preisobergrenze $\omega_0^* \cdot (1 - \omega_0^*) = 0,16$ denselben γ-Wert 0,5 (was zu $\zeta_R = \Delta\zeta = 0,08$ führt). Nach kurzer Rechnung zeigen sich für beide Vorgehensweisen ähnliche Ergebnisse:

- Für $\omega_0^* = 80$ %; $\zeta_R = \Delta\zeta = 0,125$; $v_0 = 0,5$ ergibt sich:

$$\frac{E\left(G_1^* \middle| \Delta c - \text{Modell}\right)}{E\left(G_1^* \middle| c_R - \text{Modell}\right)} = 1,11 \text{ (also + 11 %)}$$

- Für $\omega_0^* = 80$ %; $\zeta_R = \Delta\zeta = 0,08$; $v_0 = 0,5$ erhält man:

$$\frac{E\left(G_1^* \middle| \Delta c - \text{Modell}\right)}{E\left(G_1^* \middle| c_R - \text{Modell}\right)} = 1,09 \text{ (also + 9 %)}$$

Die Ergebnisse bestätigen somit die allgemeine Charakteristik einer Absenkung der Postponement-Effekte mit wachsendem Abstand des ω_0^*-Wertes vom mittleren Bereichswert 50 %.

(d) *Gewinnäquivalente Kostenwerte im Δc- und im c_R-Modell*

Man kann im Rahmen des Vergleichs „Δc-Modell versus c_R-Modell" die Fragestellung von Abschn. (c) wie folgt umkehren:

Unterstellen wir die Modelldaten eines bestimmten Modeartikels und einen bestimmten Reservierungspreis c_R (oder ζ_R) im Kapazitätsoptions-Modell. Auf welchen Wert Δc_g (oder $\Delta\zeta_g$) darf im alternativen Δc-Modell der Aufpreis für die Reaktiv-Produktion steigen, wenn dieselbe Gewinnerwartung wie im c_R-Modell gefordert wird? Die Kostendifferenz $\Delta c_g - c_R$ bzw. das Kostenverhältnis $\Delta c_g/c_R$ lässt sich als *absoluter (bzw. relativer) situativer Mehrwert* der Produktionsflexibilität interpretieren.

Für den prognostischen Idealfall $\alpha = 0$ kann der zu einem vorgegebenen c_R-Preis äquivalente (höhere) Δc_g-Preis dadurch ermittelt werden, dass man aus der Gleichsetzung der Gln. 191 und 192 eine Bedingungsgleichung für Δc_g gewinnt. Wie sich zeigt, kann aus dieser Bedingungsgleichung jedoch nur mit Hilfe eines numerischen Probierverfahrens der gesuchte Δc_g-Wert berechnet werden. Wir wollen uns deshalb einem Näherungsansatz zuwenden, der uns die approximative, aber explizite Darstellung des äquivalenten Δc_g-Preises erlaubt.

Im Rahmen dieses Näherungsansatzes werden die in den Gln. 191 und 192 auftretenden Funktionsterme $\varphi\left(\Phi^{-1}(x)\right)$ gemäß Gl. 18 (S. 25) als Näherungsellipsen dargestellt. Nach kurzer Rechnung erhält man für den zu einem vorgegebenen ζ_R-Preis gewinnäquivalenten Aufpreis $\Delta\zeta_g$ folgenden Ausdruck:

$$\Delta\zeta_g \approx \zeta_R \frac{1 - 2\zeta_R + 2\sqrt{\left(\omega_0^* - \zeta_R\right)\left(1 - \omega_0^* - \zeta_R\right)}}{1 - \omega_0^*}$$

Gl. 195

mit $\zeta_R < \omega_0^* \cdot (1 - \omega_0^*)$ und $\Delta\zeta_g < \omega_0^*$

Aus Gl. 195 gewinnen wir die bemerkenswerte Erkenntnis, dass (in normierter Form) der zu einem Optionspreis ζ_R gewinnäquivalente Aufpreis $\Delta\zeta_g$ für flexible Kapazitäten (außer von ζ_R) nur vom relativen Deckungsbeitrag ω_0^* eines Modeartikels abhängt.

Beispiel 7 (Fortsetzung)

$\omega_0^* = 50\ \%$ $\zeta_R = 0,125$

Bei Anwendung von Gl. 195 erhalten wir für den gewinnäquivalenten Aufpreis im flexiblen Δc-Modell den Näherungswert:

$$\Delta\zeta_g \approx 0,375$$

Eine Erprobung dieses Näherungswertes an Gl. 191 bestätigt approximativ die geforderte Gewinn-Gleichheit mit dem c_R-Modell (Gl. 192). Durch systematisches Probieren lässt sich diese Lösung allerdings noch verbessern. Als genaueren Äquivalentspreis erhalten wir:

$$\Delta\zeta_g = 0,325$$

Fazit: Hat der Prior-Disponent im Beispielfall die Wahl zwischen einem Optionsmodell mit dem Reservierungspreis $\zeta_R = 0,125$ und einem Modell mit flexibel verfügbaren Reaktivkapazitäten zu einem Aufpreis $\Delta\zeta$, dann wird er aus Gründen der höheren Gewinnerwartung die flexible Alternative vorziehen, solange der Aufpreis $\Delta\zeta$ nicht über den Schwellwert $\Delta\zeta_g = 0,325$ steigt. So gesehen hat die Produktionsflexibilität der Reaktivkapazitäten einen situativen Mehrwert von $(\Delta\zeta_g - \zeta_R) \cdot p_s = 0,20\ p_s\ [GE/ME]$.

Tab. 3 zeigt für ausgewählte Deckungsbeitragswerte ω_0^* und Reservierungspreise ζ_R die aus Gl. 195 resultierenden Näherungswerte für den äquivalenten Aufpreis $\Delta\zeta_g$, wenn anstelle des Reservierungsmodells flexible Kapazitäten zur Verfügung stehen. Die Tabellenwerte bestätigen einerseits den relativ hohen situativen Mehrwert flexibler Kapazitäten, andererseits die kritische Empfindlichkeit der Postponement-Gewinne gegenüber zu hohen Kapazitätsreservierungspreisen.

ω_0^*	50 %	60 %	70 %	80 %	90 %
$\zeta_R = 5\,\%$	18 %	22 %	28 %	39 %	66 %
$\zeta_R = 10\,\%$	32 %	39 %	50 %	66 %	-
$\zeta_R = 15\,\%$	45 %	51 %	64 %	-	-
$\zeta_R = 20\,\%$	48 %	58 %	-	-	-

Tab. 3: Die gewinnäquivalenten Aufpreiswerte $\Delta\zeta_g$ flexibler Reaktivkapazitäten in Abhängigkeit vom Reservierungspreis ζ_R und vom relativen Deckungsbeitrag ω_0^* (alle Werte in Prozent der Preisspanne p_s gemäß Näherungsgleichung 195)

(3) *Das Postponement-Verbesserungspotenzial im allgemeinen Kapazitätsoptionsmodell $\Delta c > 0$ und $c_R > 0$*

Im allgemeinen Kapazitätsoptionsmodell (gem. Gl. 154, S. 91 oder Gl. 171, S. 98) werden die Postponement-Gewinne sowohl durch Reservierungskosten $c_R \cdot R_0$ als auch durch Produktionsmehrkosten $\Delta c \cdot \Delta x_1$ vermindert. Wie in Abschn. (2) lässt sich über das resultierende Postponement-Verbesserungspotenzial ΔG^* auf einfache Weise ein Überblick gewinnen, wenn wir zunächst vom *Idealfall einer sicheren Posteriorprognose* $\alpha = 0$ (S. 102 f.) ausgehen. Das Postponement-Verbesserungspotenzial ΔG^* dieser prognostischen Best-Case-Rechnung kann als Differenz der Gewinnfunktionen von Gl. 184 (S. 103) und Gl. 16 (S. 24) bestimmt werden. Als Resultat erhalten wir:

$$\Delta G^*\left(\Delta c, c_R, \alpha = 0\right) =$$
$$= E\left(G_1^* \big| \hat{z}_{1T}^*, \hat{z}_{1H}^*, \alpha = 0\right) - E\left(G_0^* \big| z_0^*\right) =$$
$$= \sigma_0 \cdot \left\{ \left(c_u + c_\ddot{u}\right) \cdot \varphi\left(\Phi^{-1}\left(\frac{c_u}{c_u + c_\ddot{u}} \right) \right) \right.$$

$$- \left(c_\ddot{u} + \Delta c\right) \cdot \varphi\left(\Phi^{-1}\left(\frac{c_\ddot{u} - c_R}{c_\ddot{u} + \Delta c} \right) \right)$$

$$\left. - \left(c_u - \Delta c\right) \cdot \varphi\left(\Phi^{-1}\left(\frac{c_R}{c_u - \Delta c} \right) \right) \right\} =$$

Gl. 196

$$= \sigma_0 \cdot p_s \left\{ \phi\left(\Phi^{-1}\left(\omega_0^*\right)\right) - \right.$$

$$- \left(1 - \omega_0^* + \Delta\zeta\right) \cdot \phi\left(\Phi^{-1}\left(\frac{1 - \omega_0^* - \zeta_R}{1 - \omega_0^* + \Delta\zeta}\right)\right) \qquad \text{Fortsetzung Gl. 196}$$

$$\left. - \left(\omega_0^* - \Delta\zeta\right) \cdot \phi\left(\Phi^{-1}\left(\frac{\zeta_R}{\omega_0^* - \Delta\zeta}\right)\right)\right\}$$

In Analogie zu den bisher untersuchten Modell-Varianten können die strukturellen Abhängigkeiten des Verbesserungspotenzials gemäß Gl. 196 wie folgt zusammengefasst werden:

Im Kapazitätsoptionsmodell steigt bei optimaler Disposition das Postponement-Verbesserungspotenzial ΔG^* c.p. proportional

- zum Standardfehler σ_0 der Priorprognose und
- zur Preisreduzierungsspanne $p_s = p - p_ü$ eines Modeartikels (vgl. S. 29).

Andererseits sinken die ΔG^*-Werte ab,

- je weiter sich der relative Deckungsbeitrag ω_0^* nach oben oder unten von seinem mittleren Bereichswert 50 % entfernt und
- je höher der Aufpreis Δc (bzw. $\Delta\zeta$) oder der Reservierungspreis c_R (bzw. ζ_R) steigen.

Erreicht oder übertrifft der (normierte) Reservierungspreis ζ_R (gem. Gl. 183, S. 102) den Schwellwert

$$\zeta_R = \left(1 - \omega_0^*\right)\left(\omega_0^* - \Delta\zeta\right) \qquad \text{Gl. 197}$$

dann sinkt das Verbesserungspotenzial ΔG^* (trotz der Idealprognose $\alpha = 0$) auf den Wert null (was sich durch Substitution von Gl. 197 in Gl. 196 leicht zeigen lässt). Eine Postponement-Strategie wäre in diesem Fall kontraproduktiv (NP-Artikel, vgl. S. 94). Für Modeartikel mit realistischen Prognoseverbesserungen $\alpha > 0$ liegen die ζ_R- und $\Delta\zeta$-Schwellwerte entsprechend tiefer (vgl. Anhang D).

Ein vollständiges Beispiel zum Kapazitätsoptionsmodell wurde bereits an anderer Stelle analysiert (vgl. Beispiel 6, S. 105 ff.).

(4) *Einsatz des Kapazitätsoptionsmodells zur Analyse von Quantity Flexibility Con-*
tracts oder von Pay-to-delay Capacity Reservations

Bevor in Märkten mit hoher Nachfrageunsicherheit und entsprechend hohen Kapazitätsrisiken Quantity Flexibility Contracts oder Pay-to-delay Capacity Reservations vereinbart werden (vgl. S. 84 f.), besteht für beide Vertragsparteien ein dringendes Bedürfnis nach rationaler Analyse der ökonomischen Konsequenzen. Insbesondere möchten die „Einkäufer" (buyer) wissen, wie sich aus ihrer Sicht die
Gewinnerwartungen mit den quantitativen Eckpunkten eines Vertrages (minimale
Abnahmeverpflichtung, zugesicherte Kapazitätsverfügbarkeit, Reservierungspreise, Quick-Response-Zuschläge usw.) verändern. Auch Rentabilitätsschwellwerte
und grobe Anhaltspunkte zur Struktur von Optimalstrategien sind gegebenenfalls
von Interesse.

Mit dem vorliegenden Kapazitätsoptionsmodell kann i.d.R. ein Teil der auftretenden Fragen beantwortet werden. Bei schlechter Datenlage liefert zumindest eine
Wenn–dann-Analyse grundlegende Einsichten.

Um den Einsatz des Kapazitätsoptionsmodells im beschriebenen Kontext zu ermöglichen, sind gegebenenfalls (ohne Modellveränderung) *alternative Interpreta-*
tionen der Modellparameter und –variablen erforderlich. Ein wichtiges Beispiel
bietet die *Prior-Produktionsmenge* x_0: Im Kontext von Quantity Flexibility
Contracts kann diese Entscheidungsvariable ohne Informationsverlust als *ver-*
pflichtende minimale Abnahmemenge des Einkäufers interpretiert werden. Der
Zeitpunkt einer frühen physischen Produktion (der in der bisherigen Modellinter-
pretation für die Menge x_0 implizit unterstellt wurde) ist nämlich für die Problem-
struktur nicht entscheidend, sondern *der frühe Zeitpunkt einer verpflichtenden*
Festlegung von x_0. Genau dies entspricht aber der Bedeutung einer (möglicherweise riskanten) vertraglichen Vereinbarung, zu einem späteren Zeitpunkt mindestens
die Menge x_0 [ME] zu einem vereinbarten Preis c [GE/ME] zu kaufen.

4. Nutzung von Selektions- und Riskpooling-Effekten beim Produktionspostponement von Modesortimenten

4.1 Selektives Produktionspostponement bei begrenzten Reaktivkapazitäten

4.1.1 Optimale Selektion von Modeartikeln für die Postponementproduktion

Wir erweitern nun unser bisheriges Entscheidungsszenario auf die *Betrachtung von modischen Gesamt- oder Teilsortimenten*, deren Artikel sich grundsätzlich für ein Produktionspostponement eignen. Als Anfangsszenario unterstellen wir folgende Entscheidungsstruktur:

- Für jeden Artikel i (i = 1, ..., m) wurden die erforderlichen Dispositionsdaten abgeschätzt (vgl. S. 17 f.): μ_{0i}, σ_{0i}, α_i, p_i, c_i, $p_{\ddot{u}i}$

- Totale Priorproduktion oder Totalpostponement pro Artikel: Aus technischen, organisatorischen oder ökonomischen Gründen (z.B. hohe Rüstkosten) darf die Saisonproduktionsmenge x_i für einen bestimmten Artikel i nicht teilweise prior und teilweise posterior hergestellt werden. Zulässig ist somit für jeden Artikel nur eine Alles-oder-nichts-Entscheidung.

- Im Gegensatz zum bisherigen Totalpostponement-Szenario (S. 42 ff.) soll die Postponementproduktion nicht mit Mehrkosten Δc_i verbunden sein, das Problem besteht vielmehr in *der begrenzten Verfügbarkeit der Reaktivkapazitäten*. Hier gelten folgende Annahmen:
  - Zum Posterior-Zeitpunkt t_1 steht nur eine begrenzte Gesamtkapazität von *B Kapazitätseinheiten* [KE] zur Verfügung.
  - Für jeden Artikel wurde der *spezifische Kapazitätsverbrauch* b_i [KE/ME] abgeschätzt.
  - Die Reaktivkapazitäten sind *variantenflexibel* (vgl. S. 10), d.h. jeder der betrachteten m Artikel kann auf ihnen gefertigt werden.
  - Im Gegensatz zur „harten" Kapazitätsrestriktion R_0 im Kapazitätsoptionsmodell (vgl. S. 86) soll im vorliegenden Fall die *Kapazitätsbegrenzung B eine „weiche" Grenze* sein. Dies bedeutet: Die Reaktivkapazitäten besitzen eine *hinreichende Mengenflexibilität*, um die posterior eventuell zu disponierenden

Mehr- oder Mindermengen zu bedienen. Für die Prior-Disposition bedeutet dies konkret: Zur Einhaltung der Kapazitätsrestriktion B reicht es aus, wenn die *Erwartungswerte der Posterior-Kapazitätsverbräuche* die Grenze B nicht überschreiten.

- *Optimale Selektion von Postponementartikeln:* Würde die Reaktivkapazität B zur Produktion des gesamten relevanten Modesortiments ausreichen, dann wäre es offensichtlich am besten, alle m Artikel *mit deutlich geringeren Nachfragerisiken* posterior zu produzieren. Da wir aber grundsätzlich davon ausgehen, dass die zeitkritische Reaktivkapazität B (möglicherweise aufgrund einer vorausgegangenen strategischen Grundsatzentscheidung) nur einen relativ kleinen Teil der erforderlichen Gesamtsaisonmenge bewältigen kann (z.B. 20 – 30 %), entsteht folgendes Artikel-Selektionsproblem: Welche Artikel i sind zum Zeitpunkt t_0 für die Postponementproduktion auszuwählen, wenn (unter Einhaltung der Kapazitätsrestriktion B) *die Gewinnerwartung für das gesamte Sortiment maximiert* werden soll?

Bereits an anderer Stelle wurde gezeigt[1], dass es sich bei dem beschriebenen Artikel-Selektionsproblem um ein einfaches *stochastisches Rucksackproblem (knapsack problem)* handelt, das mit hinreichender Näherung mit Hilfe eines *Präferenzindexverfahrens* gelöst werden kann. In Anbetracht der ausführlichen Diskussion bei Diruf (2001, S. 24 ff.) begnügen wir uns in der vorliegenden Arbeit mit einer Kurzdarstellung dieses *approximativen Optimierungsverfahrens* und einigen Ergänzungen:

(1) Berechne für jeden Artikel i den Wert P_i des Postponementindexes „Postponement-Verbesserung ΔG_i pro Kapazitätsverbrauch des Artikels i".

Bei *optimaler Disposition* gilt (vgl. Gl. 25 und 27, S. 29):

$$P_i^* = \frac{\Delta G_{max}^*}{b_i \cdot E\left(x_1^*\right)} = \frac{p_{si} \cdot \sigma_{0i}\left(1-\alpha_i\right) \cdot \varphi\left(z_{0i}^*\right)}{b_i\left(\mu_{0i} + z_{0i}^* \cdot \alpha_i \sigma_{0i}\right)} =$$

$$= \frac{p_{si} \cdot \left(1-\alpha_i\right) \cdot v_{0i} \cdot \varphi\left(z_{0i}^*\right)}{b_i\left(1 + z_{0i}^* \cdot \alpha_i v_{0i}\right)} \quad [GE/KE]$$

Gl. 198

---

[1] Diruf (2001)

Bei *suboptimaler Disposition* rechnet man (vgl. Gl. 31 und 34, S. 32):

$$P_i^{'} = \frac{\Delta G_{max}^{'}}{b_i \cdot E\left(x_i^{'}\right)} = \frac{p_{si} \cdot \left(1 - \alpha_i\right) \cdot v_{0i}}{b_i} \qquad \text{Gl. 199}$$

mit $p_{si} = p_i - p_{\ddot{u}i};$ $\qquad z_{0i}^{*} = \Phi^{-1}\left(\omega_{0i}^{*}\right);$

$\qquad v_{0i} = \sigma_{0i} / \mu_{0i}$

(2) Ordne die m Artikel nach fallenden P_i^{*}-Werten (bzw. nach fallenden $P_i^{'}$-Werten)!

(3) Selektiere die Artikel sukzessive nach fallender Rangordnung für die Postponementproduktion. Kumuliere hierbei die Kapazitätsverbräuche B_i der selektierten Artikel:

$$B_i^{*} = b_i \left(\mu_{0i} + z_{0i}^{*} \cdot \alpha_i \sigma_{0i}\right) \qquad \text{Gl. 200}$$

bzw.

$$B_i^{'} = b_i \cdot \mu_{0i} \qquad \text{Gl. 201}$$

bis die begrenzte Reaktivkapazität B ausgeschöpft ist.

Interpretation der Postponementindexwerte P_i^{*} (bzw. $P_i^{'}$)

Vorbehaltlich einer fallabhängigen numerischen Berechnung der Postponementindexwerte eines Modesortiments, lässt sich auf Basis von Gl. 198 (bzw. 199) stark vereinfacht folgende Empfehlung aussprechen:

Wenn die knappen Reaktivkapazitäten nur für einen Teil des Sortiments ausreichen, dann sind (sowohl aus Sicht von P_i^{*} wie aus Sicht von $P_i^{'}$) dominant jene Artikel für eine Postponementproduktion zu wählen, die

- eine hohe Preisspanne $p_s = p - p_{\ddot{u}}$
- eine hohe relative Prognoseunsicherheit $v_0 = \sigma_0 / \mu_0$
- eine hohe Prognoseverbesserungs-Erwartung $\alpha^{'} = 1 - \alpha$ und
- einen geringen spezifischen Kapazitätsverbrauch b

aufweisen.

Wenn die Produktionsmengen nicht „suboptimal" (i.S.v. S. 26 und S. 31 ff.), sondern „optimal" (i.S. des Newsvendor-Modells) disponiert werden, dann spielt für die Postponement-Präferenz eines Artikels zusätzlich *der relative Deckungsbeitrag* ω_0^* *und der vom* ω_0^**-Wert abhängige Zuschlagswert* $z_0^* = \Phi^{-1}\left(\omega_0^*\right)$ eine Rolle (vgl. Gl. 198).

Betrachtet man c.p. die Abhängigkeit der Postponementindexwerte P_i^* von den artikelspezifischen Werten des relativen Deckungsbeitrages ω_{0i}^*, dann sind zwei Effekte zu beachten:

- der mit steigenden z_{0i}^*-Werten zunehmende Verbrauch an knappen Reaktivkapazitäten (vgl. den Mengenzuschlag $z_{0i}^*\alpha_i\sigma_{0i}$ im Nenner von Gl. 198) und
- das Postponement-Verbesserungspotenzial (vgl. $\varphi\left(z_{0i}^*\right)$ im Zähler von Gl. 198).

Wenn der Deckungsbeitragswert ω_{0i}^* von der Untergrenze null zur Obergrenze 1,0 ansteigt,

- nimmt der Kapazitätsverbrauch $\mu_{0i} + z_{0i}^*\alpha_i\sigma_{0i}$ monoton zu (abnehmende Postponement-Attraktivität),
- während das Verbesserungspotenzial (und mit ihm die Postponement-Attraktivität) zunächst ansteigt und dann nach Überschreiten eines Maximums bei $\omega_0^* = 50$ % wieder absinkt (vgl. Abb. 4, S. 25).

Es zeigt sich, dass der vom zunehmenden Kapazitätsverbrauch verursachte *Abstieg der Postponement-Attraktivität* P_i^*

- im Bereich $0 < \omega_{0i}^* \leq 0,50$ durch den Anstieg des Verbesserungspotenzials abgeschwächt (wenn $\alpha_i v_{0i} > 0,50$) oder sogar überkompensiert wird (wenn $\alpha_i v_{0i} < 0,50$),
- während im Bereich $0,50 < \omega_{0i}^* < 1,0$ beide Effekte eine verstärkte Abnahme des P_i^*-Wertes bewirken.

Fazit:

- Unter den Artikeln, für die die Relation $\alpha_i v_{0i} > 0,50$ gilt, findet man c.p. die höchsten P_i^*-Werte bei Produkten mit möglichst kleinen relativen Deckungsbeitragswerten ω_{0i}^*, weil bei diesen Produkten der Kapazitätsersparniseffekt überwiegt.

- In der attraktiveren Gruppe der Artikel mit $\alpha_i v_{0i}$-Werten im Bereich $\alpha_i v_{0i} < 0,50$ zeigt sich dagegen ein flaches P_i^*-Maximum an der Deckungsbeitragsstelle ω_{0i}^{**}. Die Stelle ω_{0i}^{**} des P_i^*-Maximums hängt wie folgt vom artikelspezifischen $\alpha_i v_{0i}$-Wert ab:

$\alpha_i v_{0i}$	0	10 %	20 %	30 %	40 %
ω_{0i}^{**}	50 %	46 %	42 %	37 %	31 %

- Zusammenfassend ist jedoch zu beachten, dass die Wirkung des ω_0^*-Wertes auf die Postponement-Attraktivität P_i^* eines Artikels häufig von den übrigen Determinanten p_s, v_0, α und b dominiert wird.

4.1.2 Optimale Teilpostponement-Produktion

Der bisher pro Modeartikel unterstellte Zwang zur *Alles-oder-nichts-Postponement-Entscheidung* wird nun aufgehoben. Im Übrigen soll weiterhin das bei der optimalen Selektion von Modeartikeln beschriebene Entscheidungsszenario gelten (vgl. S. 119 f.). Mit der Zulassung von Prior- und Posterior-Teilmengenproduktionen entsteht (im Vergleich zum Artikel-Selektionsproblem S. 120) eine *deutlich veränderte Optimierungsstruktur*:

Finde für alle Artikel i = 1, ..., m des Modesortiments *die optimalen Prior-Produktionsmengen* x_{0i}^* derart,

- dass die *Summe der Artikel-Gewinnerwartungen* ein Maximum (oder die Summe der Risikokosten ein Minimum) erreicht,

- dass aber andererseits die *Summe der zu erwartenden Reaktivkapazitätsbedarfe* bei optimaler Posteriordisposition die vorgegebene Kapazitätsgrenze B [KE] nicht überschreitet.

Diruf (2001, S. 32 ff.) hat zur Lösung dieses Optimierungsproblems ein Näherungsverfahren entwickelt, das allerdings auf einer *übervereinfachten approximativen Postponement-Ersparnisfunktion* beruht,[1] die teilweise zu Unterschätzungen der Postponement-Ersparnisse führt. Im Folgenden wird deshalb ein *alternatives Optimierungsverfahren* vorgeschlagen, das zwar auch nur angenähert optimale Lösungen liefert, das aber im Gegensatz zum o.g. Verfahren auf einer *korrekten Zielfunktion* beruht.

Zur Formalisierung des vorliegenden Optimierungsproblems greifen wir auf die *Gewinnfunktion des einfachen Teilpostponement-Modells* (Gl. 88, S. 58 oder Gl. 99, S. 60) zurück. Im einfachen Teilpostponement-Modell waren die Reaktivkapazitäten nicht begrenzt, es wurde jedoch für posterior produzierte Mengen Δx_1 ein Aufpreis Δc unterstellt. Im vorliegenden Szenario gilt umgekehrt: Die Posterior-Produktionskosten sind ebenso hoch wie die Priorkosten, andererseits reichen aber die begrenzten Reaktivkapazitäten B nicht aus, um die Saisonmengen für das gesamte Sortiment zu produzieren. Die relevanten Gewinnfunktionen erhalten wir somit, indem wir in den Gln. 88 oder 99 für alle Artikel i den Aufpreis Δc (oder $\Delta \zeta$) null setzen. Damit ergibt sich:

$$\Delta c_i = \Delta \zeta_i = 0 \qquad\qquad \text{Gl. 202}$$

$$z_{1i}^{*} = z_{0i}^{*} = \Phi^{-1}\left(\frac{c_{ui}}{c_{ui} + c_{üi}} \right) = \Phi^{-1}\left(\omega_{0i}^{*} \right) \qquad\qquad \text{Gl. 203}$$

$$\hat{z}_{1i} = \frac{x_{0i} - z_{0i}^{*}\alpha_i\sigma_{0i} - \mu_{0i}}{\sqrt{1-\alpha_i^2}\ \sigma_{0i}} \qquad\qquad \text{Gl. 204}$$

für alle Artikel i

Bei Anwendung von Gl. 99 (S. 60) und unter Beachtung der Gln. 202 bis 204 lautet die *Zielfunktion des vorliegenden Optimierungsproblems*:

---

[1] vgl. Diruf (2001), S. 35, Gl. 28

$$\underset{x_{0i}}{Max} \; \underset{i}{\Sigma} \; E_i\left(G^*_{1i}\big|\hat{z}_{1i}; \; \Delta c_i = 0\right) \hspace{3cm} \text{Gl. 205}$$

Äquivalent zur Zielvorschrift von Gl. 205 können wir uns auch auf die *Minimierung der relevanten Absatzrisikokosten* beschränken, die sich (wie aus Gl. 99 zu erkennen) aus einer Addition der Gln. 95 und 96 (S. 59 f.) ergeben.

Zulässige Lösungen müssen die Kapazitätsbedingung einhalten, die sich mit Hilfe von Gl. 97 (S. 60) wie folgt formulieren lässt:

$$\underset{i}{\Sigma} \; b_i \; E\left(\Delta x_{1i}\right) = \underset{i}{\Sigma} \; b_i \; \sqrt{1-\alpha_i^2} \; \sigma_{0i} \; \Psi\left(\hat{z}_{1i}\right) \leq B \hspace{2cm} \text{Gl. 206}$$

Wäre die Kapazitätsrestriktion Gl. 206 *nicht aktiv*, dann würde die optimale Lösung in einem *Totalpostponement aller Artikel* bestehen (d.h. $x^*_{0i} = 0$ für alle i). Die Summe der posterior zu erwartenden Kapazitätsverbräuche würde bei dieser „Triviallösung" allerdings ihren *maximalen Wert* erreichen (vgl. Gl. 200, S. 121):

$$\underset{i}{\Sigma} \; B^*_i = \underset{i}{\Sigma} \; b_i\left(\mu_{0i} + z^*_{0i}\alpha_i\sigma_{0i}\right) \hspace{3cm} \text{Gl. 207}$$

Da wir im Regelfall davon ausgehen, dass die knappen Reaktivkapazitäten nicht ausreichen, um den maximalen Bedarf gemäß Gl. 207 zu bedienen $\left(\underset{i}{\Sigma} \; B^*_i > B\right)$, wird die *verfügbare Kapazität* B bei jeder denkbaren Optimallösung *ausgeschöpft*. Formal bedeutet dies: In Gl. 206 kann das Ungleichheitszeichen durch ein Gleichheitszeichen ersetzt werden. Die Optimierungsaufgabe der Gln. 205 und 206 lässt sich somit in Form einer *Lagrangefunktion mit dem Lagrangemultiplikator* λ zusammenfassen:

$$\begin{aligned} \underset{x_{0i}, \lambda}{Max} \; L\left(x_{0i}, \lambda\right) &= \underset{i}{\Sigma} \; E_i\left(G^*_{1i}\big|\hat{z}_{1i}; \; \Delta c_i = 0\right) \\ &- \lambda\left(\underset{i}{\Sigma} \; b_i \; \sqrt{1-\alpha_i^2} \; \sigma_{0i} \; \Psi\left(\hat{z}_{1i}\right) - B\right) \end{aligned} \hspace{1cm} \text{Gl. 208}$$

Bei der Entwicklung eines Näherungsverfahrens zur Lösung des durch Gl. 208 beschriebenen Optimierungsproblems gehen wir in Analogie zum einfachen Teilpostponement-Modell vor (S. 64 ff.):

Die optimale Priormenge x^*_{0i} jedes Artikels hängt maßgeblich vom *Wert des Prognoseverbesserungsfaktors* α_i ab. Hier sind zwei Grenzfälle denkbar:

- *Grenzfall* $\alpha_i = 1$

Hier sollte man die beste Priormenge ohne Beachtung der Postponementoption wählen (vgl. Gl. 115, S. 66):

$$\overset{*}{x}_{0i}(\alpha_i = 1) = \mu_{0i} + \overset{*}{z}_{0i}\sigma_{0i} = \mu_{0i} + \sigma_{0i} \cdot \Phi^{-1}\left(\frac{c_{ui}}{c_{ui} + c_{\ddot{u}i}}\right) \qquad \text{Gl. 209}$$

- *Grenzfall* $\alpha_i = 0$

Bei Verwendung von Gl. 117 (S. 66) und unter Beachtung von $\Delta c_i = 0$ gilt hier für Artikel i die stark vereinfachte Gewinnfunktion:

$$E\left(G_{1i}|\alpha_i = 0;\ \hat{z}_{1i} = z_{0i}\right) =$$
$$= (p_i - c_i)\,\mu_{0i} - c_{\ddot{u}i} \cdot \sigma_{0i} \cdot \Psi(-z_{0i}) \qquad \text{Gl. 210}$$

mit $\hat{z}_{0i} = \dfrac{x_{0i} - \mu_{0i}}{\sigma_{0i}}$

Wenn wir für Artikel i (fiktiv) die Gültigkeit des Grenzfalls $\alpha_i = 0$ und damit Gl. 210 unterstellen, erhalten wir bei partieller Differentiation der Lagrangefunktion Gl. 208 folgende *Optimalbedingung*:

$$\frac{\partial L}{\partial z_{0i}} = -c_{\ddot{u}i}\,\sigma_{0i}\,\Phi(z_{0i}) + \lambda\,b_i\,\sigma_{0i}\,\Phi(-z_{0i}) = 0 \qquad \text{Gl. 211}$$

Aus Gl. 211 resultiert für den Grenzfall $\alpha_i = 0$ folgende *Optimallösung*:

$$\overset{*}{z}_{0i}(\alpha_i = 0) = \Phi^{-1}\left(\frac{\lambda\,b_i}{c_{\ddot{u}i} + \lambda\,b_i}\right) \qquad \text{Gl. 212}$$

$$\overset{*}{x}_{0i}(\alpha_i = 0) = \mu_{0i} + \sigma_{0i} \cdot \Phi^{-1}\left(\frac{\lambda\,b_i}{c_{\ddot{u}i} + \lambda\,b_i}\right) \qquad \text{Gl. 213}$$

Beim Vergleich von Gl. 212 und 213 mit den entsprechenden Lösungen des einfachen Teilpostponement-Modells erkennt man, dass der *Lagrangefaktor* λ *als kalkulatorischer Preis für die Reaktivkapazitäten* die ursprünglich als Restriktion (Gl. 206) for-

mulierte Kapazitätsknappheit in ein Kostenproblem transformiert. Die *kalkulatorischen Kostenwerte*

$$\Delta c_{\lambda i} [GE/ME] = \lambda [GE/KE] \cdot b_i [KE/ME] \qquad Gl. 214$$

entsprechen hierbei dem Aufpreis Δc_i im einfachen Teilpostponement-Modell (vgl. Gl. 119 und 120, S. 67). In Analogie zum einfachen Teilpostponement-Modell erhalten wir somit folgende Näherungslösung für die gesuchten optimalen Prior-Produktions-mengen (vgl. Gl. 121, S. 67):

$$\overset{*}{x}_{0i}\left(0 < \alpha_i < 1\right) \approx \alpha_i \overset{*}{x}_{0i}\left(\alpha = 1\right) + \left(1 - \alpha_i\right) \cdot \overset{*}{x}_{0i}\left(\alpha_i = 0\right) =$$

$$= \mu_{0i} + \sigma_{0i} \cdot \left[\alpha_i \cdot \Phi^{-1}\left(\frac{c_{ui}}{c_{ui} + c_{\ddot{u}i}} \right) + \left(1 - \alpha_i\right) \cdot \Phi^{-1}\left(\frac{\lambda b_i}{c_{\ddot{u}i} + \lambda b_i} \right) \right] \qquad Gl. 215$$

Mit dem kalkulatorischen Preis λ [GE/KE] für die knappen Reaktivkapazitäten steigen c.p. die kalkulatorischen Aufpreiswerte $\Delta c_{\lambda i}$ der Postponement-Produktion. Wegen abnehmender Postponement-Attraktivität führt dies (gem. Gl. 215) zu einer Steigerung der optimalen Prior-Produktionsmengen $\overset{*}{x}_{0i}$ und zu einer entsprechenden Absenkung der zu erwartenden Bedarfe für die knappen Reaktivkapazitäten. Hat man jenen λ-Preis gefunden, bei dem *die verfügbare Kapazität B (gem. Gl. 206, S. 125) genau aus-geschöpft wird*, ist die optimale Lösung erreicht.

Wenn man den λ-Preis der Reaktivkapazitäten steigert, sind allerdings (wie beim ein-fachen Teilpostponement-Modell, S. 70 ff.) *obere Kostenschranken für erfolgreiche Postponement-Strategien* zu beachten. Insbesondere kann es offensichtlich nicht opti-mal sein, die Priormenge $\overset{*}{x}_{0i}$ eines Artikels i über jenen Wert hinaus zu erhöhen, den man ohne Postponementoption wählen würde (vgl. Gl. 209, S. 126). Man erreicht die erforderliche Begrenzung der $\overset{*}{x}_{0i}$-Mengen auf einfache Weise dadurch, dass man bei allen Artikeln die Kostenschranke

$$\Delta c_{\lambda i} = \lambda \cdot b_i \leq c_{ui} \qquad Gl. 216$$

einhält (vgl. Gl. 122, S. 70). Zur Vereinfachung der formalen Darstellung wählen wir hierfür folgende Symbolik:

$$\lceil \lambda \cdot b_i \rceil = \begin{cases} \lambda b_i & \text{für } \lambda b_i < c_{ui} \\ c_{ui} & \text{für } \lambda b_i \geq c_{ui} \end{cases} \qquad Gl. 217$$

Zusammenfassend kann das numerische *Näherungsverfahren zur Bestimmung der optimalen Prior-Produktionsmengen* x_{0i}^{*} wie folgt beschrieben werden:

(1) *Identifizierung von Grenzfällen*

(a) *B sehr groß: nicht aktive Kapazitätsrestriktion*

Die Kapazitätsrestriktion Gl. 206 ist nicht aktiv, wenn die verfügbare Reaktivkapazität B voraussichtlich ausreicht, um die vollständigen Saisonmengen des gesamten Sortiments zu produzieren. Die Nicht-Aktivität von Gl. 206 sollte gegebenenfalls zunächst mit Hilfe von Gl. 207 abgeklärt werden: Wenn $\sum_i B_i^{*} \leq B$, dann lautet die Optimallösung: $x_{0i}^{*} = 0$ für alle Artikel i (d.h. totale Postponement-Produktion des gesamten Sortiments).

(b) *B zu klein zur Bedienung der Restmengenbedarfe*

Auch wenn für einen Artikel die beste Priormenge ohne Beachtung der Postponementoption (gem. Gl. 209, S. 126) gewählt wird, besteht eine (i.d.R. geringe) Wahrscheinlichkeit, dass posterior ein Kapazitätsbedarf auftritt. Wenn die verfügbare Kapazität B so klein ist, dass sie nicht einmal diese *Restmengenbedarfserwartung* des Sortiments bedienen kann, dann sollten *für alle Artikel Priormengen* x_{0i}^{*} *gemäß Gl. 209 gewählt werden.* Auch dieser Sonderfall ist gegebenenfalls vorab zu klären, weil durch Erhöhung des λ-Preises der Kapazitätsbedarf nur bis zur Restmengenbedarfserwartung abgesenkt werden kann:

Wenn wir für alle Artikel i Priormengen gem. Gl. 209 unterstellen, hat die normierte Variable $\hat{z}_{1i}$ den Wert (vgl. Gl. 204 und 203):

$$\hat{z}_{1i} = \sqrt{\frac{1 - \alpha_i}{1 + \alpha_i}} \cdot \Phi^{-1}\left(\omega_{0i}^{*}\right) \qquad \text{Gl. 218}$$

Der Test auf hinreichende Größe der Kapazität B lautet somit (vgl. Gl. 206, S. 125):

$$\sum_i b_i \sqrt{1 - \alpha_i^2} \; \sigma_{0i} \cdot \Psi\left(\sqrt{\frac{1 - \alpha_i}{1 + \alpha_i}} \cdot \Phi^{-1}\left(\omega_{0i}^{*}\right)\right) < B \qquad \text{Gl. 219}$$

(2) *Numerische Bestimmung des kalkulatorischen Preises* λ *für die knappen Reaktivkapazitäten*

Nach Abklärung der Grenzfälle (1a) und (1b) können wir davon ausgehen, dass die Kapazität B in dem durch den kalkulatorischen Preis λ darstellbaren Knappheitsbereich liegt. Zur Auffindung jenes λ-Preises, der *für ein bestimmtes Modesortiment mit bekannten Modelldaten* die verfügbare Kapazität B genau ausschöpft, substituieren wir die approximative Optimallösung gem. Gl. 215 (inklusive Gl. 217) in die Kapazitätsrestriktion (Gl. 206, S. 125). Für die normierte Entscheidungsvariable (Gl. 204) erhalten wir dann:

$$\hat{z}_{1i} = \sqrt{\frac{1 - \alpha_i}{1 + \alpha_i}} \cdot \Phi^{-1}\left(\frac{\lceil \lambda b_i \rceil}{c_{ai} + \lceil \lambda b_i \rceil}\right) \qquad \text{Gl. 220}$$

Gesucht ist somit jener λ-Wert, der folgende Gleichung erfüllt:

$$\sum_i b_i \sqrt{1 - \alpha_i^2} \ \sigma_{0i} \cdot \Psi\left(\sqrt{\frac{1 - \alpha_i}{1 + \alpha_i}} \cdot \Phi^{-1}\left(\frac{\lceil \lambda b_i \rceil}{\lceil \lambda b_i \rceil + c_{ai}}\right)\right) = B \qquad \text{Gl. 221}$$

Da der Kapazitätsbedarf in Gl. 221 mit steigenden λ-Werte monoton sinkt, dürfte die Programmierung einer numerischen Suchprozedur zur Auffindung des korrekten λ-Wertes keine prinzipiellen Schwierigkeiten bereiten.

(3) *Auswertung der approximativen Optimallösung*
Nach Bestimmung des λ-Preises erhält man

- die optimalen Priormengen aus Gl. 215 (unter Beachtung von Gl. 217)
- die optimalen Gewinnerwartungen und den maximalen Sortimentsgewinn aus Gl. 205 (in Verbindung mit Gl. 220 und Gl. 99, S. 60)
- die zu erwartenden Kapazitätsbedarfe aus Gl. 221

(4) *Erweiterung des Optimierungsverfahrens auf den allgemeinen Fall mit positiven Mehrkosten* $\Delta c_i > 0$ *für die Postponement-Produktion*
Das beschriebene Verfahren kann ohne Schwierigkeiten zur Lösung des allgemeinen Falles $\Delta c_i > 0$ erweitert werden. Die Spezialgleichungen 202 bis 204 (S. 124) werden hierbei durch die allgemeinen Definitionen (Gl. 74, S. 55 und Gl. 82, S. 57) ersetzt und auch in der Zielfunktion (Gl. 205, S. 125) gelten die allgemeinen

Gewinngleichungen für $\Delta c_i > 0$ (Gl. 99, S. 60). In der Optimalbedingung (Gl. 211, S. 126) erscheint dann ein zusätzlicher Term (vgl. Gl. 117, S. 66), wodurch die *kalkulatorischen Mehrkosten der Postponementproduktion* (Gl. 214, S. 127) um den Wert Δc_i ansteigen:

$$\Delta c_i + \Delta c_{\lambda i} = \Delta c_i + \lambda b_i \ [GE/ME] \qquad \text{Gl. 222}$$

Für jeden Artikel i gilt die Postponement-Kostenschranke von Gl. 216 entsprechend:

$$\Delta c_i + \lambda b_i \leq c_{ui} \qquad \text{Gl. 223}$$

In Analogie zu Gl. 217 wählen wir hierfür folgende Formalschreibweise:

$$\lceil \Delta c_i + \lambda b_i \rceil = \begin{cases} \Delta c_i + \lambda b_i & \text{für } \Delta c_i + \lambda b_i < c_{ui} \\ c_{ui} & \text{für } \Delta c_i + \lambda b_i \geq c_{ui} \end{cases} \qquad \text{Gl. 224}$$

Nach einer Substitution der bisherigen kalkulatorischen Kostenwerte $\lceil \lambda b_i \rceil$ durch die erhöhten Werte $\lceil \Delta c_i + \lambda b_i \rceil$ (in den Gln. 215, 220 und 221) und Durchführung der erforderlichen Anpassungsschritte können auch restringierte Probleme mit einem Postponement-Aufpreis $\Delta c_i > 0$ gelöst werden.

4.2 Riskpooling-Vorteile durch Individualisierungs- oder Variantenflexibilität bei fixierten Gesamtproduktionsmengen

4.2.1 Modellierung eines idealtypischen Basisszenarios

Wie beim Artikelselektionsproblem (S. 119 f.) betrachten wir ein *modisches Gesamt- oder Teilsortiment von m produktionstechnisch verwandten Artikeln i = 1, ..., m*. Da wir mit Hilfe der folgenden Modellierung nur die *durchschnittlichen Riskpooling-Vorteile der Individualisierungs- oder Variantenflexibilität* (vgl. S. 10 ff.) quantifizieren wollen, gehen wir von der idealtypischen Vorstellung aus, die m Artikel würden aus Priorsicht näherungsweise dieselben Dispositionsdaten μ_0, σ_0, α, p, c und p_0 aufweisen. Ein differenzierender Artikelindex i erübrigt sich somit in der Prior-Situation (im Gegensatz zur Posterior-Situation).

Weiterhin sollen folgende Annahmen gelten:

- *stochastisch unabhängige Nachfrageverteilungen*

  Für jeden Artikel i gilt das S. 15 ff. beschriebene Nachfrageprognosemodell. Es wird angenommen, dass die Nachfragverteilungen der einzelnen Artikel (näherungsweise) stochastisch voneinander unabhängig sind.

  Fallabhängig erscheinen hier durchaus auch komplexere Annahmen plausibel, z.b. negative Nachfragekorrelationen zwischen Artikeln, die aus Kundensicht Substitutions-Varianten darstellen, und positive Korrelationswerte zwischen den Summengrößen von verwandten Teilsortimenten.

- *unflexible Gesamtproduktionsmenge* $X_0 = m \cdot x_0$, *aber flexibel wählbare Einzelartikelmengen* x_{1i}

  Bereits zum Zeitpunkt t_0 muss auf Basis der unsicheren Priorprognose $m \cdot \mu_0$ die Gesamtproduktionsmenge des betrachteten Teilsortiments $X_0 = m \cdot x_0$ (ohne spätere Korrekturmöglichkeit) festgelegt werden. Wir nehmen vereinfacht an, dass mit dieser Prior-Entscheidung auch die *gesamten Produktionskosten für das Teilsortiment* mx_0c fixiert sind. Verglichen mit der Priordisposition von Einzelartikeln ohne Postponementoption (S. 17 ff.) hat der Disponent im vorliegenden Szenario aber eine entscheidende Eingriffsmöglichkeit zum Posterior-Zeitpunkt t_1: *Er darf auf Basis der verbesserten artikelindividuellen Nachfrageprognosewerte* μ_{1i} *die Artikeleinzelmengen* x_{1i} *disponieren.* Hierbei muss er allerdings den prior festgelegten Summenwert für das betrachtete Teilsortiment einhalten:

$$\sum_{i=1}^{m} x_{1i} = m \cdot x_0 \qquad\qquad \text{Gl. 225}$$

Die beschriebene Formalstruktur liefert einerseits ein grobes Abbild der Entscheidungssituation, die bei *variantenflexiblen Reaktivkapazitäten ohne Mengenflexibilität* auftritt (S. 10). Andererseits kann die Situation aber auch als *einfaches Modell der Individualisierungsflexibilität eines generischen Produktes* interpretiert werden (S. 11 ff.).

- *variantenflexible Reaktivkapazitäten ohne Mengenflexibilität*

  Im Rahmen von Flexibility Contracts oder Pay-to-delay Capacity Reservations (vgl. S. 84) sind durchaus Vereinbarungen zwischen einem „Einkäufer" und einem

„Produzenten" vorstellbar, die zu einem „frühen" Zeitpunkt t_0 die Produktions-bzw. Abnahmeverpflichtung für eine bestimmte Gesamtmenge X_0 zu einem Stückpreis c festlegen. Der „Einkäufer" hat dann allerdings bis zu einem „späte-ren" Zeitpunkt t_1 das Recht, im Rahmen der Gesamtmenge X_0 die Einzelartikel-mengen x_{1i} zu bestimmen.

• *Individualisierungsflexibilität eines generischen Produktes*

Wir nehmen an, dass ein bestimmtes Modeprodukt in zahlreichen Varianten ange-boten wird, z.B. in unterschiedlichen Farben, mit zahlreichen modischen Abde-ckungen oder Verpackungen oder unter verschiedenen Markennamen. Das Pro-duktdesign und der Produktionsprozess wurden so gestaltet, dass der größte Teil der erforderlichen Produktionsstufen durchgeführt werden kann, ohne das Produkt hinsichtlich der differenzierenden Variantenattribute zu spezifizieren (vgl. S. 12 ff.). Es sei weiterhin angenommen, dass das unspezifizierte *generische Produkt*

- den größten Teil der Fertigungszeit und Wertschöpfung (und damit den größ-ten Teil der Produktionskosten) beansprucht und

- dass es bei Bedarf in kurzer Zeit mit Hilfe einfacher Ergänzungsprozesse (z.B. durch Montage-, Färbe- oder Verpackungsprozesse) zu verkaufsfähigen Arti-kelvarianten i „individualisiert" werden kann.

Im Modellszenario werden diese Eigenschaften des generischen Produktes stark vereinfacht wie folgt abgebildet:

- Die Gesamtmenge X_0 des generischen Produktes muss wegen der langen Pro-duktionszeiten bereits zum Priorzeitpunkt t_0 festgelegt werden.

- In grober Näherung kann man auch unterstellen, dass sich die gesamten Stück-kosten c eines Artikels i auf die Produktion des generischen Produktes kon-zentrieren, weil im Vergleich dazu die individualisierenden Ergänzungsprozes-se „fast nichts" kosten.

- Die kurze Zeitdauer und der geringe Kapazitätsverbrauch der Individualisie-rungsprozesse ermöglicht ein deutliches „Postponement" der Entscheidung über die Einzelartikelmengen x_{1i}. Die Nähe des Posterior-Zeitpunktes t_1 zum Beginn der Verkaufssaison kann erheblich zur Verbesserung der Nachfrage-prognose beitragen (kleiner α-Wert).

- Zum Posterior-Zeitpunkt t_1 ist der Disponent in seiner Entscheidungsfreiheit allerdings eingeschränkt: Er kann nur jene generischen Produktmengen X_0 in Einzelartikelmengen x_{1i} umwandeln, die bereits produziert vorliegen. Formal ist er also durch die Restriktion Gl. 225 an seine Priorentscheidung gebunden.

(1) *Modellierung und Optimierung der Posterior-Entscheidung*

Zum Posteriorzeitpunkt t_1 sind neben den Priordaten der m Artikel (μ_0, σ_0, α, p, c und $p_ü$) auch die verbesserten Prognosewerte μ_{1i} (i = 1, ..., m) und die vorhandene oder vereinbarte Gesamtproduktionsmenge $X_0 = m \cdot x_0$ bekannt.

Da mit der Prior-Festlegung der Gesamtmenge X_0 auch über die Produktionskosten mcx_0 entschieden wurde, sind sie *aus Posteriorsicht versunkene Kosten (sunk costs)*, d.h. sie sind für die Posterior-Entscheidung über die Einzelartikelmengen x_{1i} irrelevant. Für die Gewinnerwartungsfunktionen E_i (G_{1i}|posterior) der Einzelartikel i gelten somit folgende Modelldaten:

- Nachfragerwartung = μ_{1i} [ME]
- Standardprognosefehler = $\alpha\sigma_0$ [ME]
- spez. Produktionskosten c = 0
- spez. Unterdeckungskosten (Stückdeckungsbeitr.) c_u = p – 0 = p [GE/ME]
- spez. Überdeckungskosten $c_ü$ = 0 – $p_ü$ = - $p_ü$ [GE/ME]

Ermittelt man mit diesen Daten die Gewinnerwartungsfunktion des Artikels i (gem. Gl. 2, S. 18 und Gl. 7, 8, 9, S. 20) dann erhält man folgenden Ausdruck:

$$E_i\left(G_{1i}|\text{posterior}\right) = E\left(G_{rf}\right) - \left[c_u \, E(U) + c_ü \, E(Ü)\right] =$$

$$= p \cdot \mu_{1i} - p\alpha\sigma_0 \cdot \Psi\left(\frac{x_{1i} - \mu_{1i}}{\alpha\sigma_0}\right) + p_ü\left(x_{1i} - \mu_{1i} + \alpha\sigma_0 \, \Psi\left(\frac{x_{1i} - \mu_{1i}}{\alpha\sigma_0}\right)\right)$$

$$= \left(p - p_ü\right) \cdot \left[\mu_{1i} - \alpha\sigma_0 \cdot \Psi\left(\frac{x_{1i} - \mu_{1i}}{\alpha\sigma_0}\right)\right] + p_ü x_{1i} \qquad \text{Gl. 226}$$

Bemerkenswert ist an dieser Gewinnerwartungsfunktion vor allem der letzte Term $p_ü x_{1i}$: Wegen c = 0 werden die Überdeckungskosten mit wachsenden Artikelmengen x_{1i} zu „Überdeckungsgewinnen", d.h. die Gewinnerwartungen steigen mit den Produktionsmengen x_{1i} monoton an. Diese unrealistisch erscheinende Funktionsei-

134

genschaft erhält jedoch sofort eine sinnvolle Interpretation, wenn man bedenkt, dass die x_{1i}-Einzelmengen durch die vorhandene (nicht kostenfreie) Gesamtmenge $m \cdot x_0$ eng begrenzt sind (Gl. 225, S. 131). Betrachtet man in diesem Sinn das Gesamtsortiment, dann lautet die Optimierungsaufgabe zum Posteriorzeitpunkt t_1:

$$\underset{x_{1i}}{\text{Max}} \; \sum_i E_i \, (G_{1i} \, | \text{posterior}) \qquad \text{Gl. 227}$$

unter der Bedingung von Gl. 225

Die. Gln. 227 und 225 lassen sich in einer Lagrangefunktion L mit dem Lagrangemultiplikator λ zusammenfassen. Damit erhält das Posterior-Optimierungsproblem folgende Form:

$$\underset{x_{1i}, \lambda}{\text{Max}} \; L(x_{1i}, \lambda) = \sum_i E_i \, (G_{1i} \, | \text{posterior}) - \lambda \left(\sum_i x_{1i} - m x_0 \right) \qquad \text{Gl. 228}$$

Durch partielle Differentiation leitet man hieraus folgende Bedingungsgleichung für *die gesuchten optimalen Artikelmengen* x_{1i}^{*} her:

$$\frac{\partial L}{\partial x_{1i}} = (p - p_{\ddot{u}}) \cdot \Phi \left(- \frac{x_{1i} - \mu_{1i}}{\alpha \sigma_0} \right) + p_{\ddot{u}} - \lambda = 0 \qquad \text{Gl. 229}$$

Aus Gl. 229 folgt für die optimalen Produktionsmengen x_{1i}^{*} zunächst die Beziehung:

$$x_{1i}^{*} = \mu_{1i} - \alpha \cdot \sigma_0 \, \Phi^{-1} \left(\frac{\lambda - p_{\ddot{u}}}{p - p_{\ddot{u}}} \right) \qquad \text{Gl. 230}$$

und hieraus mit Hilfe der Summenbedingung Gl. 225 (S. 131) die einfache Lösung:

$$x_{1i}^{*} = \mu_{1i} + x_0 - \bar{\mu}_1 \qquad \text{für } i = 1, ..., m \qquad \text{Gl. 231}$$

mit dem Mittelwert der Posterior-Prognosewerte:

$$\overline{\mu}_1 = \frac{1}{m} \sum_{i=1}^{m} \mu_{1i} \qquad\qquad \text{Gl. 232}$$

Setzt man diese Optimallösung in die ursprüngliche Zielfunktion (Gl. 227) ein, dann ergibt sich der *maximale Sortimentsgewinn* $\sum_i E_i (G_{1i}^{*} | \text{posterior})$ als Funktion der prior disponierten Menge x_0, der Artikelzahl m und des Posterior-Nachfragemittelwertes $\overline{\mu}_1$. Eine Division durch m zeigt den *maximalen Durchschnittsgewinn pro Artikel*:

$$E_m \left(G_{1i}^{*} | \text{posterior} \right) = \frac{1}{m} \sum_i E_i \left(G_{1i}^{*} | \text{posterior} \right) \qquad\qquad \text{Gl. 233}$$

Nach kurzer Rechnung folgt für $E_m \left(G_{1i}^{*} | \text{posterior} \right)$ das Ergebnis:

$$E_m \left(G_{1i}^{*} | \text{posterior} \right) =$$

$$= (p - p_{\ddot{u}}) \left[\overline{\mu}_1 - \alpha \sigma_0 \cdot \Psi \left(\frac{x_0 - \overline{\mu}_1}{\alpha \sigma_0} \right) \right] + p_{\ddot{u}} x_0 \qquad\qquad \text{Gl. 234}$$

Bei einem Vergleich dieses Ergebnisses mit der nicht-optimierten Gewinnerwartung (Gl. 226) erkennt man folgende Struktur: Wenn in der Posterior-Situation (bei gegebenen Prognosewerten μ_{1i} und Priormengen x_0) die optimalen Artikelmengen x_{1i}^{*} (gem. Gl. 231) disponiert werden, dann resultiert als *maximaler Durchschnittsgewinn pro Artikel* ein Wert, der sich mit Hilfe der ursprünglichen Gewinnfunktion (Gl. 226) dadurch berechnen lässt, dass man als Prognosemenge den Mittelwert $\overline{\mu}_1$ und als Artikelmenge die mittlere Priormenge x_0 verwendet.

(2) *Modellierung und Optimierung der Prior-Entscheidung*

Im Vergleich zur Posterior-Situation sind folgende Veränderungen zu beachten:

- *Entscheidungsvariable:* die Gesamtproduktionsmenge $X_0 = m x_0$ oder vereinfacht: die Durchschnitts-Priormenge x_0 pro Artikel
- *Entscheidungskriterium:* die Prior-Gewinnerwartung $\sum_i E_i (G_{1i} | \text{prior})$ oder vereinfacht: die durchschnittliche Prior-Gewinnerwartung $E_m (G_{1i} | \text{prior})$ pro Artikel

- *Produktionskosten:* aus Posteriorsicht *sunk costs*, jetzt aber *entscheidungsabhängig*

- *Verbesserte Prognosewerte* μ_{1i}: aus Posteriorsicht gegebene Größen, aus Priorsicht aber Zufallsvariable

Unser Ziel muss es zunächst sein, die *durchschnittliche Prior-Gewinnerwartung* $E_m(G_{1i}|prior)$ als Funktion der Entscheidungsvariablen x_0 und der Prior-Daten darzustellen. Da wir im Regelfall optimale Posterior-Dispositionen unterstellen, bildet der *optimale Posterior-Gewinn* (gem. Gl. 234) den Ausgangspunkt. Um die optimale Posterior-Gewinnfunktion in einen Prior-Erwartungswert zu transformieren sind zwei Operationen erforderlich:

- Berücksichtigung der Produktionskosten, d.h. Einfügung eines Kostenterms $K_p = -c \cdot x_0$ und

- Ermittlung der Prior-Erwartungswerte $E(\bar{\mu}_1)$ und $E\left(\Psi\left(\dfrac{x_0 - \bar{\mu}_1}{\alpha \sigma_0}\right)\right)$

Bei Ermittlung der Prior-Erwartungswerte stellen wir zunächst fest:

- Die μ_{1i}-Werte sind normalverteilt mit dem Erwartungswert μ_0 und der Standardabweichung $\sqrt{1-\alpha^2}\,\sigma_0$ (vgl. S. 16).

- Die μ_{1i}-Realisationen unterschiedlicher Artikel sind (gemäß Voraussetzung) stochastisch voneinander unabhängig.

Hieraus folgt unmittelbar:

- Der Mittelwert $\bar{\mu}_1$ (gem. Gl. 232) ist normalverteilt mit

$$E(\bar{\mu}_1) = \mu_0 \qquad\qquad \text{Gl. 235}$$

$$Var(\bar{\mu}_1) = \frac{1-\alpha^2}{m}\,\sigma_0^2 \qquad\qquad \text{Gl. 236}$$

- Der *Argumentwert* $z = \dfrac{x_0 - \bar{\mu}_1}{\alpha \sigma_0}$ der Ψ-Funktion ist ebenfalls normalverteilt

mit

$$E(z) = \mu_z = \frac{x_0 - \mu_0}{\alpha \sigma_0} \qquad\qquad \text{Gl. 237}$$

$$\text{Var}(z) = \sigma_z^2 = \frac{1 - \alpha^2}{\alpha^2 m}$$

Gl. 238

Mit Hilfe der Verteilungsdichte f(z) und unter Einsatz von Gl. B 7 (in Anhang B) kann der Erwartungswert $E\big(\Psi(z)\big)$ wie folgt berechnet werden:

$$E\big(\Psi(z)\big) = \int_{-\infty}^{\infty} \Psi(z) \cdot f(z)\,dz = \int_{-\infty}^{+\infty} \Psi(\mu_z + \sigma_z u)\varphi(u)\,du =$$

$$= \sqrt{1 + \sigma_z^2} \cdot \Psi\left(\frac{\mu_z}{\sqrt{1 + \sigma_z^2}}\right)$$

Gl. 239

Eine Substitution der Gln. 237 und 238 bringt schließlich als Ergebnis:

$$E\left(\Psi\left(\frac{x_0 - \bar{\mu}_1}{\alpha \sigma_0}\right)\right) =$$

$$= \sqrt{1 + \frac{1}{m\alpha^2} - \frac{1}{m}} \cdot \Psi\left(\frac{x_0 - \mu_0}{\alpha \sigma_0 \sqrt{1 + \frac{1}{m\alpha^2} - \frac{1}{m}}}\right)$$

Gl. 240

Fassen wir die Gln. 234, 235 und 240 und den Kostenterm K_p zusammen, erhalten wir für die durchschnittliche Prior-Gewinnerwartung den Ausdruck:

$$E_m\left(G_{1i}\middle|\text{prior}\right) =$$

$$= (p - p_{\ddot{u}}) \cdot \left[E(\bar{\mu}_1) - \alpha \sigma_0 \cdot E\left(\Psi\left(\frac{x_0 - \bar{\mu}_1}{\alpha \sigma_0}\right)\right)\right] - (c - p_{\ddot{u}})x_0 =$$

Gl. 241

$$= (p - p_{\ddot{u}}) \cdot \left[\mu_0 - \alpha \sigma_0 \cdot \sqrt{1 + \frac{1}{m\alpha^2} - \frac{1}{m}} \cdot \Psi\left(\frac{x_0 - \mu_0}{\alpha \sigma_0 \sqrt{1 + \frac{1}{m\alpha^2} - \frac{1}{m}}}\right)\right] - (c - p_{\ddot{u}})x_0$$

Welche *Prior-Produktionsmenge* x_0^* führt zur maximalen Gewinnerwartung? Die Optimierungsbedingung

$$\frac{d\,E_m\left(G_{1i}\middle|\text{prior}\right)}{d\,x_0} = 0$$

Gl. 242

liefert die Antwort. Nach kurzer Rechnung zeigt sich folgende *Optimallösung*:

$$x_0^\bullet = \mu_0 + \sqrt{\alpha^2\left(1 - \frac{1}{m}\right) + \frac{1}{m}} \cdot \sigma_0 \cdot \Phi^{-1}\left(\omega_0^\bullet\right) \qquad\qquad \text{Gl. 243}$$

Setzt man diese Optimallösung in die Zielfunktion (Gl. 241) ein, erhält man das einfache Ergebnis:

$$E_m\left(G_{1i}^\bullet \middle| \text{prior}; x_0 = x_0^\bullet\right) =$$

$$= c_u \cdot \mu_0 - \sqrt{\alpha^2\left(1 - \frac{1}{m}\right) + \frac{1}{m}} \cdot \sigma_0 (c_u + c_{\ddot{u}}) \cdot \varphi\left(\Phi^{-1}\left(\omega_0^\bullet\right)\right) = \qquad \text{Gl. 244}$$

$$= p_s \mu_0 \cdot \left[\omega_0^\bullet - \sqrt{\alpha^2\left(1 - \frac{1}{m}\right) + \frac{1}{m}} \cdot v_0 \cdot \varphi\left(\Phi^{-1}\left(\omega_0^\bullet\right)\right)\right]$$

4.2.2 Optimaldisposition und Riskpooling-Vorteile in Abhängigkeit von der Prognoseverbesserung und vom Sortimentsumfang

Um einen direkten Vergleich der *vorliegenden Riskpooling-Postponement-Strategie* mit einer einfachen *Optimalstrategie ohne Riskpooling und ohne Postponement* zu ermöglichen erscheint eine zusammengefasste Wiederholungsdarstellung zweckmäßig: Als optimale Prior-Produktionsmenge $x_0^\bullet$ einer *Einzelartikel-Disposition* empfiehlt des Newsvendor-Modell den Wert (Gl. 4 und 5, S. 19):

$$x_0^\bullet = \mu_0 + \sigma_0 \cdot \Phi^{-1}\left(\omega_0^\bullet\right) \qquad\qquad \text{Gl. 245}$$

Disponiert man diese Priormenge, dann erreicht die *Gewinnerwartung ohne Postponement-Option* folgenden Bestwert (Gl. 16, S. 24):

$$E\left(G_0^\bullet\right) = c_u \mu_0 - \sigma_0 (c_u + c_{\ddot{u}}) \, \varphi\left(\Phi^{-1}\left(\omega_0^\bullet\right)\right) =$$

$$= p_s \mu_0 \left[\omega_0^\bullet - v_0 \, \varphi\left(\Phi^{-1}\left(\omega_0^\bullet\right)\right)\right] \qquad\qquad \text{Gl. 246}$$

Im Vergleich zu dieser reinen Prior-Strategie erhalten wir die *maximale Postponementverbesserung* bei gegebenem α-Wert, wenn wir als „Idealfall" unterstellen, es stünden *ohne Produktionsmehrkosten* genügend Reaktivkapazitäten für ein *Total-postponement* des betrachteten Artikels zur Verfügung (S. 26 ff.) Prior wird in diesem Fall nichts produziert $(x_0^* = 0)$. Der Prior-Erwartungswert der Posterior-Produktions-menge x_1 beträgt (Gl. 25, S. 29):

$$E(x_1) = \mu_0 + \alpha\sigma_0 \cdot \Phi^{-1}(\omega_0^*)$$

Gl. 247

und die (gegenüber $E(G_0^*)$) angestiegene „ideale" Postponement-Gewinnerwartung zeigt folgenden Wert (Gl. 26, S. 29):

$$E(G_1^*|\text{ideal}) =$$
$$c_u\mu_0 - \alpha\sigma_0(c_u + c_u)\,\varphi\big(\Phi^{-1}(\omega_0^*)\big) =$$
$$= p_s\mu_0 \left[\omega_0^* - \alpha v_0 \cdot \varphi\big(\Phi^{-1}(\omega_0^*)\big)\right]$$

Gl. 248

Das *maximale Postponement-Verbesserungspotenzial eines Modeartikels* bei gegebe-nem α-Wert wurde mit Hilfe von Gl. 246 und 248 wie folgt definiert (Gl. 27, S. 29):

$$\Delta G_{max}^* = E\big(G_1^*|\text{ideal}\big) - E\big(G_0^*\big) = (1-\alpha)\,p_s\,\sigma_0\,\varphi\big(\Phi^{-1}(\omega_0^*)\big)$$

Gl. 249

Gehen wir von der *Einzelartikel-Optimierung* ohne Postponement-Option *zur optima-len Sortiments-Disposition* mit individualisierungs-flexiblen Produkten oder mit vari-anten-flexiblen Reaktivkapazitäten über, dann zeigt ein Vergleich der Gln. 243 und 244 mit den Gln. 245 und 246, dass sich die Verbesserungen formal in einem *Riskpoo-ling-Postponement-Faktor* f_{RP} zusammenfassen lassen:

$$f_{RP} = \sqrt{\alpha^2\left(1 - \frac{1}{m}\right) + \frac{1}{m}} = \sqrt{(1-\alpha')^2\left(1 - \frac{1}{m}\right) + \frac{1}{m}}$$

Gl. 250

mit $\quad 0 \le f_{RP} \le 1$

Wie man an der Riskpooling-Gewinnfunktion Gl. 244 erkennt, wirkt der Faktor f_{RP} gewinnsteigernd, und zwar als *Schrumpfungsfaktor der Absatzrisikokosten*, die den negativen Term von Gl. 244 bilden:

Wenn das „Sortiment" nur aus *einem* Artikel besteht (m = 1) *verschwindet der Risk-pooling-Effekt*. Konsequenterweise hat in diesem *Worst Case* der Kostenschrumpfungsfaktor f_{RP} den Wert 1. Dies bedeutet: Die Risikokosten vermindern sich nicht; die Riskpooling-Gewinnfunktion (Gl. 244) ist identisch mit der *Gewinnerwartung ohne Postponement-Option* (Gl. 246).

Mit *steigendem Sortimentsumfang* m steigen c.p. auch die Riskpooling-Ersparnisse, d.h. die f_{RP}-Werte und die Absatzrisikokosten sinken (vgl. Tab. 4), die Gewinne nehmen entsprechend zu. Bereits bei mäßigen Artikelzahlen m (vgl. Tab. 4 für m = 16) nähern sich allerdings die f_{RP}-Werte (und damit die Kosten) ihren *unteren Grenzwerten* α (Wert des Prognoseverbesserungsfaktors). Beim Grenzwert α geht die Riskpooling-Gewinnfunktion (Gl. 244) in die „ideale" Postponement-Gewinnerwartung (Gl. 248) über.

$\alpha' = 1 - \alpha$	0	25 %	50 %	75 %	100 %
m = 1	1,00	1,00	1,00	1,00	1,00
m = 2	1,00	0,88	0,79	0,73	0,71
m = 4	1,00	0,82	0,66	0,54	0,50
m = 8	1,00	0,79	0,59	0,42	0,35
m = 16	1,00	0,77	0,54	0,35	0,25
m = ∞	1,00	0,75	0,50	0,25	0,00

Tab. 4: Der Riskpooling-Postponementfaktor f_{RP} in Abhängigkeit vom Sortimentsumfang m und von der Prognoseverbesserung $\alpha' = 1 - \alpha$

Auch die Abhängigkeit der Risikokosten von der *Prognoseverbesserung* $\alpha' = 1 - \alpha$ wird aus den f_{RP}-Werten von Tab. 4 deutlich: *Ohne Prognoseverbesserung* ($\alpha' = 0$) können die Risikokosten nicht gesenkt werden ($f_{RP} = 1$). Mit steigender Prognoseverbesserung α' *nehmen auch die Postponement-Ersparnisse zu* (monoton sinkende f_{RP}-Werte). Die bedeutendste Auswirkung des α-Wertes wurde aber bereits angesprochen: Er bestimmt *die untere Risikokosten-Schranke*, die allein durch Steigerung des Sortimentumfanges m (= Steigerung des Riskpooling-Effektes) nicht unterschritten werden kann. Im theoretischen Extremfall einer „sicheren" Posteriorprognose (Prognoseverbesserung $\alpha' = 100$ %) vereinfacht sich der Kostenschrumpfungsfaktor zum „Wurzelfaktor": $f_{RP} = 1/\sqrt{m}$. Kommt noch ein „großer" Sortimentsumfang ($m = \infty$) hinzu, dann *verschwinden die Absatzrisikokosten zur Gänze* ($f_{RP} = 0$).

Wie man an Gl. 243 erkennt, entfaltet der Faktor f_{RP} nicht nur Kosten- und Gewinn-wirkungen, sondern auch *Dispositionswirkungen*: Die optimalen Chancenzuschläge (Risikoabschläge) zum (vom) prognostizierten Nachfrageerwartungswert μ_0 *schrump-fen fallabhängig im Ausmaß des f_{RP}-Wertes*. Bei einem Sortimentsumfang $m = 16$ und einer erwarteten Prognoseverbesserung von 75 % sinken z.B. die dispositiven Zu-schlagsmengen auf etwa ein Drittel ihres Wertes ohne Postponement und Riskpooling (vgl. die Gln. 243, 245 und Tab. 4). Als Fazit lässt sich konstatieren: Sind bei einer Sortimentsdisposition nennenswerte Prognoseverbesserungs- und Riskpooling-Effekte wirksam, dann *nähern sich die optimalen den suboptimalen Dispositionsmengen* (vgl. S. 26).

Das *durchschnittliche Verbesserungspotenzial pro Artikel* $\Delta G^{\bullet}$(Riskpooling) [GE] der Riskpooling-Gewinnfunktion ergibt sich als Differenz von Gl. 244 und 246:

$$\Delta G^{\bullet}(\text{Riskpooling}) = E_m\left(G_{1i}^{\bullet}\middle|\text{prior}\right) - E\left(G_0^{\bullet}\right) =$$

$$= \left(1 - \sqrt{\alpha^2\left(1 - \frac{1}{m}\right) + \frac{1}{m}}\right) p_s \sigma_0 \varphi\left(\Phi^{-1}\left(\omega_0^{\bullet}\right)\right) \qquad \text{Gl. 251}$$

Man erkennt, dass die *Riskpooling-Verbesserungen* proportional zum Komplement-wert $1 - f_{RP}$ des Riskpooling-Postponementfaktors f_{RP} steigen (vgl. Gl. 250 und Tab. 4). Im übrigen gelten die strukturellen Abhängigkeiten, die bereits beim *maximalen Verbesserungspotenzial* $\Delta G_{max}^{\bullet}$ identifiziert wurden (vgl. Gl. 249 und S. 29).

Fragen wir danach, in welchem Ausmaß die Verbesserung $\Delta G^{\bullet}$(Riskpooling) *das ma-ximale Postponement-Potenzial* $\Delta G_{max}^{\bullet}$ *ausschöpft*, dann zeigt sich, dass der *Aus-schöpfungsgrad* (wie f_{RP}) nur vom Sortimentsumfang m und von Prognosefaktor α abhängt:

$$\frac{\Delta G^{\bullet}(\text{Riskpooling})}{\Delta G_{max}^{\bullet}} = \frac{1 - \sqrt{\alpha^2\left(1 - \frac{1}{m}\right) + \frac{1}{m}}}{1 - \alpha} \qquad \text{Gl. 252}$$

Aus den Werten von Tab. 5 geht hervor, dass im Riskpooling-Modell der Ausschöpfungsgrad des Postponement-Potenzials vor allem *vom Sortimentsumfang* m bestimmt wird. Bei geringen Prognoseverbesserungen $\alpha' = 1-\alpha$ nähert sich der Ausschöpfungsgrad bereits bei relativ kleinen Artikelzahlen m dem Sättigungswert 100 %, bei hohen Verbesserungswerten α' ist hierzu ein deutlich größerer Sortimentsumfang erforderlich.

$\alpha' = 1-\alpha$	25 %	50 %	75 %	100 %
m = 1	0	0	0	0
m = 2	46	42	36	29
m = 4	72	68	61	50
m = 8	86	83	77	65
m = 16	93	91	87	75
m = ∞	100	100	100	100

Tab. 5: Der Ausschöpfungsgrad des max. Postponement-Potenzials in Prozent (Gl. 252) in Abhängigkeit vom Sortimentsumfang m und von der Prognoseverbesserung $\alpha' = 1-\alpha$

Beispiel 8

μ_0 = 2400 ME σ_0 = 1200 ME

p = 70 GE/ME $p_{\ddot{u}}$ = 25 GE/ME

c = 40 GE/ME α = 50 %

m = 10 Artikel

Derivative Parameterwerte

p_s = 45 GE/ME c_u = 30 GE/ME $c_{\ddot{u}}$ = 15 GE/ME

ω_0^{*} = 67 % z_0^{*} = $\Phi^{-1}\left(\omega_0^{*}\right) = 0,4307$ $\varphi\left(z_0^{*}\right)$ = 0,3636

Optimaldisposition eines Artikels ohne Postponement-Option

$$x_0^* = \mu_0 + \sigma_0 \cdot \Phi^{-1}\left(\omega_0^*\right) = 2400 + 517 = 2917 \text{ ME}$$

$$E\left(G_0^*\right) = c_u\mu_0 - \sigma_0\left(c_u + c_\ddot{u}\right) \cdot \varphi\left(\Phi^{-1}\left(\omega_0^*\right)\right) = 72000 - 19634 = 52366 \text{ GE}$$

Optimaldisposition eines Durchschnittsartikels in einem flexibel individualisierbaren Sortiment von 10 Artikeln:

$$f_{RP} = \sqrt{\alpha^2\left(1 - \frac{1}{m}\right) + \frac{1}{m}} = 0,57$$

Da der f_{RP}-Faktor im vorliegenden Beispiel einen Wert von 0,57 hat, reduzieren sich im Vergleich zur Optimaldisposition ohne Postponement-Option sowohl der dispositive Mengenzuschlag (bisher 517 ME) als auch die Absatzrisikokosten (bisher 19634 GE) auf 57 % ihres ursprünglichen Wertes. Damit ergibt sich:

$$x_0^* = \mu_0 + f_{RP} \cdot \sigma_0 \cdot \Phi^{-1}\left(\omega_0^*\right) =$$
$$= 2400 + 0,57 \cdot 517 = 2695 \text{ ME}$$

$$E_m\left(G_{1i}^*\big|m=10\right) =$$
$$= c_u \cdot \mu_0 - f_{RP} \cdot \sigma_0 \cdot \left(c_u + c_\ddot{u}\right) \cdot \varphi\left(\Phi^{-1}\left(\omega_0^*\right)\right) =$$
$$= 72000 - 0,57 \cdot 19634 = 60809 \text{ GE}$$

$$\Delta G^*(\text{Riskpooling}) = 60809 - 52366 = 8443 \text{ GE} / \text{Artikel}$$

$$\text{rel. Gewinnsteigerung} = \frac{\Delta G^*(\text{Riskp.})}{E\left(G_0^*\right)} = \frac{8443}{52366} = 16 \%$$

Das maximale Postponement-Verbesserungspotenzial beträgt:

$$\Delta G_{max}^* = \left(1 - \alpha\right) \cdot p_s \cdot \sigma_0 \cdot \varphi\left(\Phi^{-1}\left(\omega_0^*\right)\right) =$$
$$= 0,50 \cdot 45 \cdot 1200 \cdot 0,3636 = 9817 \text{ GE}$$

Mit einem Sortiment von 10 Artikeln wird dieses Verbesserungspotenzial zu

$$\frac{\Delta G^*(\text{Riskp.})}{\Delta G_{max}^*} = \frac{8443 \text{ GE}}{9817 \text{ GE}} = 86 \%$$

ausgeschöpft. Dasselbe Ergebnis ließe sich auf einfache Weise auch mit Hilfe von Gl. 252 ermitteln:

$$\frac{\Delta G^{\bullet}(\text{Riskp.})}{\Delta G^{\bullet}_{max}} = \frac{1 - f_{RP}}{1 - \alpha} = \frac{0,43}{0,50} = 86\%$$

Würde der Sortimentsumfang c.p. von 10 auf 20 Artikel steigen, hätte man die Ausschöpfungsgrenze von 100 % nahezu erreicht:

$$f_{RP} (m = 20; \quad \alpha = 0,50) = 0,536$$

$$\frac{\Delta G^{\bullet}(\text{Riskp.})}{\Delta G^{\bullet}_{max}} = \frac{1 - f_{RP}}{1 - \alpha} = 93\%$$

4.3 Riskpooling-Verbesserungen durch Einsatz variantenflexibler Reaktivkapazitäten im Kapazitätsoptionsmodell

4.3.1 Erweiterung des Kapazitätsoptionsmodells zur Erfassung von Sortimentspostponement-Entscheidungen

(1) *Entscheidungsszenario*

Um *Riskpooling-Effekte im Kapazitätsoptionsmodell* zu quantifizieren, muss das idealtypische Riskpooling-Szenario von Abschn. 4.2 (S. 130 f.) der Modellstruktur mit begrenzter Mengenflexibilität angepasst werden (S. 86 ff.). Wir beginnen mit einer Anpassung der *Entscheidungssituation* und unterstellen folgende Struktur:

- *ein Teilsortiment von m produktionstechnisch verwandten Modeartikeln i*
  Da wir nur die durchschnittlichen Riskpooling-Effekte pro Artikel abschätzen wollen, nehmen wir (wie in Abschn. 4.2) stark vereinfacht an, die m Artikel würden aus Priorsicht näherungsweise dieselben Dispositionsdaten μ_0, σ_0, α, p, c, p_0 aufweisen (S. 130).

- *stochastisch unabhängige Nachfrageverteilungen (vgl. S. 131)*
  Unbeschadet ihrer Übereinstimmung zum *Priorzeitpunkt* t_0 unterscheiden sich die verbesserten Nachfrageprognosewerte μ_{1i} (i = 1, ..., m) zum *Posteriorzeitpunkt* t_1 von Artikel zu Artikel, weil sie modelltechnisch als (i.d.R. unter-

schiedliche) Stichprobenwerte aus einer Normalverteilung (mit $E(\mu_{1i}) = \mu_0$ und $Var (\mu_{1i}) = (1 - \alpha^2) \sigma_0^2$) gezogen werden (vgl. S. 17).

- *Produktionssysteme: flexibel wählbarer Produktmix im Rahmen begrenzt flexibler Sortimentsgesamtmengen*

  Um das bisherige Ein-Artikel-Kapazitätsoptionsmodell zum Sortiments-Postponement-Modell zu erweitern, verallgemeinern wir die Artikel-Dispositionsmengen x_0 und R_0 zum Priorzeitpunkt zu *Sortimentsgesamtmengen* mx_0 und mR_0. Die genaue Festlegung des *Produktmixes* bleibt dann (bei besserem Informationsstand) der Posterior-Entscheidung überlassen. Zusammenfassend lassen sich die Prior- und die Posterior-Entscheidungssituationen wie folgt beschreiben (vgl. S. 86):

  - *Zum Priorzeitpunkt* t_0 vereinbart der „Einkäufer" mit dem „Produzenten" für das betrachtete Teilsortiment mit m Artikeln eine beiderseits *verpflichtende minimale Abnahmemenge* $X_0 = mx_0$ [ME] zum Preis c [GE/ME] (vgl. S. 84 und S. 118). Ferner reserviert er für mR_0 [ME] Reaktivkapazitäten, über die er zum Posteriorzeitpunkt t_1 frei verfügen kann. Als Ausgleich für das Nicht-Beschäftigungsrisiko bezahlt der „Einkäufer" dem „Produzenten" Priorgebühren (upfront fees) in Höhe von $c_R m R_0$ [GE]. Weiterhin wird vereinbart, dass die Nutzung der Reaktivkapazitäten (über die Normalkosten c hinaus) mit einem Aufpreis Δc [GE/ME] verbunden ist

  - *Zum Posteriorzeitpunkt* t_1 legt der Disponent auf Basis der verbesserten Prognosewerte μ_{1i} (i = 1, ..., m) fest, welche Mengen x_{1i} für jeden Artikel i (i = 1, ..., m) produziert werden sollen (*Produktmix-Entscheidung*). Er muss hierbei allerdings die prior disponierten Unter- und Obergrenzen für die Gesamtmengen einhalten:

$$mx_0 \leq \sum_{i=1}^{m} x_{1i} \leq mx_0 + mR_0 \qquad \text{Gl. 253}$$

Implizit umfasst die Festlegung der Artikelmengen x_{1i} auch die Entscheidung, in welchem Ausmaß die reservierte Kapazität mR_0 genutzt werden soll.

Zur Klarstellung: Nicht nur die reservierte Kapazität mR_0 ist bis zum Posteriorzeitpunkt variantenflexibel nutzbar, sondern auch die vereinbarte

Mindestabnahmemenge mx_0. Wir gehen also von der verallgemeinerten Definition der Priormenge mx_0 aus (S. 118).

(2) *Modellierung und Optimierung der Posteriorentscheidungen*

Zum Posteriorzeitpunkt sind die verbesserten Prognosewerte μ_{1i} ($i = 1, ..., m$) bekannt. Soweit möglich, wird der Produktionsplaner bestrebt sein, für jeden Artikel i die optimale Posteriormenge x_{1i}^{*} zu disponieren (vgl. die Gln. 72 – 75, S. 55):

$$x_{1i}^{*} = \mu_{1i} + \alpha \sigma_0 \, \Phi^{-1}\left(\frac{p-c-\Delta c}{p-p_\ddot{u}}\right) = \mu_{1i} + \alpha \sigma_0 z_1^{*} \qquad \text{Gl. 254}$$

Dies gelingt allerdings nur, wenn die m Zufallswerte μ_{1i} derart ausgeprägt sind, dass die *aggregierte Optimalmenge*

$$\sum_{i=1}^{m} x_{1i}^{*} = \sum_{i=1}^{m} \mu_{1i} + m \alpha \sigma_0 z_1^{*} \qquad \text{Gl. 255}$$

die Doppel-Ungleichung 253 einhält. In Analogie zur Einzelartikel-Betrachtung sind hier drei Fall-Bereiche zu unterscheiden (S. 87 f.):

(a)-Bereich: aktive Mindestabnahme-Restriktion

$$\sum_{i} x_{1i}^{*} \leq m x_0 \qquad \text{Gl. 256}$$

Wie man mit Gl. 255 leicht zeigt, kann die Bereichsdefinition von Gl. 256 mathematisch äquivalent auch mit Hilfe des Mittelwertes

$$\bar{\mu}_1 = \frac{1}{m} \sum_{i=1}^{m} \mu_{1i} \qquad \text{Gl. 257}$$

dargestellt werden:

$$\bar{\mu}_1 \leq \hat{\mu}_{1T} \qquad \text{Gl. 258}$$

Die Bereichsgrenze im vorliegenden m-Artikel-Modell

$$\hat{\mu}_{1T} = x_0 - z_1^{*} \alpha \sigma_0 \qquad \text{Gl. 259}$$

ist hierbei identisch mit der Bereichsgrenze im bisherigen Ein-Artikel-Modell (Gl. 143, S. 87). An die Stelle des Prognosewertes μ_1 (in Gl. 142, S. 87) tritt im m-Artikel-Modell der Mittelwert $\bar{\mu}_1$ der m Prognosewerte.

Wie man aus Gl. 256 erkennt, ist im a-Bereich die Summe der m verbesserten Prognosewerte μ_{1i} „zufällig" so gering, dass die aggregierte Optimalmenge (gem. Gl. 255) *unterhalb der vereinbarten Mindestabnahmemenge* mx_0 liegt. Um die Mindestabnahmemenge zu erreichen, müssen somit die Optimalwerte x_{1i}^* derart „aufgebläht" werden, dass die damit verbundenen *Gewinneinbußen möglichst gering ausfallen.* Wenn wir als Verallgemeinerung der bisherigen Ein-Artikel-Gewinnerwartung (Gl. 144, S. 88) die *Summe der Artikel-Gewinnerwartungen* (ohne Δc- und R_0-Kosten) als Zielfunktion verwenden, lautet der *Optimierungsansatz:*

$$\underset{x_{1i}}{\text{Max}} \sum_{i=1}^{m} \left\{ c_u \mu_{1i} - \alpha \sigma_0 \left[c_{\bar{u}} \frac{x_{1i} - \mu_{1i}}{\alpha \sigma_0} + (c_u + c_{\bar{u}}) \Psi \left(\frac{x_{1i} - \mu_{1i}}{\alpha \sigma_0} \right) \right] \right\} \qquad \text{Gl. 260}$$

$$\text{u.d.B.} \sum_{i=1}^{m} x_{1i} = m x_0 \qquad \text{Gl. 261}$$

Mit Hilfe der Lagrangemethode findet man für den *Fall einer aktiven Mindestabnahme-Restriktion die folgenden Optimalmengen der Posterior-Disposition:*

$$x_{1i}^* = \mu_{1i} + x_0 - \bar{\mu}_1 \qquad \text{Gl. 262}$$

Um den *maximalen Summengewinn* im Fall (a) zu erhalten, substituiert man die modifizierten Optimalmengen x_{1i}^* in die Zielfunktion Gl. 260. Hier zeigt sich nun, dass der maximale Summengewinn unabhängig von den unterschiedlichen Ausprägungen der Stichprobenwerte μ_{1i} *als Funktion der Prognose-Summe* $\sum_i \mu_{1i}$ dargestellt werden kann. Statt des Summengewinns kann man mathematisch äquivalent auch den *maximalen Durchschnittsgewinn pro Artikel* verwenden:

$$E\left(\bar{G}_1^* \text{ posterior} | a - \text{Bereich} \right) = \frac{1}{m} \sum_i E\left(G_{1i}^* \text{ posterior} | a - \text{Bereich} \right) \qquad \text{Gl. 263}$$

und statt der Prognosesumme $\sum_i \mu_{1i}$ den Mittelwert $\bar{\mu}_1$ der aktuellen Prognosewerte μ_{1i} (gem. Gl. 257). Als Ergebnis erhält man:

$$E\left(\bar{G}_1^* \text{ posterior}|a - \text{Bereich}\right) =$$
$$= c_u \bar{\mu}_1 - \alpha\sigma_0 \left[c_{\bar{u}} \frac{x_0 - \bar{\mu}_1}{\alpha\sigma_0} + (c_u + c_{\bar{u}}) \Psi\left(\frac{x_0 - \bar{\mu}_1}{\alpha\sigma_0}\right) \right]$$

Gl. 264

Ein Vergleich der m-Artikel-Gewinnfunktion (Gl. 264) mit der entsprechenden Ein-Artikel-Gewinnfunktion (Gl. 144, S. 88) zeigt das einfache Ergebnis der Erweiterung: Der Prognosewert μ_1 im Ein-Artikel-Modell ist durch den Prognosemittelwert $\bar{\mu}_1$ im m-Artikel-Modell zu ersetzen.

(b)-Bereich: Mindestabnahme-Restriktion und Produktionsobergrenze nicht aktiv

$$m x_0 < \sum_i x_{1i}^* \leq m x_0 + m R_0$$

Gl. 265

Äquivalent zu Gl. 265 können wir auch schreiben (vgl. Gl. 145 und 146, S. 88):

$$\hat{\mu}_{1T} < \bar{\mu}_1 \leq \hat{\mu}_{1H}$$

Gl. 266

mit $\hat{\mu}_{1T}$ aus Gl. 259 und

$$\hat{\mu}_{1H} = x_0 + R_0 - z_1^* \alpha\sigma_0 = \hat{\mu}_{1T} + R_0$$

Gl. 267

Gl. 265 bedeutet, dass im (b)-Bereich die verbesserten Prognosewerte μ_{1i} so „ausgefallen" sind, dass der Produktionsplaner *für alle m Artikel die Optimalmengen* x_{1i}^* (gem. Gl. 254) realisieren kann. Wie im (a)-Bereich erhält man auch hier die optimale Durchschnittsgewinnfunktion, indem man in der entsprechenden Gewinnfunktion des Ein-Artikel-Modells (Gl. 147, S. 88) den Prognosewert μ_1 durch den Mittelwert $\bar{\mu}_1$ ersetzt:

$$E\left(\bar{G}_1^* \text{ posterior}|b - \text{Bereich}\right) =$$
$$= c_u \bar{\mu}_1 - \alpha\sigma_0 \left[c_{\bar{u}} z_1^* + (c_u + c_{\bar{u}}) \Psi\left(z_1^*\right) \right]$$

Gl. 268

(c)-Bereich: Produktionsobergrenze aktiv

$$\sum_i x_{1i}^* > m\,x_0 + m\,R_0 \qquad \text{Gl. 269}$$

Hier gilt äquivalent:

$$\overline{\mu}_1 > \hat{\mu}_{1H} \qquad \text{Gl. 270}$$

mit $\hat{\mu}_{1H}$ aus Gl. 266

Wie im (a)-Bereich können auch im (c)-Bereich die Optimalmengen x_{1i}^* nicht realisiert werden. Die Prognosewerte μ_{1i} sind hier so hoch „ausgefallen", *dass die Produktionsobergrenze* $m x_0 + m R_0$ *überschritten würde*. Erforderlich ist somit eine „Schrumpfung" der Produktionsmengen x_{1i} mit möglichst geringen Gewinneinbußen. Der Optimierungsansatz, um dies zu erreichen, entspricht Gl. 260 mit der Restriktion:

$$\sum_{i=1}^{m} x_{1i} = m x_0 + m R_0 \qquad \text{Gl. 271}$$

Analog zum (a)-Bereich erhält man mit der Lagrangemethode als optimal „geschrumpfte" Produktionsmengen die Werte:

$$x_{1i}^* = \mu_{1i} + x_0 + R_0 - \overline{\mu}_1 \qquad \text{Gl. 272}$$

Bei Verwendung dieser „restringierten" Optimalwerte in der Gewinnfunktion (Gl. 260) bestätigt sich die bisherige Verallgemeinerungs-Regel: Man erhält die Gewinnfunktion des m-Artikel-Modells aus der entsprechenden Gewinnfunktion des Ein-Artikel-Modells (hier: Gl. 149, S. 89), indem man den Prognosewert μ_1 durch den Mittelwert $\overline{\mu}_1$ ersetzt:

$$E\left(\overline{G}_1^* \text{ posterior} \,|\, c - \text{Bereich}\right) =$$

$$= c_u \overline{\mu}_1 - \alpha \sigma_0 \left[c_{\ddot{u}} \frac{x_0 + R_0 - \overline{\mu}_1}{\alpha \sigma_0} + (c_u + c_{\ddot{u}}) \cdot \Psi\left(\frac{x_0 + R_0 - \overline{\mu}_1}{\alpha \sigma_0}\right) \right] \qquad \text{Gl. 273}$$

(d) Δc-*Postponementkosten*

Auch für die Δc-Postponementkosten gilt die Verallgemeinerungsregel: Ersatz der Einzelmengen durch die entsprechenden Mittelwerte. Wir definieren deshalb:

$$\Delta \bar{x}_1 = \frac{1}{m} \sum_{i=1}^{m} \Delta x_{1i} \qquad \text{Gl. 274}$$

$$\bar{x}_1^* = \frac{1}{m} \sum_{i=1}^{m} x_{1i}^* \qquad \text{Gl. 275}$$

Aus der Ein-Artikel-Gleichung 150 (S. 89) resultiert dann folgende Beziehung für das m-Artikel-Modell:

$$\Delta c \cdot \Delta \bar{x}_1 = \begin{cases} 0 & \text{für} & \bar{x}_1^* \leq x_0 & \text{(Bereich a)} \\ \Delta c \cdot \left(\bar{x}_1^* - x_0 \right) & \text{für } x_0 < \bar{x}_1^* \leq x_0 + R_0 & \text{(Bereich b)} \\ \Delta c \cdot R_0 & \text{für} & \bar{x}_1^* > x_0 + R_0 & \text{(Bereich c)} \end{cases} \qquad \text{Gl. 276}$$

(e) *Kosten der Kapazitätsoption* mR_0

Hier gelten die Anmerkungen von S. 89 unverändert. Die Durchschnittskosten pro Artikel betragen offensichtlich:

$$\bar{K}(R_0) = c_R R_0 \qquad \text{Gl. 277}$$

(3) *Bestimmung der Prior-Gewinnerwartung im m-Artikel-Modell*

Maßgebend für die Transformation der Posterior-Erwartungswerte in Prior-Erwartungswerte ist offenbar die Zufallvariable $\bar{\mu}_1$. Da die m stochastisch unabhängigen Stichprobenwerte μ_{1i}, die den Mittelwert $\bar{\mu}_1$ bestimmen, aus einer Normalverteilung $N\left(\mu_0, \sqrt{1 - \alpha^2} \, \sigma_0 \right)$ gezogen werden (vgl. S. 144 f.), gehorcht $\bar{\mu}_1$ ebenfalls einer Normalverteilung mit dem Erwartungswert

$$\mu_{\bar{\mu}_1} = \mu_0 \qquad \text{Gl. 278}$$

und der Standardabweichung

$$\sigma_{\bar{\mu}_1} = \frac{\sqrt{1-\alpha^2}}{\sqrt{m}} \sigma_0 \qquad\qquad \text{Gl. 279}$$

Die Transformationsgleichung zur Ermittlung der *Prior-Gewinnerwartung* $E\left(\bar{G}_1^* \middle| x_0, R_0, m\right)$ erhält man somit einfach dadurch, dass man in den Integralfunktionen des Ein-Artikel-Modelle (Gl. 151, S. 90) die bisherigen Funktionen durch die entsprechenden m-Artikel-Funktionen ersetzt. Insbesondere bedeutet dies: Ersatz der Dichtefunktion $f(\mu_1)$ (Gl. 85, S. 57) durch die Funktion $f(\bar{\mu}_1)$, die in Abhängigkeit von m eine deutlich geringere Varianz aufweist (Gl. 279). Analog ist Gl. 144 durch Gl. 264, Gl. 147 durch Gl. 268, Gl. 149 durch Gl. 273 und schließlich Gl. 150 durch Gl. 276 zu ersetzen.

Im Rahmen der Integralauswertung erscheinen zunächst die bisherigen *normierten Bereichsgrenzen* $\hat{z}_{1T}$ und $\hat{z}_{1H}$ (Gl. 152 und 153, S. 90) mit dem Sortimentsumfang m in verallgemeinerter Form

$$\hat{z}_{1T} = \sqrt{m} \ \frac{x_0 - z_1^* \alpha \sigma_0 - \mu_0}{\sqrt{1-\alpha^2} \sigma_0} \qquad\qquad \text{Gl. 280}$$

$$\hat{z}_{1H} = \sqrt{m} \ \frac{x_0 + R_0 - z_1^* \alpha \sigma_0 - \mu_0}{\sqrt{1-\alpha^2} \sigma_0} \qquad\qquad \text{Gl. 281}$$

Auch die Berechnungsgleichungen für die *durchschnittliche Prior-Gewinnerwartung pro Artikel* $E\left(\bar{G}_1^* \middle| \hat{z}_{1T}, \hat{z}_{1H}\right)$ entsprechen mit Ausnahme des zusätzlichen Parameters m den Gleichungen des Ein-Artikel-Modells (Gl. 154 bis 165):

$$\begin{aligned} E\left(\bar{G}_1^* \middle| \hat{z}_{1T}, \hat{z}_{1H}\right) = c_u \cdot \mu_0 - \\ - \left[E\left(\bar{K}_1 \middle| a-\text{Bereich}\right) + E\left(\bar{K}_1 \middle| b-\text{Bereich}\right) \right. \\ \left. + E\left(\bar{K}_1 \middle| c-\text{Bereich}\right) + \Delta c \cdot E\left(\Delta\bar{x}_1 \middle| \Delta\bar{x}_1 \le R_0\right) + c_R \cdot R_0 \right] \end{aligned} \qquad \text{Gl. 282}$$

mit den *Kostenkomponenten* (a), (b), (c), (d) und (e)

Kostenkomponente (a):

$$E\left(\overline{K}_1 \middle| a - \text{Bereich}\right) = \alpha\sigma_0 \left[c_{\ddot{u}}\left(b \cdot \Phi(\hat{z}_{1T}) - a\phi(\hat{z}_{1T})\right) + \left(c_{\ddot{u}} + c_u\right) \int_{-\infty}^{\hat{z}_{1T}} \Psi(a z_1 + b)\, \phi(z_1)\, dz_1 \right]$$

Gl. 283

mit den Hilfsgrößen (vgl. Gl. 157 und 158, S. 91):

$$a = -\frac{\sqrt{1-\alpha^2}}{\sqrt{m}\,\alpha}$$

Gl. 284

$$b = \frac{x_0 - \mu_0}{\alpha\sigma_0} = \frac{\sqrt{1-\alpha^2}}{\sqrt{m}\,\alpha} \cdot \hat{z}_{1T} + z_1^*$$

Gl. 285

Kostenkomponente (b):

$$E\left(\overline{K}_1 \middle| b - \text{Bereich}\right) =$$
$$= \alpha\sigma_0 \left[c_{\ddot{u}}\, z_1^* + \left(c_{\ddot{u}} + c_u\right) \cdot \Psi\left(z_1^*\right) \right] \cdot \left[\Phi(\hat{z}_{1H}) - \Phi(\hat{z}_{1T}) \right]$$

Gl. 286

Prior-Wahrscheinlichkeit, dass posterior für alle m Artikel die optimalen Dispositionsmengen x_{1i}^* realisiert werden können (vgl. Gl. 160, S. 91):

$$p\left(x_{1i} = x_{1i}^* \text{ für alle } i\right) = \Phi(\hat{z}_{1H}) - \Phi(\hat{z}_{1T})$$

Gl. 287

Kostenkomponente (c):

$$E\left(\overline{K}_1 \middle| c - \text{Bereich}\right) = \alpha\sigma_0 \left[c_{\ddot{u}}\left(b \cdot \Phi(-\hat{z}_{1H}) + a \cdot \phi(\hat{z}_{1H})\right) + \left(c_{\ddot{u}} + c_u\right) \cdot \int_{\hat{z}_{1H}}^{\infty} \Psi(a z_1 + b)\, \phi(z_1)\, dz_1 \right]$$

Gl. 288

mit den Hilfsgrößen (vgl. Gl. 162 und 163, S. 92):

$$a = -\frac{\sqrt{1-\alpha^2}}{\sqrt{m}\,\alpha}$$

Gl. 289

$$b = \frac{x_0 + R_0 - \mu_0}{\alpha\sigma_0} = \frac{\sqrt{1-\alpha^2}}{\sqrt{m}\,\alpha} \cdot \hat{z}_{1H} + z_1^*$$

Gl. 290

Kostenkomponente (d):

Δc-Postponementkosten pro Artikel (vgl. Gl. 164, S. 92):

$$\Delta c \cdot E\left(\Delta \overline{x}_1 \middle| \Delta \overline{x}_1 \leq R_0\right) = \Delta c \cdot \frac{\sqrt{1-\alpha^2}}{\sqrt{m}} \sigma_0 \left[\Psi\left(\hat{z}_{1T}\right) - \Psi\left(\hat{z}_{1H}\right)\right] \qquad \text{Gl. 291}$$

Kostenkomponente (e):

Durchschnittskosten der Kapazitätsoption pro Artikel (vgl. Gl. 165, S. 92):

$$\overline{K}\left(R_0\right) = c_R R_0 = c_R \frac{\sqrt{1-\alpha^2}}{\sqrt{m}} \sigma_0 \left(\hat{z}_{1H} - \hat{z}_{1T}\right) \qquad \text{Gl. 292}$$

(4) Optimale Priorstrategie x_0^*, R_0^* für den Idealfall einer sicheren Posteriorprognose $\alpha = 0$

Beim Ein-Artikel-Modell vereinfacht sich die Gewinnfunktion für den prognostischen Idealfall $\alpha = 0$ so stark, dass eine *analytische Optimierung* möglich wird (S. 100 ff.). Eine entsprechende Analyse bietet sich somit auch für das allgemeinere m-Artikel-Modell an.

In Analogie zu den Gln. 175 – 177 (S. 100) gelten für $\alpha = 0$ folgende Definitionen:

$$x_{1i}^*\left(\alpha=0\right) = \mu_{1i} = r_i \quad \text{(Nachfragewert von Artikel i)} \qquad \text{Gl. 293}$$

Dies bedeutet: Falls die vorhandenen Bestände und Kapazitäten dies erlauben, kann der Produktionsplaner bei „sicherer" Prognose posterior so disponieren, dass weder Über- noch Unterdeckungsmengen entstehen (keine Absatzrisiken).

Als normierte Bereichsgrenzen erhalten wir (vgl. Gl. 280 und 281):

$$\hat{z}_{1T}\left(\alpha=0\right) = \sqrt{m} \, \frac{x_0 - \mu_0}{\sigma_0} \qquad \text{Gl. 294}$$

$$\hat{z}_{1H}\left(\alpha=0\right) = \sqrt{m} \, \frac{x_0 + R_0 - \mu_0}{\sigma_0} \qquad \text{Gl. 295}$$

Die für das Ein-Artikel-Modell S. 101 erläuterte Entwicklungslogik gilt in verallgemeinerter Form auch für das m-Artikel-Modell. Als Ergebnis erhält man folgende Gewinnfunktion:

$$E\left(\overline{G}_1^{\bullet}|\hat{z}_{1T}, \hat{z}_{1H}, m, \alpha = 0\right) = c_{\ddot{u}} \mu_0 -$$

$$- \frac{\sigma_0}{\sqrt{m}} \left\{\left(c_{\ddot{u}} + \Delta c\right) \cdot \Psi\left(\hat{z}_{1T}\right) + \left(c_{\ddot{u}} - c_R\right) \cdot \hat{z}_{1T} + \right.$$

$$\left. + \left(c_u - \Delta c\right) \cdot \Psi\left(\hat{z}_{1H}\right) + c_R \hat{z}_{1H}\right\}$$ Gl. 296

Ein Vergleich mit der entsprechenden Ein-Artikel-Zielfunktion (Gl. 178, S. 101) zeigt, dass der Sortimentsumfang m explizit nur als kostenmindernder Riskpooling-Faktor $1/\sqrt{m}$ auftritt, implizit ist m allerdings auch in den verallgemeinerten Definitionen der normierten Variablen $\hat{z}_{1T}$ und $\hat{z}_{1H}$ enthalten (Gl. 294 und 295).

Aus den Optimalbedingungen erster Ordnung resultieren für die normierten Variablen *(unabhängig von Sortimentsumfang m)* dieselben Lösungen wie beim Ein-Artikel-Modell (Gl. 179 und 180, S. 101):

$$\hat{z}_{1T}^{\bullet} = - \Phi^{-1}\left(\frac{c_{\ddot{u}} - c_R}{c_{\ddot{u}} + \Delta c}\right) = \Phi^{-1}\left(\frac{\Delta c + c_R}{\Delta c + c_{\ddot{u}}}\right)$$ Gl. 297

$$\hat{z}_{1H}^{\bullet} = - \Phi^{-1}\left(\frac{c_R}{c_u - \Delta c}\right) = \Phi^{-1}\left(\frac{c_u - \Delta c - c_R}{c_u - \Delta c}\right)$$ Gl. 298

Die Unabhängigkeit von m gilt allerdings nicht für die Optimalwerte $x_0^{\bullet}$ und $R_0^{\bullet}$ der nicht-normierten Entscheidungsvariablen und für den Optimalwert $E\left(\overline{G}_1^{\bullet}|\hat{z}_{1T}^{\bullet}, \hat{z}_{1H}^{\bullet}, m, \alpha=0\right)$ der Gewinnerwartung:

$$x_0^{\bullet}(\alpha = 0) = \mu_0 - \frac{\sigma_0}{\sqrt{m}} \cdot \Phi^{-1}\left(\frac{c_{\ddot{u}} - c_R}{c_{\ddot{u}} + \Delta c}\right)$$ Gl. 299

$$R_0^{\bullet}(\alpha = 0) = \frac{\sigma_0}{\sqrt{m}}\left[\Phi^{-1}\left(\frac{c_{\ddot{u}} - c_R}{c_{\ddot{u}} + \Delta c}\right) - \Phi^{-1}\left(\frac{c_R}{c_u - \Delta c}\right)\right]$$ Gl. 300

$$E\left(\overline{G}_1^{\bullet}\middle|\hat{z}_{1T}^{\bullet}, \hat{z}_{1H}^{\bullet}, m, \alpha = 0\right) = c_u \mu_0 -$$

$$- \frac{\sigma_0}{\sqrt{m}}\left\{\left(c_u + \Delta c\right) \cdot \phi\left(\Phi^{-1}\left(\frac{c_u - c_R}{c_u + \Delta c}\right)\right) + \right. \qquad \text{Gl. 301}$$

$$\left. + \left(c_u - \Delta c\right) \cdot \phi\left(\Phi^{-1}\left(\frac{c_R}{c_u - \Delta c}\right)\right)\right\}$$

Fazit: Im prognostischen Idealfall $\alpha = 0$ erscheint der *sortimentsabhängige Risk-pooling-Faktor* in seiner einfachsten Form als „Wurzelfaktor" $1/\sqrt{m}$. Mit *steigendem Sortimentsumfang m* schrumpfen folgende Größen proportional zu $1/\sqrt{m}$:

- die optimalen Zuschlags- oder Abschlagsmengen bei der $x_0^{\bullet}$-Disposition (Gl. 299)
- die optimalen Kapazitäts-Reservierungen $R_0^{\bullet}$ (Gl. 300)
- und schließlich auch die Risiko- und Postponement-Kosten in der optimierten Gewinnfunktion (Gl. 301).

Betrachtet man nicht die Durchschnittsmengen x_0 und R_0 pro Artikel, sondern die disponierten *Gesamtmengen* mx_0 und mR_0, dann *steigen die entsprechenden Größen c.p. unterproportional mit* $\sqrt{m}$.

(5) *Das Riskpooling-Modell für fixierte Gesamtproduktionsmengen als Spezialfall des m-Artikel-Kapazitätsoptionsmodells*

Setzt man im verallgemeinerten Kapazitätsoptionsmodell die Kapazitätsreservierung $R_0 = 0$, d.h. *verzichtet man posterior auf jede Dispositionsflexibilität bei der Gesamtsortimentsmenge*, dann geht das Kapazitätsoptionsmodell formal in das Riskpooling-Modell für fixierte Gesamtproduktionsmengen über (S. 130 ff.). Mathematisch bedeutet dies: Die relativ komplexe Gewinngleichung 282 mit ihren Kostenkomponenten (a) bis (e) (S. 151 f.) verwandelt sich in die relativ einfache Zielfunktion Gl. 241 (S. 137) mit der Optimaldisposition $x_0^{\bullet}$ (gem. Gl. 243) und einem Optimalwert gemäß Gl. 244 (S. 138).

Bereits im Ein-Artikel-Modell besitzt der Spezialfall $R_0^{\bullet} = 0$ eine erhebliche Relevanz: Er kennzeichnet dort alle Modeartikel, deren Modellparameter so ausgeprägt sind, dass sich die Wahrnehmung der Postponement-Option grundsätzlich nicht lohnt (*NP-Artikel*, S. 94 ff.). Im Ein-Artikel-Modell werden die NP-Artikel mit Hilfe der Tabellen in Anhang D identifiziert:

(a) tabellarische Ermittlung von α_{max} auf Basis der artikelspezifischen Parameterwerte ω_0^*, $\Delta\zeta$ und ζ_R (vgl. S. 103)

(b) wenn $\alpha \geq \alpha_{max}$, dann NP-Artikel und damit: $R_0^* = 0$ und $x_0^* = \mu_0 + z_0^* \sigma_0$ (vgl. S. 104)

Im m-Artikel-Modell wirkt die *Varianzschrumpfung bei der relevanten Zufallsgröße* $\bar{\mu}_1$ (Gl. 279, S. 151) in Bezug auf die Klassifizierung als NP-Artikel *wie eine Steigerung des artikelspezifischen* α-*Wertes*. Mit steigendem Sortimentsumfang m wird somit die Reservierung von Reaktivkapazitäten R_0 immer weniger attraktiv. Dies zeigt sich bereits beim Spezialfall $\alpha = 0$, bei dem mit wachsendem m-Wert die optimale Kapazitätsreservierung R_0^* proportional zu $1/\sqrt{m}$ abnimmt (Gl. 300, S. 154). Es erhebt sich die Frage: *Bei welchen Sortimentsgrößen* $m > m_0$ *ist es optimal, auf eine Kapazitätsreservierung ganz zu verzichten, d.h.* $R_0^* = 0$ *zu setzen?*

Um dieses Problem zu lösen, versuchen wir zunächst folgende Frage zu beantworten: Bis zu welchem Wert α_{eff} muss bei einem *Ein-Artikel-Modell* der α-Wert steigen, damit bei der Identifizierung von NP-Artikeln dieselben Ergebnisse erscheinen wie bei einem m-Artikel-Modell mit dem Prognoseparameter α? Auf Basis der Varianzaddition im zweistufigen Prognoseverbesserungsmodell (S. 15 ff.) kann man leicht zeigen, dass der gesuchte effektive α-Wert des m-Artikel-Modells wie folgt berechnet werden kann:

$$\alpha_{eff} = \frac{\alpha}{\sqrt{\alpha^2 (1 - 1/m) + 1/m}} = \frac{\alpha}{f_{RP}} \qquad \text{Gl. 302}$$

mit f_{RP} aus Gl. 250 (S. 139)

Dies bedeutet in Analogie zum Ein-Artikel-Modell (S. 103 f.): In einem m-Artikel-Modell sollte die *optimale Kapazitätsreservierung* R_0^* dann null gesetzt werden, wenn der effektive α-Wert über den Schwellwert α_{max} (gemäß Anhang D) steigt:

$$R_0^* = 0, \text{ wenn } \alpha_{eff} \geq \alpha_{max} \qquad \text{Gl. 303}$$

In diesem Fall gilt dann formal das einfachere *Modell der flexiblen generischen Produkte* mit der Optimalstrategie x_0^* gemäß Gl. 243 (S. 138).

Betrachten wir kurz, in welcher Weise α_{eff} (gem. Gl. 302) vom Umfang m und vom nominalen α-Wert eines Sortiments abhängt:

Für m = 1 geht das m-Artikel-Modell in das *Ein-Artikel-Modell* über. Konsequenterweise gilt hier: $\alpha_{eff} (m = 1) = \alpha$. Mit steigendem Sortimentsumfang m nehmen die Werte von α_{eff} monoton zu und nähern sich schließlich asymptotisch dem *oberen Sättigungswert* $\alpha_{eff} = 1$. Die Artikelzahlen m, die erforderlich sind, um in den oberen Sättigungsbereich zu gelangen, variieren allerdings in einem weiten Bereich in Abhängigkeit vom Nominalwert α.

So gilt z.B. $\alpha_{eff} = 0,95$ einerseits für $\alpha = 0,6$ und m = 16, andererseits für $\alpha = 0,1$ und m = 916. In den *beiden theoretischen Grenzfällen* $\alpha = 0$ und $\alpha = 1$ bewirkt der Sortimentsumfang m keine Veränderung des Effektivwertes. Im einen Fall gilt somit durchgängig $\alpha_{eff} = 0$, im anderen Fall $\alpha_{eff} = 1$.

Mit Hilfe von Gl. 302 kann auch auf einfache Weise der gesuchte Schwellwert m_0 berechnet werden: Man ermittelt zunächst mit Hilfe der Tabellen in Anhang D den relevanten α_{max}-Wert, woraus sich m_0 wie folgt ergibt:

$$m_0 = \frac{1 - \alpha^2}{\alpha^2 \left(1/\alpha_{max}^2 - 1\right)} \qquad \text{Gl. 304}$$

Aufgrund der eingeschränkten Genauigkeit der Tabellen in Anhang D (insbesondere im Bereich $\alpha_{max} \geq 0,90$) können auch die m_0-Berechnungen (gem. Gl. 304) mit numerischen Ungenauigkeiten behaftet sein. Dies beeinträchtigt jedoch nicht die Gültigkeit der Gewinnabschätzungen (vgl. S. 93 (a)).

Auch in Bezug auf den Schwellwert m_0 (Gl. 304) nimmt der (theoretische) Sonderfall einer sicheren Posteriorprognose $\alpha = 0$ eine Ausnahmestellung ein: Für $\alpha \to 0$ steigt m_0 über alle Grenzen. Gemäß m_0-Definition (S. 156) lautet hier die Interpretation: Die optimale Kapazitätsreservierung R_0^* nimmt im Sonderfall $\alpha = 0$ mit steigendem Sortimentsumfang m zwar ab (vgl. Gl. 300, S. 154), sie verschwindet aber (im Gegensatz zu allen übrigen Fällen $\alpha > 0$) nicht allein durch Steigerung des m-Wertes. Der Fall R_0^* ($\alpha = 0$) = 0 tritt unabhängig vom m-Wert dann auf, wenn die Preis- und Kostendaten (ω_0^*, $\Delta\zeta$, ζ_R) eines Sortiments Ungleichung 183 (S. 102) nicht erfüllen oder wenn (äquivalent) die Tabellen in Anhang D $\alpha_{max} = 0$ anzeigen.

Beispiel 9

Es gilt das S. 144 f. beschriebene Entscheidungsszenario für ein Modeteilsortiment mit m = 12 produktionstechnisch eng verwandten Artikeln. Ferner wurden folgende Modelldaten abgeschätzt:

μ_0	=	10000 ME	σ_0 =	6000 ME
p	=	70 GE/ME	p_0 =	20 GE/ME
c	=	40 GE/ME	c_R =	5 GE/ME
Δc	=	1,5 GE/ME	α =	40 %

Derivative Parameterwerte

p_s	=	50 GE/ME	c_u = 30 GE/ME		c_0 =	20 GE/ME
ω_0^*	=	60 %	ζ_R = 0,10		$\Delta\zeta$ =	0,03

$$z_0^* = \Phi^{-1}\left(\omega_0^*\right) = 0,2533$$

Lohnt es sich, Reaktivkapazitäten zu reservieren oder liegt der gewinnoptimale Reservierungswert R_0^* bei null?

Um diese Frage zu beantworten, ermitteln wir zunächst mit Hilfe der Tabellen in Anhang D für die Werte $\omega_0^* = 60$ %; $\zeta_R = 0,10$ und $\Delta\zeta = 0,03$ den relevanten α_{max}-Wert. Es ergibt sich:

$$\alpha_{max} = 0,75$$

Für α_{eff} errechnen wir mit Gl. 302 (S. 156):

$$f_{RP} = \sqrt{0,4^2 \, (1 - 1/12) + 1/12} = 0,4796$$

$$\alpha_{\text{eff}} = \frac{0,4}{0,4796} = 0,8341$$

Wegen $\alpha_{\text{eff}} > \alpha_{\max}$ lohnt es sich nicht, Reaktivkapazitäten zu reservieren (Gl. 303, S. 157). Es gilt also:

$$R_0^* = 0$$

Mit Hilfe der zu Gl. 302 äquivalenten Gl. 304 kommen wir zu demselben Ergebnis:

$$m_0 = \frac{1 - 0,4^2}{0,4^2 \left(1/0,75^2 - 1\right)} = 6,75$$

Dies bedeutet: Wenn bei den vorliegenden Modelldaten der Sortimentsumfang über 6 Artikel ansteigt, dann lautet die optimale Reservierung $R_0^* = 0$. Da die Artikelzahl m = 12 des Beispielsortiments weit über dem Schwellwert 6 liegt, sollte auf eine Kapazitätsreservierung gänzlich verzichtet werden.

Mit $R_0^* = 0$ liegt im Beispielfall formal das Modell der flexiblen generischen Produkte vor. Es ist somit ohne Schwierigkeiten möglich, mit Hilfe von Gl. 243 und 244 (S. 138) die optimale Priorstrategie x_0^* und die zugehörige optimale Gewinnerwartung zu bestimmen. Im vorliegenden Beispiel erhalten wir:

$$x_0^* = \mu_0 + f_{RP} \, \sigma_0 \, \Phi^{-1}\left(\omega_0^*\right) = 10729 \text{ ME}$$

$$E\left(\overline{G}_1^* \middle| x_0 = x^*\right) = c_u \mu_0 - f_{RP} \, \sigma_0 \, (c_u + c_ü)\varphi(z_0^*) =$$
$$= 300000 - 0,4796 \cdot 6000 \cdot 50 \cdot \varphi(0,2533) = 244415 \text{ GE}$$

Ergänzende Interpretation zum Begriff des NP-Artikels:

Als NP-Artikel (Nicht-Postponement-Artikel) werden beim Ein-Artikel-Modell jene Produkte bezeichnet, bei denen sich aufgrund „ungünstiger" Nachfrage-, Preis- und Kostendaten ein Einsatz der Postponementoption grundsätzlich nicht lohnt (S. 94). Das formale Kennzeichen dieser Artikel besteht in einem völligen Verzicht auf Kapazitätsreservierungen ($R_0^* = 0$) und Posteriorproduktionen ($\Delta x_1 = 0$). Im Gegensatz dazu gibt es im Entscheidungsszenario, das dem m-Artikel-Modell zugrunde liegt (S. 144 f.), *keinen völligen Verzicht auf die Postponementoption*: Auch bei jenen Teilsortimenten, bei denen die optimale Priorpolitik darin besteht, auf Kapazitätsreservierungen zu verzichten ($R_0^* = 0$), kommt die Postponementoption teilweise zum Einsatz. Der Disponent optimiert nämlich erst zum Posteriorzeitpunkt im Lichte der verbesserten Nachfrageprognosen μ_{1i} die Einzelartikelmengen x_{1i}, wobei er allerdings an die prior disponierte Gesamtmenge gebunden ist: $\sum_i x_{1i} = mx_0$ (vgl. S. 146 ff.). Mit der Priorentscheidung $R_0^* = 0$ wird also nur auf Dispositionsflexibilität bei der Gesamtsortimentsmenge verzichtet, nicht aber auf Dispositionsflexibilität bei den Einzel-Artikelmengen. *Fazit:* Im m-Artikel-Modell sollte die dort missverständliche Bezeichnung *NP-Artikel* vermieden werden.

(6) *Ein Verfahren zur Auffindung grob angenäherter Optimalwerte x_0^* und R_0^**

Die Gewinnfunktion des m-Artikel-Kapazitätsoptionsmodells (Gl. 282 mit den Kostenkomponenten (a) bis (e)) ist einerseits so komplex, dass eine geschlossene analytische Optimierungslösung scheitert, andererseits verhält sie sich aber so „gutartig" (vgl. Abb. 6, S. 94), dass jedes leistungsfähige nichtlineare Optimierungsprogramm erfolgreich zur Berechnung numerischer Lösungen eingesetzt werden kann. So liefert z.B. das EXCEL-Optimierungsprogramm SOLVER problemlos optimale Lösungen für beliebige Modelldatensätze. Obwohl somit die numerische Optimierung in der Praxis gesichert sein dürfte, erscheint es zweckmäßig, über ein Verfahren zu verfügen, das unabhängig von „fremden Black-Box-Programmen" zumindest grob angenäherte Optimalwerte x_0^* und R_0^* generiert.

Die im Folgenden vorgeschlagene Näherungsmethode ist eine m-Artikel-Verallgemeinerung des Ein-Artikel-Näherungsverfahrens (S. 103 f.). Wir setzen hierbei die in den vorangegangenen Abschnitten (S. 153 ff. und S. 155 ff.) entwickelten Strukturen ein:

(a) *Ermittlung des* α_{max} *-Wertes des betrachteten Teilsortiments mit Hilfe der Ta-bellen in Anhang D (wie S. 103)*

(b) *Berechnung von* α_{eff}

$$f_{RP} = \sqrt{\alpha^2 (1 - 1/m) + 1/m}$$ Gl. 305

$$\alpha_{eff} = \frac{\alpha}{f_{RP}}$$ Gl. 306

(c) *Identifizierung und Optimierung der Teilsortimente ohne Kapazitätsreservierung*

- Wenn $\alpha_{eff} < \alpha_{max}$, weiter bei (d)
- Wenn $\alpha_{eff} \geq \alpha_{max}$, dann gilt die folgende (exakte) Optimallösung (vgl. Gl. 303, S. 157 und Beispiel 9, S. 158 f.):

$$R_0^{\bullet} = 0$$ Gl. 307

$$x_0^{\bullet} = \mu_0 + f_{RP}\, \sigma_0\, \Phi^{-1}\left(\omega_0^{\bullet}\right)$$ Gl. 308

$$E\left(\overline{G}_1^{\bullet}\middle|x_0 = x_0^{\bullet};\, R_0^{\bullet} = 0\right) = c_u\, \mu_0 - f_{RP}\sigma_0\, (c_u + c_{\ddot{u}})\varphi\left(\Phi^{-1}(\omega_0^{\bullet})\right)$$ Gl. 309

(d) *Optimierung der Teilsortimente mit Kapazitätsreservierung*

- Wenn $\alpha_{eff} < \alpha_{max}$, berechnet man zunächst die Optimalwerte an der Ober- und an der Untergrenze des relevanten Bereiches $0 \leq \alpha_{eff} \leq \alpha_{max}$

- Untergrenze $\alpha_{eff} = 0$ (vgl. Gl. 299 und 300, S. 154):

$$R_0^{\bullet}\left(\alpha_{eff} = 0\right) = \frac{\sigma_0}{\sqrt{m}}\left[\Phi^{-1}\left(\frac{c_{\ddot{u}} - c_R}{c_u + \Delta c}\right) - \Phi^{-1}\left(\frac{c_R}{c_u - \Delta c}\right)\right]$$ Gl. 310

$$x_0^{\bullet}\left(\alpha_{eff} = 0\right) = \mu_0 - \frac{\sigma_0}{\sqrt{m}} \cdot \Phi^{-1}\left(\frac{c_{\ddot{u}} - c_R}{c_u + \Delta c}\right)$$ Gl. 311

- Obergrenze $\alpha_{\text{eff}} = \alpha_{\text{max}}$

Die Obergrenze $\alpha_{\text{eff}} = \alpha_{\text{max}}$ entspricht der Reservierungsschwelle m_0 (S. 156). Wenn man die Ganzzahligkeit von m_0 vernachlässigt folgt aus Gl. 302 (S. 156):

$$f_{\text{RP}}\left(\alpha_{\text{eff}} = \alpha_{\text{max}}\right) = \frac{\alpha}{\alpha_{\text{max}}} \qquad \text{Gl. 312}$$

Mit Gl. 243 (S. 138) erhält man hieraus:

$$R_0^*\left(\alpha_{\text{eff}} = \alpha_{\text{max}}\right) = 0 \qquad \text{Gl. 313}$$

$$x_0^*\left(\alpha_{\text{eff}} = \alpha_{\text{max}}\right) = \mu_0 + \frac{\alpha}{\alpha_{\text{max}}}\,\sigma_0\,\Phi^{-1}\left(\omega_0^*\right) \qquad \text{Gl. 314}$$

- Berechnung einer Näherungslösung für die Optimalwerte R_0^* und x_0^* durch lineare Interpolation (vgl. Gl. 187 und 188, S. 104):

$$R_0^*\left(0 < \alpha_{\text{eff}} < \alpha_{\text{max}}\right) \approx \left(1 - \frac{\alpha_{\text{eff}}}{\alpha_{\text{max}}}\right) \cdot R_0^*\left(\alpha_{\text{eff}} = 0\right) \qquad \text{Gl. 315}$$

$$\begin{aligned} x_0^*\left(0 < \alpha_{\text{eff}} < \alpha_{\text{max}}\right) &\approx x_0^*\left(\alpha_{\text{eff}} = 0\right) \\ &+ \frac{\alpha_{\text{eff}}}{\alpha_{\text{max}}}\left[x_0^*\left(\alpha_{\text{eff}} = \alpha_{\text{max}}\right) - x_0^*\left(\alpha_{\text{eff}} = 0\right)\right] \end{aligned} \qquad \text{Gl. 316}$$

- Ermittlung der optimalen Gewinnerwartung $E\left(\overline{G}_1^*\,\middle|\,x_0 = x_0^*;\,R_0 = R_0^*\right)$ durch numerische Auswertung von Gl. 282 (S. 151)

Beispiel 9 (Fortsetzung)

Wir unterstellen wiederum die Modelldaten von Beispiel 9 (S. 158). Für einen Sortimentsumfang m = 12 wurde das beschriebene Optimierungsverfahren bereits durchgeführt: Nach den Verfahrensschritten (a) und (b) wurde ein *Teilsortiment ohne Kapazitätsreservierung* identifiziert und somit gemäß Verfahrensschritt (c) die (exakte) Optimallösung berechnet.

Alternativ unterstellen wir nun ein kleineres Teilsortiment mit m = 4 Artikeln.

(a) $\alpha_{max} = 0,75$ (wie S. 158)

(b) $f_{RP} = \sqrt{0,4^2 (1 - 1/4)} = 0,6083$

$\alpha_{eff} = \dfrac{0,4}{0,6083} = 0,6576$

wegen $\alpha_{eff} < \alpha_{max}$ weiter bei (d)

(d) Teilsortiment mit Kapazitätsreservierung

- Berechnung der optimalen Entscheidungswerte an der Untergrenze $\alpha_{eff} = 0$ des relevanten Bereiches.

$$R_0^* (\alpha_{eff} = 0) = \frac{6000}{\sqrt{4}} \left[\Phi^{-1}\left(\frac{20 - 5}{20 + 1,5} \right) - \Phi^{-1}\left(\frac{5}{30 - 1,5} \right) \right]$$

$$= 3000 \left[0,5178 + 0,9330 \right] = 4352 \text{ ME}$$

$$x_0^* (\alpha_{eff} = 0) = 10000 - \frac{6000}{\sqrt{4}} \cdot \Phi^{-1}\left(\frac{20 - 5}{20 + 1,5} \right) = 8447 \text{ ME}$$

- Berechnung der optimalen Entscheidungswerte an der Obergrenze $\alpha_{eff} = \alpha_{max}$ des relevanten Bereiches:

$$R_0^* \left(\alpha_{eff} = \alpha_{max} \right) = 0$$

$$x_0^* \left(\alpha_{eff} = \alpha_{max} \right) = 10000 + \frac{0,4}{0,75} \, 6000 \, \Phi^{-1}\left(0,60 \right)$$

$$= 10000 + 3200 \cdot 0,2533 = 10811 \text{ ME}$$

- Berechnung der optimalen Näherungswerte an der Stelle $\alpha_{eff} = 0,6576$ durch lineare Interpolation

$$R_0^* (\alpha_{eff} = 0,6576) \approx \left(1 - \frac{0,6576}{0,75} \right) \cdot 4352 = 536 \text{ ME}$$

$$x_0^* \left(\alpha_{eff} = 0,6576 \right) \approx 8447 + \frac{0,6576}{0,75} \left[10811 - 8447 \right] = 10520 \text{ ME}$$

- Ermittlung der optimalen Gewinnerwartung für diese Näherungslösung:

$$E\left(\bar{G}_1^* \big| x_0 = x_0^* \approx 10520; \ R_0 = R_0^* \approx 536\right) =$$

$$= E\left(\bar{G}_{rf}\right) - \left[E\left(\bar{K}_1 \big| a - \text{Bereich}\right) + E\left(\bar{K}_1 \big| b - \text{Bereich}\right) \right.$$

$$\left. + E\left(\bar{K}_1 \big| c - \text{Bereich}\right) + \Delta c \cdot E\left(\Delta\bar{x}_1 \big| \Delta\bar{x}_1 \le R_0\right) + c_R \cdot R_0 \right]$$

$$= 300000 - \left[34150 + 3579 + 29483 + 360 + 2680\right] =$$

$$= 300000 - 70252 = 229748 \text{ GE}$$

(e) Vergleich der Näherungslösung mit der exakten Optimallösung, die mit dem EXCEL-Optimierungsprogramm SOLVER berechnet wurde

$$R_0^* = 705 \text{ ME}$$

$$x_0^* = 10573 \text{ ME}$$

$$E\left(\bar{G}_1^* \big| x_0 = x_0^* = 10573; \ R_0 = R_0^* = 705\right) =$$

$$= 300000 - \left[34804 + 4664 + 26745 + 452 + 3523\right] =$$

$$= 300000 - 70188 = 229812 \text{ GE}$$

Vergleicht man die *Näherungslösung mit der exakten Lösung* anhand der resultierenden Gewinne und Kosten, dann zeigt sich beim „absoluten Fehler" eine äußerst geringe Verschlechterung von nur 64 GE (vgl. S. 93 (a)). In *relativen Größen* bedeutet dies eine vernachlässigbare Kostenerhöhung von weniger als 1 ‰ und eine noch geringere Gewinnminderung von ¼ ‰.

4.3.2 Risk-Pooling-Effekte in homogenen Teilsortimenten

(1) *Typischer Verlauf der Optimalstrategien und Riskpooling-Ersparnisse bei steigendem Sortimentsumfang m*

Unsere bisherige Diskussion hat gezeigt, dass das m-Artikel-Kapazitätsoptionsmodell

- das Riskpooling-Modell für *fixierte Gesamtproduktionsmengen* (S. 130 ff.) *als Basismodell* umfasst ($R_0 = 0$; S. 155 ff.),

- und darüber hinaus eine *Kapazitätsoption* eröffnet, die in der Posteriorsituation eine begrenzte Dispositionsflexibilität ($R_0 > 0$) bei der Gesamtmenge gewährleistet.

Aus dieser Struktur folgt, dass mit steigendem Sortimentsumfang m die *Riskpooling-Ersparnisse im Basismodell* $R_0 = 0$ (wie S. 140 ff. beschrieben) wachsen, wodurch die variantenflexible, aber „teuere" Kapazitätsoption $R_0 > 0$ zunehmend an Bedeutung verliert. Im Einzelnen sind die folgenden *typischen Bereiche* zu beobachten:

(a) *Grenzfall m = 1: kein Riskpooling*

Im Grenzfall m = 1 entspricht das m-Artikel-Kapazitätsoptionsmodell dem Ein-Artikel-Modell (S. 87 ff.)

- *Optimalstrategie $R_0^* > 0$; $x_0^* > 0$ für Postponementartikel (Gln. 187 und 188, S. 104)*

Wegen fehlender Riskpooling-Ersparnisse haben hier die optimalen R_0^*-Werte und die Ersparnispotenziale der *Gesamtmengenflexibilität* ihren maximalen Wert. Dies gilt allerdings nur dann, wenn $\alpha_{max} > \alpha_{eff}$, d.h. wenn die artikelspezifischen Mehrkosten der Option (c_R, Δc bzw. ζ_R, $\Delta\zeta$) deutlich niedriger sind als die Kostensenkungspotenziale einer Posterior-Ergänzungsproduktion. Der *Indikator der Optionsmehrkosten* α_{max} kann den Tabellen in Anhang D entnommen werden (vgl. S. 161 (a)). Grob lässt er sich auch durch die folgende Näherungsfunktion bestimmen:

$$\alpha_{max} \approx \begin{cases} \left(1 - \dfrac{\zeta_R}{\left(1-\omega_0^*\right)\left(\omega_0^*-\Delta\zeta\right)}\right)^{0,5+2\Delta\zeta} & \text{für } \zeta_R \leq \left(1-\omega_0^*\right)\left(\omega_0^*-\Delta\zeta\right) \\ 0 & \text{sonst} \end{cases}$$

Gl. 317

Der *Indikator des Postponement-Kostensenkungspotenzials* α_{eff} stimmt im Grenzfall m = 1 mit dem Prognoseverbesserungsfaktor α überein (Gl. 302, S. 156).

- *Suboptimale Basisstrategie $R_0 = 0$*

Im Grenzfall m = 1 entspricht ein Verzicht auf die Kapazitätsoption einem gänzlichen Postponement-Verzicht. Die reine Priorstrategie $x_0^* = \mu_0 + z_0^* \sigma_0$ (Gl. 245, S. 138) ist nur dann nicht nachteilig, wenn $\alpha_{max} \leq \alpha$ gilt, wenn also die Kapazitätsoption „zu teuer" ist (niedriger α_{max}-Wert) oder wenn die Aussichten auf eine Prognoseverbesserung zu gering sind (hoher α-Wert). Wenn sich dagegen die Wahrnehmung der Kapazitätsoption grundsätzlich lohnt ($\alpha_{max} \gg \alpha$), erreicht die Gewinndifferenz zwischen der Optimalstrategie $R_0^* > 0$ und der suboptimalen Basisstrategie $R_0 = 0$ bei m = 1 ihren maximalen Wert.

(b) *sinkende Bedeutung der Kapazitätsoption R_0 im Bereich $1 < m < m_0$*

Steigt der Sortimentsumfang m sukzessive bis zum Schwellwert m_0 (Gl. 304, S. 157) an, dann

- nimmt auch der α_{eff}-Wert monoton zu (vom Minimalwert α bei m = 1 bis zum Schwellwert α_{max})

- sinkt der optimale Kapazitätsoptionswert R_0^* vom Maximum (bei m = 1) auf den Wert null (bei m = m_0)

- nehmen die Absatzrisikokosten $E_m\left(\overline{K}_1^*\right)$ aufgrund der Riskpooling-Effekte monoton ab

- und nähern sich bereits bei relativ geringen m-Werten den Risikokosten der suboptimalen Strategie $R_0 = 0$ (die sie bei m = m_0 erreichen)

Die Abhängigkeit der effektiven α-Werte (Gl. 302, S. 156) vom Sortimentsumfang m und vom Nominalwert α wurde bereits diskutiert (S. 157). Tab. 6 illustriert diese Abhängigkeit numerisch.

α	100 %	75 %	50 %	25 %	0
m = 1	1,000	0,750	0,500	0,250	0
m = 2	1,000	0,849	0,632	0,343	0
m = 4	1,000	0,915	0,756	0,459	0
m = 8	1,000	0,955	0,853	0,590	0
m = 16	1,000	0,977	0,918	0,718	0
m = ∞	1,000	1,000	1,000	1,000	-

Tab. 6: Abhängigkeit der α_{eff}-Werte vom Sortimentsumfang m und vom Nominalwert α

Die Riskpooling-Absenkung der Kosten $E_m\left(\overline{K}_1^* \big| R_0 = 0\right)$ der *suboptimalen Basisstrategie* bei wachsendem Sortimentsumfang m lässt sich auf einfache Weise mit Hilfe der steigenden α_{eff}-Werte bestimmen. Wir wählen hierzu als Basis den *maximalen Kostenwert*, der sich für m = 1 einstellt, wenn die Postponementoption nicht genutzt wird (Gl. 246, S. 138):

$$E\left(K_0^*\right) = \sigma_0\left(c_u + c_u\right) \cdot \varphi\left(\Phi^{-1}\left(\omega_0^*\right)\right) \qquad \text{Gl. 318}$$

Den *abgesunkenen Kostenwert des Riskpooling-Modells für fixierte Gesamtproduktionsmengen* $E_m\left(\overline{K}_1^* \big| R_0 = 0\right)$ erhält man aus dem Maximalwert $E\left(K_0^*\right)$ durch Multiplikation mit dem Faktor $\alpha / \alpha_{eff} < 1$ (vgl. Gl. 309, S. 161 und Gl. 302, S. 156):

$$E_m\left(\overline{K}_1^* \big| R_0 = 0\right) = f_{RP} \cdot E\left(K_0^*\right) = \frac{\alpha}{\alpha_{eff}} \cdot E\left(K_0^*\right) \qquad \text{Gl. 319}$$

Da die α_{eff}-Werte c.p. mit wachsendem m vom Minimalwert α zum Maximum 1 ansteigen (vgl. Tab. 6), *sinkt die Kostenerwartung* $E_m\left(\overline{K}_1^* \big| R_0 = 0\right)$ *monoton ab.* Für den *maximalen Kostenwert* bei m = 1 gilt:

$$E_m\left(\overline{K}_1^* \middle| R_0 = 0; m = 1\right) = \frac{\alpha}{\alpha} \, E\left(K_0^*\right) =$$

$$= E\left(K_0^* \middle| \text{ohne Postponement}\right)$$

Gl. 320

Andererseits nähert sich der *minimale Kostenwert* bei sehr großem Sortimentsumfang $m \to \infty$ dem Postponement-Idealwert (Gl. 248, S. 139):

$$E_m\left(\overline{K}_1^* \middle| R_0 = 0; m = \infty\right) = \alpha \cdot E\left(K_0^*\right)$$

Gl. 321

Im vorliegenden (b)-Bereich $1 < m < m_0$ wird allerdings an der Obergrenze m_0 nur eine Kostenabsenkung bis zum Wert

$$E_m\left(\overline{K}_1^* \middle| R_0 = 0; m = m_0\right) = \frac{\alpha}{\alpha_{max}} \, E\left(K_0^*\right)$$

Gl. 322

realisiert.

(c) *Verzicht auf die Kapazitätsoption im Bereich* $m \geq m_0$

Bei großem Sortimentsumfang $m > m_0$ sind die Riskpoolingeffekte in der prior disponierten Basismenge mx_0 so groß, dass auf eine Wahrnehmung der „teueren" Kapazitätsoption R_0 gänzlich verzichtet werden kann ($\alpha_{eff} \geq \alpha_{max}$). Die Optimalstrategie wird somit in diesem Bereich durch das *Riskpooling-Modell für fixierte Gesamtproduktionsmengen bestimmt* (vgl. die Gln. 307, 308, 309, S. 161). Die bisher suboptimalen Kostenwerte gem. Gl. 319 entsprechen in diesem Bereich den Optimalwerten.

(2) *Ein Demonstrationsbeispiel*

Beispiel 10

μ_0	=	10000 ME	σ_0 =	6000 ME
p	=	70 GE/ME	$p_\ddot{u}$ =	20 GE/ME
c	=	40 GE/ME	c_R =	2,5 GE/ME
Δc	=	3 GE/ME	α =	40 %

Derivative Parameterwerte

p_s	=	50 GE/ME	c_u =	30 GE/ME	$c_{\ddot{u}}$ =	20 GE/ME
ω_0^*	=	60 %	ζ_R =	0,05	$\Delta\zeta$ =	0,06

$$z_0^* = \Phi^{-1}(\omega_0^*) = 0,2533 \qquad\qquad \varphi(z_0^*) = 0,3863$$

Ermittlung des Indikatorwertes α_{max} für die Mehrkosten der Kapazitätsoption:

- *mit den Tabellen in Anhang D*

  Für $\omega_0^* = 60$ %, $\zeta_R = 0,05$ und $\Delta\zeta = 0,06$ zeigt Tabelle D den Wert

  $\alpha_{max} = 0,89$

- *mit der groben Schätzformel Gl. 317 (S. 165):*

  Wegen $\zeta_R = 0,05 < (1 - 0,60)\,(0,60 - 0,06)$ gilt:

$$\alpha_{max} \approx \left(1 - \frac{0,05}{(1 - 0,60)\,(0,60 - 0,06)}\right)^{0,5 + 0,12} = 0,85$$

- *Berechnung des Schwellwertes m_0 mit dem Tabellenwert* $\alpha_{max} = 0,89$ *(Gl. 304, S. 157):*

$$m_0 = \frac{1 - \alpha^2}{\alpha^2\left(1/\alpha_{max}^2 - 1\right)} = \frac{1 - 0,16}{0,16\left(1/0,89^2 - 1\right)} = 20$$

Wegen begrenzter Tabellengenauigkeit erweist sich $m_0 = 20$ zwar als guter Schätzwert, Optimierungsrechnungen zeigen aber, dass der präzise Wert $m_0 = 19$ lautet.

Dies bedeutet: Wenn der Sortimentsumfang m den Wert 18 übersteigt, besteht die optimale Strategie in einem Verzicht auf die Kapazitätsoption R_0, d.h. in diesem Bereich gilt das Riskpooling-Modell für fixierte Gesamtproduktionsmengen mit den Optimalgleichungen 307 bis 309 (S. 161). Andererseits sollte unterhalb der m_0-Schwelle die Kapazitätsoption $R_0^* > 0$ eingesetzt werden, und zwar mit umso höheren R_0^*-Werten, je mehr sich m dem Minimalwert m = 1 nähert.

In Tab. 7 sind die optimalen und die suboptimalen Dispositionswerte x_0^*, R_0^* und die resultierenden Werte der Absatzrisikokosten für steigende Sortimentsgrößen m ausgewiesen. Die Kostenwerte werden hierbei in *Prozent der maximalen Kosten* $E(K_0^*|$ohne Postponement) dargestellt (vgl. Gl. 318). In Geldeinheiten gemessen hat $E(K_0^*)$ den Wert:

$$E(K_0^*) = 6000 \cdot 50 \cdot \varphi(0,2533) = 115903 \text{ GE}$$

Die zugehörige Gewinnerwartung beträgt (Gl. 246, S. 138):

$$E(G_0^*) = 300000 - 115903 = 184097 \text{ GE}$$

Die ansteigenden Gewinnerwartungen für $m > 1$ lassen sich entsprechend ermitteln: $E_m(\overline{G}_1^*) = 300000 - E_m(\overline{K}_1^*)$

Bereich	m [Art.]	Optimalstrategie			Subopt. Strategie $R_0 = 0$	
		x_0^* [ME]	R_0^* [ME]	$E_m(\overline{K}_1^*)$ [%]	x_0^* [ME]	$E_m(\overline{K}_1^* \mid R_0 = 0)$ [%]
(a)	1	8041	7730	84,3	11520	100,0
(b)	2	9129	4597	68,7	11158	76,2
	3	9596	3249	62,0	10945	66,3
	4	9865	2465	58,0	10925	60,8
	5	10044	1943	55,4	10871	57,3
	10	10500	584	49,1	10751	49,4
	15	10620	216	46,4	10706	46,5
	18	10677	34	45,5	10691	45,5
(c)	19	10687	0	45,2	10687	45,2
	20	10683	0	44,9	10683	44,9
	50	10639	0	42,0	10639	42,0
	100	10624	0	41,0	10624	41,0
	∞	10608	0	40,0	10608	40,0

Tab. 7: Optimale und suboptimale Dispositions- und Kostenwerte für steigende Sortimentsgrößen m in Beispiel 10

Die Dispositions- und Kostenwerte von Tab. 7 spiegeln beispielhaft die in Abschn. (1) diskutierte Verlaufsstruktur wider:

Die mit dem Sortimentsumfang m steigenden Riskpooling-Effekte führen bei Anwendung der Optimalstrategie, aber auch bei der „konkurrierenden" suboptimalen Strategie (ohne Einsatz der Kapazitätsoption) zu einer *monotonen Absenkung der Absatzrisikokosten* und damit zu einer entsprechenden Steigerung der Gewinnerwartungen. Nur bei geringen Artikelzahlen m $\leq$ 5 bringt der optimale Einsatz der Kapazitätsoption R_0^* > 0 deutliche Kostenvorteile gegenüber dem Nichteinsatz (vgl. z.B. die Kostenwerte 84,3 % gegenüber 100 % bei m = 1 oder 62,0 % gegenüber 66,3 % bei m = 3). Bereits bei m = 10 ist jedoch der Kostenvorteil der Optimalstrategie verglichen mit der suboptimalen Strategie auf 0,3 % geschrumpft. Der mit steigendem Sortimentsumfang m *rasch abnehmende Bedarf an Dispositionsflexibilität bei der Sortimentsgesamtmenge* zeigt sich auch unmittelbar im absinkenden Optimalwert R_0^* der Kapazitätsoption (vgl. z.B. 7730 ME bei m = 1 gegenüber 584 ME bei m = 10).

Im Bereich der Artikelzahlen m $\geq$ 19 (= m_0) stimmt die Optimalpolitik auch theoretisch mit der Strategie der fixierten Gesamtproduktionsmengen überein (R_0^* = 0). Bereits bei m = 50 ist der Kostenwert so weit abgesunken, dass er nur noch 2 % über dem unteren Grenzwert 40 % (= α) für m $\to$ ∞ (dem Postponement-Idealwert) liegt. Schon bei mittleren Sortimentsgrößen ist somit das Postponementpotenzial nahezu vollständig ausgeschöpft.

(3) *Das einfache Teilpostponement-Modell als m-Artikel-Modell*

Wenn wir die Entscheidungssituation in geeigneter Weise anpassen, kann auch das einfache Teilpostponement-Modell (S. 53 ff.) zur Disposition eines heterogenen m-Artikel-Sortiments eingesetzt werden. Gehen wir vom Entscheidungsszenario des m-Artikel-Kapazitätsoptionsmodells aus (S. 144 ff.), dann sind *folgende Unterschiede* festzustellen:

- Zum *Priorzeitpunkt* t_0 vereinbart der „Einkäufer" mit dem „Produzenten" für jeden Artikel i des Sortiments die Herstellung von Basismengen x_{0i} $\geq$ 0 (i = 1, ..., m), die prior artikelgenau produziert werden. Im Gegensatz zum Szenario

S. 145 ist somit zur Posteriorzeitpunkt t_1 ein *Riskpooling-Ausgleich zwischen den Basismengen x_{0i} der Einzelartikel ausgeschlossen*, weil bereits Bestände mit variantengenauer Spezifikation vorliegen.

- Zum *Posteriorzeitpunkt t_1* legt der Disponent auf Basis der verbesserten Prognosewerte μ_{1i} (i = 1, ..., m) fest, für welche Artikel des Sortiments er *welche Ergänzungsmengen* Δx_{1i} produzieren lässt. Im Vergleich zur Priorproduktion ist die Postponementproduktion mit Mehrkosten Δc [GE/ME] behaftet.

- Im Gegensatz zum Kapazitätsoptionsmodell ist eine Priorreservierung R_0 von Kapazitäten nicht erforderlich, weil die Flexibilitätskosten mit dem Aufpreis Δc abgegolten werden.

- Ergänzend zum Entscheidungsszenario des bisherigen Teilpostponement-Modells (S. 53 f.) soll ferner angenommen werden, dass *die Reaktivkapazitäten im Rahmen des betrachteten Teilsortiments mit m Artikeln völlig variantenflexibel* sind.

Die unterstellte Variantenflexibilität der Postponementproduktion trägt *erheblich zur Reduzierung des bisher festgestellten hohen Mengenflexibilitätsbedarfes* bei (S. 54 und S. 72 ff.). Maßgebend für den Bedarf an Reaktivkapazitäten sind nämlich nicht wie bisher die extrem unsicheren Einzelartikel-Ergänzungsmengen Δx_{1i}, sondern die voraussichtliche Produktionssumme $\sum\limits_{i=1}^{m} \Delta x_{1i}$. Unter der Voraussetzung stochastisch unabhängiger Nachfrageverteilungen (S. 144 f.) können die zu erwartenden Riskpooling-Effekte leicht quantifiziert werden (vgl. Gl. 132 und Gl. 133, S. 76): Aus Priorsicht gehorcht der für ein Teilsortiment m erforderliche *Summenbedarf an Reaktivkapazitäten einer Verteilung* mit dem Erwartungswert

$$\mu_m = m\mu_{\Delta x_1} = m\sqrt{1-\alpha^2}\,\sigma_0 \cdot \Psi(\hat{z}_1) \qquad \text{Gl. 323}$$

und der Standardabweichung

$$\sigma_m = \sqrt{m}\,\sigma_{\Delta x_1} = \sqrt{m}\,\sqrt{1-\alpha^2}\,\sigma_0 \cdot \sqrt{\Phi(-\hat{z}_1) - \hat{z}_1 \cdot \Psi(\hat{z}_1) - \Psi^2(\hat{z}_1)} \qquad \text{Gl. 324}$$

Offenbar nimmt der *Variationskoeffizient* v_m dieser Verteilung, der uns als *grober Indikator des relativen Mengenflexibilitätsbedarfes* dient (Gl. 134, S. 76), mit wachsendem Sortimentsumfang m monoton ab:

$$v_m = \frac{\sigma_{\Delta x_1}}{\sqrt{m}\,\mu_{\Delta x_1}} = \frac{\sqrt{\Phi(-\hat{z}_1) - \hat{z}_1 \cdot \Psi(\hat{z}_1) - \Psi^2(\hat{z}_1)}}{\sqrt{m}\,\Psi(\hat{z}_1)} \qquad \text{Gl. 325}$$

Beispiel 5 (Fortsetzung von S. 76 f.)

Bereits bei einem relativ kleinen Sortimentsumfang m = 36 sinkt die relative Unsicherheit des Reaktivkapazitätsbedarfes vom Einzelartikelwert $v_{\Delta x1}$ = 1,606 auf den deutlich niedrigeren Sortimentswert

$$v_m = \frac{1}{\sqrt{36}} \cdot 1,606 = 27\,\%$$

Es erhebt sich die Frage, in welcher Weise sich *die auf die Reaktivkapazitäten beschränkten Riskpooling-Effekte kostenmindernd* auswirken. Hier zeigt sich folgender Zusammenhang: Da bei variantenflexiblen Reaktivkapazitäten mit steigendem Sortimentsumfang m die relative Bedarfsunsicherheit stark absinkt, vermindern sich auch die Flexibilitätskosten entsprechend. Konkret kann dies z.B. bedeuten, dass niedrigere Kapazitätspuffer vorgehalten werden müssen und dass sich das Nichtbeschäftigungsrisiko der eingeplanten Reaktivkapazitäten verkleinert. Letztlich sollten sich diese Kostenvorteile in einer *Absenkung des Mehrkostensatzes* Δc niederschlagen. Sinkende Mehrkosten Δc für die Postponementproduktion führen im einfachen Teilpostponement-Modell zu niedrigeren Priormengen x_{0i}, höheren Ergänzungsmengen Δx_{1i} und *steigenden Gewinnerwartungen* (S. 64 ff.)

Als Fazit sollte allerdings festgehalten werden, dass die dargestellten Δc-*Absenkungen modellexogene Vorgänge* bleiben, weil die komplexen Kostensenkungsvorgänge durch einfache funktionale Zusammenhänge zwischen den v_m-Werten und den Δc-Werten nicht adäquat beschrieben werden können.

(4) *Das m-Artikel-Kapazitätsoptionsmodell mit unflexiblen Basismengen x_{0i}*

Das Entscheidungsszenario dieser aus Sicht der Praxis durchaus interessanten Modellvariante erhält man, wenn das einfache m-Artikel-Teilpostponement-Modell des vorangegangenen Abschnitts (3) durch eine *prior zu bezahlende Kapazitätsre-*

servierung mR_0 [ME] *zum Preis* c_R [GE/ME] ergänzt wird. Alternativ kann man auch vom bisherigen m-Artikel-Kapazitätsoptionsmodell (S. 144 ff.) ausgehen und folgende Modifikation vornehmen:

- Die prior mit dem „Produzenten" für die Artikel i (i = 1, ..., m) vereinbarten *Basismengen* x_{0i}

- werden prior produziert und liegen posterior als Bestände mit *variantengenauer Spezifikation* vor.

- Eine *Produktmix-Flexibilität* im Rahmen der Basismenge $X_0 = mx_0$ (wie im bisherigen m-Artikel-Kapazitätsoptionsmodell, S. 145) ist somit nicht vorhanden.

- Die *Posteriorproduktion* ist allerdings (wie bisher) *variantenflexibel*. Für die posterior disponierten Ergänzungsmengen Δx_{1i} muss die Summenbedingung

$$\sum_{i=1}^{m} \Delta x_{1i} \le mR_0 \qquad \text{Gl. 326}$$

eingehalten werden.

- Wie im bisherigen m-Artikel-Kapazitätsoptionsmodell entspricht mR_0 [ME] der Reaktivkapazität, die vom Einkäufer prior zum Gesamtpreis $c_R mR_0$ [GE] reserviert wurde.

Welche *Riskpooling-Vorteile sind im m-Artikel-Kapazitätsoptionsmodell mit unflexiblen Basismengen* x_{0i} *zu erwarten?*

Um diese Frage zu beantworten wollen wir uns die *Struktur der Riskpooling-Verbesserungen im bisherigen m-Artikel-Kapazitätsoptionsmodell* noch einmal vor Augen führen (Tab. 7, S. 170):

- Die Absatzrisikokosten sinken mit wachsendem Sortimentsumfang aufgrund von Riskpooling-Effekten erheblich ab (von 100 % bei m = 1 auf α % für „große" m-Werte).

- Wie man aus dem Vergleich der Kostenverläufe der optimalen ($R_0^* > 0$) und der suboptimalen ($R_0 = 0$) Strategie erkennt, werden die Kostenabsenkungen überwiegend von den wachsenden Riskpooling-Ersparnissen im Basismengen-Bereich $X_0 = mx_0$ und nur in geringem Ausmaß von Riskpooling-Effekten im Bereich der Ergänzungsmengen $\sum_i \Delta x_{1i} \le m_0 R_0$ verursacht.

- Mit wachsendem Sortimentsumfang m nimmt die Dominanz der Riskpooling-Ersparnisse im Basismengenbereich mx_0 zu, wodurch die Ersparnispotenziale der Kapazitätsoption mR_0 an Bedeutung verlieren oder (fallabhängig) überhaupt nicht mehr aktiviert werden ($R_0^* = 0$ und $\Delta x_{1i} = 0$ für m $\geq$ m_0).

Aus dieser Riskpooling-Struktur folgt: Werden (im Gegensatz zum bisherigen m-Artikel-Kapazitätsoptionsmodell) *unflexible Basismengen* x_{0i} *unterstellt*, dann

- entfällt die Hauptursache der bisherigen Riskpooling-Ersparnisse, d.h. die verbleibenden Riskpooling-Vorteile im Bereich der Ergänzungsproduktion $\sum_i \Delta x_{1i} \leq mR_0$ sind weitaus geringer als die Ersparnisse im flexiblen Modell .

- behält das Ersparnispotenzial der Kapazitätsoption mR_0 auch bei „großem" Sortimentsumfang m seine relative Bedeutung, weil die damit verbundene Gesamtmengenflexibilität nicht von Riskpooling-Ersparnissen innerhalb einer fixierten Gesamtproduktionsmenge mx_0 dominiert wird.

Eine *quantitative Analyse des m-Artikel-Kapazitätsoptionsmodells mit unflexiblen Basismengen* x_{0i} erweist sich als schwierig, weil die stochastischen Wirkungen der artikelspezifischen Prognoseverbesserungen μ_{1i} (i = 1, ..., m) *nicht wie beim bisherigen Modell auf die aggregierte Zufallsvariable* $\sum_{i=1}^{m} \mu_{1i}$ oder (mathematisch äquivalent) auf den Mittelwert $\bar{\mu}_1$ reduziert werden können (vgl. S. 146 ff.) Bisher liegen nur begrenzte analytische Teilerkenntnisse vor. Ergänzende Analysen dieses Modells mit Hilfe von *Monte-Carlo-Methoden* sind jedoch problemlos möglich.

Gehen wir (wie beim bisherigen Modell, S. 144) aus von einem *Teilsortiment von m produktionstechnisch verwandten Artikeln i*, die näherungsweise dieselben Dispositionsdaten aufweisen. Stellen wir uns ferner vor, dass für sämtliche Artikel i = 1, ..., m stochastisch unabhängig voneinander verbesserte Nachfrageprognosewerte μ_{1i} (i = 1, ..., m) aus einer Normalverteilung mit E(μ_{1i}) = μ_0 und Var(μ_{1i}) = $(1 - \alpha^2)\sigma_0^2$ gezogen werden (S. 144 f.). Dann resultieren aus der Analyse des Teilpostponement-Modells (S. 53 ff. und S. 171 ff.) folgende Erkenntnisse:

- *T-Artikel*

Die Wahrscheinlichkeit $p_{tief} = p_T$, dass für einen Artikel i ein Prognosewert $\mu_{1i} \leq x_0 - z_1^* \alpha \sigma_0$ auftritt, beträgt (gem. Gl. 82 und 83, S. 57):

$$p_T = \Phi(\hat{z}_1) \qquad \text{Gl. 327}$$

mit

$$\hat{z}_1 = \frac{x_0 - z_1^* \alpha \sigma_0 - \mu_0}{\sqrt{1-\alpha^2}\,\sigma_0} \qquad \text{Gl. 328}$$

Bei Produktvarianten i, deren verbesserter Prognosewert μ_{1i} unter die $\hat{\mu}_1$-Grenze $x_0 - z_1^* \alpha \sigma_0$ fällt, erweist sich die prior produzierte Menge x_0 als zu hoch ($x_0 > x_{1i}^*$). Im Gegensatz zum bisherigen programmflexiblen Modell kann aber dieser Mangel wegen der unterstellten unflexiblen Basismengen x_0 posterior nicht behoben werden. *Riskpooling-Ersparnisse entfallen somit für T-Artikel gänzlich.* Fragt man nach der Anzahl m_T der betroffenen Produkte, zeigt sich folgender Erwartungswert:

$$E(m_T) = m p_T = m \cdot \Phi(\hat{z}_1) \qquad \text{Gl. 329}$$

Da T-Artikel von Riskpooling-Effekten nicht betroffen sind, gelten für sie die Absatzrisikokosten des Ein-Artikel-Modells $E(K_1|x_1 = x_0)$ (Gl. 95, S. 59).

- *H-Artikel*

Bei der zu den T-Artikeln komplementären Menge der H-Artikel (S. 57) liegt der verbesserte Prognosewert μ_{1i} so hoch, dass posterior eine Ergänzungsmenge $\Delta x_{1i} > 0$ zur Basismenge x_0 produziert werden sollte. Für die erwartete Artikelzahl m_H gilt offenbar:

$$E(m_H) = m - E(m_T) = m \cdot (1 - \Phi(\hat{z}_1)) \qquad \text{Gl. 330}$$

In der Posteriorsituation wird es zunächst unser Ziel sein, möglichst alle H-Artikel durch geeignete Ergänzungsmengen Δx_{1i}^* zur jeweiligen Optimalmenge $x_{1i}^* = \mu_{1i} + z_1^* \alpha \sigma_0$ aufzustocken (S. 55). In der Summe resultiert hieraus ein *Bedarf an Reaktivkapazitäten*, der aus Priorsicht durch eine Verteilung mit dem Mittelwert μ_m (Gl. 323, S. 172) und der Standardabweichung σ_m (Gl. 324, S. 172) beschrieben werden kann. Im Gegensatz zum einfachen m-Artikel-Teilpostponementmodell (S. 171 ff.) sind im vorliegenden Modell allerdings die Posterior-Produktionsmöglichkeiten durch die prior reservierten Kapazitäten mR_0 beschränkt, d.h. Restriktionsgleichung 326 (S. 174) ist einzuhalten. Offenbar sind hier zwei Fälle zu unterscheiden:

- *Kapazitätsrestriktion Gl. 326 nicht aktiv*

  Hier sind die verbesserten Prognosewerte μ_{1i} ($i = 1, ..., m$) zufällig so niedrig ausgefallen, dass die prior reservierte Reaktivkapazität mR_0 ausreicht, *um alle H-Artikel bis zur optimalen Posteriormenge* x_{1i}^* *aufzustocken.* Um die Priorwahrscheinlichkeit dieses Falles abzuschätzen, erinnern wir uns an den *zentralen Grenzwertsatz*: Für „hinreichend große" Artikelzahlen m kann der Bedarf an Reaktivkapazitäten $\sum_i \Delta x_{1i}$ als Summe unabhängiger Zufallsgrößen Δx_{1i} *durch eine Normalverteilung approximiert* werden. Somit ergibt sich:

$$p\left(\sum_{i=1}^{m} \Delta x_{1i} \leq mR_0\right) = p_{x_i^*} \approx \Phi\left(\frac{mR_0 - \mu_m}{\sigma_m}\right) \qquad \text{Gl. 331}$$

mit μ_m, σ_m gem. Gl. 323 und 324 (S. 172)

Zusammenfassend gilt: Mit der Priorwahrscheinlichkeit $p_{x_i^*}$ kann für alle H-Artikel die optimale Posteriormenge x_{1i}^* disponiert werden (vgl. hierzu die Kostenerwartung $E\left(K_1 | x_1 = x_1^*\right)$ gem. Gl. 96, S. 60).

- *Kapazitätsrestriktion Gl. 326 aktiv*

  Mit der Komplementärwahrscheinlichkeit $1 - p_{x_i^*}$ reicht die prior reservierte Kapazität mR_0 nicht aus, um den Optimalbedarf $\sum_i \Delta x_{1i}^*$ abzudecken. In Analogie zum flexiblen Modell (S. 149) ist deshalb eine „Schrumpfung" der Ergänzungsmengen Δx_{1i} mit möglichst geringen Gewinneinbußen erforderlich.

- *approximative Betrachtung des Grenzfalles* m → ∞

Dieser Grenzfall ist deshalb von besonderem Interesse, weil er *Riskpooling-Schranken* aufzeigt, die auch bei „großen" Artikelzahlen m nicht überschritten werden können.

Der mit wachsenden Artikelzahlen m schrumpfende Variationskoeffizient v_m (Gl. 325, S. 173) zeigt, dass sich der durchschnittliche Bedarf an Reaktivkapazität pro Artikel mit geringer werdenden Zufallsabweichungen dem Erwartungswert

$$E(\Delta x_1) = \mu_{\Delta x_1} = \sqrt{1-\alpha^2}\,\sigma_0 \cdot \Psi(\hat{z}_1) \qquad \text{Gl. 332}$$

nähert (vgl. Gl. 132, S. 76). Wegen des posterior stattfindenden Riskpooling-Ausgleichs zwischen den unterschiedlichen Δx_{1i} -Bedarfen genügt es somit im theoretischen Grenzfall m → ∞, pro Artikel die Kapazität

$$R_0 = \mu_{\Delta x_1} = \sqrt{1-\alpha^2}\,\sigma_0 \cdot \Psi(\hat{z}_1) \qquad \text{Gl. 333}$$

zu reservieren. Dies bedeutet: Wegen des „idealen" Riskpooling-Ausgleichs im Grenzfall m → ∞ müssen *keinerlei Kapazitätspuffer* reserviert werden.

Fazit: Im Grenzfall m → ∞ geht das m-Artikel-Kapazitätsoptionsmodell mit unflexiblen Basismengen x_0 in ein *modifiziertes Teilpostponement-Modell* mit erhöhten Δx_1-Kosten über. Als durchschnittliche Gewinnerwartung $E(\bar{G}_1^*)$ pro Artikel erhalten wir (vgl. Gl. 99, S. 60):

$$E(\bar{G}_1^* | x_0^*, R_0^*, m \to \infty) =$$
$$E(G_{rf}) - \Big[E(K_1 | x_1 = x_0) + E(K_1 | x_1 = x_1^*) + \qquad \text{Gl. 334}$$
$$+ (\Delta c + c_R) \cdot E(\Delta x_1) \Big]$$

Anmerkung: Es sollte beachtet werden, dass es sich bei Gl. 334 nicht einfach um ein Teilpostponement-Modell handelt, bei dem der ursprüngliche Aufpreis für die Posteriorproduktion Δc auf $\Delta c + c_R$ erhöht wurde. Die Kostenerhöhung betrifft nämlich nur den Term $(\Delta c + c_R) \cdot \sqrt{1-\alpha^2}\,\sigma_0\,\Psi(\hat{z}_1)$, nicht aber die Bestimmung der Posterioroptimalmenge x_1^* (gem. Gl. 72 bis 75, S. 55), die nicht vom c_R-Wert abhängt. Der Grund dieser Modifikation liegt im unterschiedlichen Dispositionszeitpunkt: Aus Posteriorsicht sind die c_R-Kosten *sunk costs*, die die Bestimmung der Posterioroptimalmenge x_1^* nicht beeinflussen können.

Beispiel 10 (Fortsetzung von S. 168 ff.)

Wir interpretieren nun die Daten von Beispiel 10 alternativ als Beispieldaten eines m-Artikel-Kapazitätsoptionsmodells *mit unflexiblen Basismengen* x_0. Zur Ermittlung der optimalen Dispositions- und Kostenwerte für den theoretischen Grenzfall $m \to \infty$ setzen wir eine Optimierungsprozedur für das einfache Teilpostponementmodell (S. 53 ff.) ein und erhöhen die Kosten jeweils um die Reservierungskosten

$$K_R = c_R \cdot \sqrt{1-\alpha^2} \, \sigma_0 \, \Psi(\hat{z}_1)$$

Durch systematisches Probieren findet man rasch folgende Optimallösung:

$$x_0^* = 7400 \text{ ME}$$

$$R_0^* = \sqrt{1-\alpha^2} \, \sigma_0 \cdot \Psi(\hat{z}_1) = \sqrt{0,84} \cdot 6000 \cdot \Psi(-0,51664) = 3900 \text{ ME}$$

$$c_R R_0^* = 2,5 \cdot 3900 = 9750 \text{ GE}$$

$$E\left(\overline{K}_1^* \middle| x_0^*, R_0^*, m \to \infty\right) = 80167 \text{ GE}$$

$$E\left(\overline{G}_1^* \middle| x_0, R_0^*, m \to \infty\right) = 300000 - 80167 = 219833$$

Beziehen wir die *theoretische Kostenuntergrenze* 80167 GE des Kapazitätsoptionsmodells mit unflexiblen Basismengen (wie in Tab. 7, S. 170) auf $E\left(K_0^* \middle| \text{ohne Postponement}\right)$, erhalten wir den Wert

$$\frac{E\left(\overline{K}_1^* \middle| x_0^*, R_0^*, m \to \infty\right)}{E\left(K_0^*\right)} = 69,2 \%$$

Ein Vergleich mit den Werten in Tab. 7 (S. 170) bestätigt zunächst unsere theoretischen Überlegungen hinsichtlich des *Kostensenkungspotenzials (S. 175)*: Die Riskpooling-Potenziale im Modell mit unflexiblen Basismengen x_0 sind weitaus geringer als im flexiblen Modell. Der Kostenwert 69,2 % wird in Tab. 7 bereits bei m = 2 unterschritten und die untere Kostenschranke für m → ∞ liegt bei flexiblen Basismengen weit unter diesem Wert bei 40 %.

Auch unsere Schlussfolgerungen hinsichtlich der Bedeutung der Kapazitätsoption R_0 werden durch das Beispiel bestätigt: Während beim Modell mit flexiblen Basismengen bereits für m ≥ 19 die Flexibilität der Gesamtmenge X_0 keine Rolle mehr spielt $\left(R_0^* = 0 \right)$, behält die Kapazitätsoption beim Modell mit unflexiblen Basismengen selbst für m → ∞ einen relativ hohen Optimalwert von $R_0^* = 3900$ ME.

5. Zusammenfassung und Ausblick

Absatzplanungen für saisonale Modeprodukte und die auf ihnen basierenden Beschaffungs- und Produktionsplanungen sind meist mit erheblichen Risiken verbunden. Besonders *hohe Absatzrisiken* treten dann auf, wenn kurze Produktlebenszyklen und Saisonzeitfenster mit großem Variantenreichtum der Modesortimente und mit langen Lieferzeiten verknüpft sind. Müssen hier die Produktionsmengen trotz ungenauer Nachfrageprognosen bereits lange vor Eröffnung der Verkaufssaison variantengenau fixiert werden, zeigen sich in der Saison regelmäßig hohe Umsatzverluste durch Fehl- oder Übermengen (Absatzrisikokosten). Theoretische Modellrechnungen und empirische Untersuchungen bestätigen die *Dominanz der Absatzrisikokosten* in den meisten Supply Chains für Modeprodukte.

Um Absatzrisiken nachhaltig zu senken, werden *agile, d.h. reaktionsschnelle und flexible Produktionsprozesse* eingesetzt, die bei schlecht prognostizierbarer Nachfrage rasch auf verbesserte Vorhersagewerte und entsprechende Korrekturen der Produktions- und Nachschubdisposition reagieren können. Beim Einsatz agiler Prozesse sind allerdings im Vergleich zu *nicht-agilen Low-Cost-Produktionen (z.B. in Fernost)* Mehrkosten *(Reaktivkosten, Flexibilitätskosten)* in Kauf zu nehmen. Die optimale Gestaltung und Steuerung von Mode-Supply-Chains erfordert somit die Bewältigung von *Zielkonflikten zwischen sinkenden Absatzrisikokosten und steigenden Produktionskosten.*

Sucht man in einer konkreten Entscheidungssituation die *gewinnmaximale Kombination* von kostengünstigen (aber unflexiblen) und „teueren" (aber agilen) Produktionsprozessen, sind u.a. folgende Fragen zu beantworten:

- Wie hoch sind die Absatzrisikokosten, wenn die Produktion des vorliegenden Modesortiments ausschließlich mit unflexiblen Low-Cost-Prozessen durchgeführt wird?

- Könnte sich der Einsatz agiler Prozesse grundsätzlich für das ganze Sortiment, bestimmte Produktgruppen oder ausgewählte Artikel lohnen?

- Welche Artikel sollte man gegebenenfalls hier selektieren?

- Könnte es zweckmäßig sein, saisonale Teilmengen für bestimmte Artikel kostengünstig vorzuproduzieren, um dann später bei besserem Informationsstand mit Hilfe von Quick-Response-Prozessen Ergänzungsmengen „nachzuschieben"?

- Wie hoch sollten gegebenenfalls die optimalen Erstproduktionsmengen, wie hoch die Ergänzungsmengen sein?

- Lohnt sich die Reservierung von knappen Quick-Response-Kapazitäten, um deren Verfügbarkeit kurz vor der Saison sicherzustellen?

- Sollte die Produktion auf variantenflexible oder individualisierungsflexible Prozesse umgestellt werden, um Riskpooling-Vorteile zu erzielen?

Die Beantwortung derartiger Fragen erfordert *quantitative Modelle, die in der Lage sind, die auftretenden mehrstufigen stochastischen Entscheidungsprozesse* adäquat abzubilden. In der vorliegenden Arbeit wird eine *Modelltheorie entwickelt, die in idealtypischer Form wesentliche Kerngebiete des angesprochenen Entscheidungsbereiches* strukturiert und einer Optimierung zuführt. Formal handelt es sich um eine Familie von wahrscheinlichkeitstheoretischen Modellen vom Newsvendor-Typ.

Als *idealtypisches Basisszenario für die Modellierung* wird ein Unternehmen unterstellt, das in rhythmischen Saisonzyklen ein innovatives Sortiment von Modeprodukten entwirft und produziert oder von Subunternehmern produzieren lässt (S. 7 ff.). Für die Produktion der neuen Saisonartikel kann entweder eine beliebig erweiterungsfähige *Normalkapazität* oder (unter Inkaufnahme von höheren Produktionskosten) eine *agile Reaktivkapazität* eingesetzt werden. Der entscheidende Nachteil der unflexiblen Normalkapazität besteht darin, dass sie wegen langer Planungs- und Lieferzeiten bereits „lange vor" Saisonbeginn *(zum Priorzeitpunkt t_0)* definitiv mit bestimmten Artikeln und Artikelmengen belegt werden muss. Zum Priorzeitpunkt t_0 liegen für jeden Artikel nur *sehr ungenaue Nachfrageprognosen* vor (μ_0, σ_0-Normalverteilungen), so dass die auf ihnen basierenden Planproduktionsmengen x_0 mit hohen Absatzrisiken behaftet sind.

Im Sinne einer *Postponementstrategie* kann die Produktionsmengenplanung ganzer Artikel (*Totalpostponement*) oder von Artikelteilmengen (*Teilpostponement*) auch auf einen deutlich näher an der Verkaufssaison liegenden *Posteriorzeitpunkt t_1* verschoben werden. Der Vorteil dieser Strategie besteht darin, dass posterior wegen verbesserter

Nachfrageinformationen (z.B. aufgrund von Fachmessen oder ersten Saisonverkäufen) wesentlich genauere Prognosen vorliegen (μ_1, σ_1 -Normalverteilungen mit $\sigma_1 = \alpha\sigma_0$ und $0 < \alpha < 1$) und dass die Absatzrisikokosten deshalb für die posterior disponierten Mengen entsprechend absinken. Nachteilig an Postponementstrategien ist der Zwang zum Einsatz von „teueren" oder nur sehr begrenzt verfügbaren *Reaktivkapazitäten*, weil nur diese die *kurzen Lieferzeiten bis zum Saisonverkauf* bewältigen können. Modelle, in denen die *Postponement-Verbesserungspotenziale für einzelne Modeartikel (Ein-Artikel-Modelle)* analysiert werden (Kap. 3), bilden die Basis für weitergehende *Konzepte zur Risikosenkung für ganze Sortimente* (in Kap. 4).

Die Analyse beginnt mit einer Quantifizierung der *maximalen Verbesserungspotenziale* (S. 15 ff.): Reicht das maximale Postponement-Verbesserungspotenzial für die betrachtete Artikelgruppe aus, um realistische Postponementanstrengungen lohnend erscheinen zu lassen? Es zeigt sich, dass die Verbesserungspotenziale (bei Außerachtlassung der Agilitätsmehrkosten) in empfindlicher Weise von den Datenausprägungen der jeweils untersuchten Modeartikel abhängen (insbesondere von den Preis- und Kostenverhältnissen, vom Priorprognosefehler σ_0 und vom Prognoseverbesserungsfaktor α). Wählt man typische Datenkonstellationen, dann zeigen sich i.d.R. Verbesserungen der Gewinnerwartung zwischen 10 und 30 %. Welcher Teil dieses Bruttopotenzials tatsächlich realisiert werden kann, hängt entscheidend davon ab, in welchem Ausmaß Reaktivkapazitäten zur Verfügung stehen, welche Einsatzflexibilität sie aufweisen und welche Mehrkosten anfallen.

In einer ersten Modellvariante wird eine *flexible Verfügbarkeit von Reaktivkapazitäten gegen einen Aufpreis Δc bei den Produktionsstückkosten* unterstellt (S. 42 ff.). Obwohl die variablen Mehrkosten Δc [GE/ME] einer Postponementproduktion fallabhängig bestimmt werden müssen, kann man davon ausgehen, dass sie in der Tendenz ansteigen, wenn die erlaubten Reaktionszeiten kürzer werden und der Mengenflexibilitätsbedarf zunimmt.

Analysiert man im Δc-Szenario für einen bestimmten Modeartikel die Entscheidung, ob die gesamte Saisonmenge entweder prior oder posterior produziert werden soll (*Totalpostponement-Entscheidung*), dann sind u.a. folgende Fragen zu klären:

- In welchem Ausmaß steigen bei einem Totalpostponement die Produktionskosten, in welchem Ausmaß sinken die Absatzrisikokosten?

- Welche Verbesserungen oder Verschlechterungen bei der Gewinnerwartung $\Delta G = E(G_1) - E(G_0)$ zeigen sich somit im Vergleich zu einer vollständigen Priorproduktion?

- Wo liegt bei gegebener Prognoseverbesserung der Δc-Schwellwert, bei dem sich ein Totalpostponement nicht mehr lohnt?

- Oder umgekehrt: Wo liegt bei gegebenen Mehrkosten Δc der Prognoseverbesserungsschwellwert?

- Wie hoch ist der Bedarf an Mengenflexibilität bei den Reaktivkapazitäten?

Liegen die *Schätzdaten eines Modeartikels* vor (der reguläre Verkaufspreis p in der Saison, der reduzierte Verkaufspreis p_0 für Übermengen, die variablen Produktionskosten c bzw. c + Δc, die Priorprognose μ_0, σ_0 und der Prognoseverbesserungsfaktor α), dann können derartige Fragen ohne Schwierigkeiten modellgestützt beantwortet werden. Darüber hinaus liefert die Modelltheorie auch interessante allgemeine Einsichten, z.B. zum *Mengenflexibilitätsbedarf bei den Reaktivkapazitäten* (S. 44 f.). Dieser resultiert aus der *Bedarfsunsicherheit bei der Kapazitätsplanung*: Entscheidet man sich prior dafür, die Saisonmenge eines bestimmten Artikels zur Gänze posterior zu disponieren und zu produzieren (Totalpostponement), bestehen Unsicherheiten hinsichtlich der einzuplanenden Reaktivkapazitäten, die durch geeignete Maßnahmen zur Kapazitätsflexibilisierung aufgefangen werden müssen (S. 8 f.). Die Modellanalyse zeigt nun: Je weiter das *Nachfragerisiko* zum Posteriorzeitpunkt t_1 (gemessen mit der Varianz $\alpha^2\sigma_0^2$) gesenkt werden kann, desto höher steigt die *Bedarfsunsicherheit für die erforderlichen Reaktivkapazitäten* (gemessen mit der Varianz $(1-\alpha^2)\sigma_0$). Jede Verminderung des Nachfragerisikos muss also mit einer entsprechenden Vermehrung des Kapazitätsbedarfsrisikos erkauft werden. In der Konsequenz gilt: *Die Mengenflexibilität von Reaktivkapazitäten muss im Ausmaß der geplanten Absatzrisikoabsenkung ansteigen.*

Technische oder organisatorische Zwänge (z.B. prohibitive Umrüstkosten oder eine andernfalls notwendige Verdopplung von Spezialmaschinen) können eine Alles-oder-nichts-Entscheidung (eine Totalpostponement-Entscheidung) erfordern. Wenn derartige Zwänge jedoch nicht bestehen, sollte ein *Postponement von Artikelteilmengen* erwogen werden (S. 53 ff.). Die erfolgversprechende *Grundidee von Teilpostponementstrategien* lautet: Auch die oft unsicheren Priorprognosen für Modeprodukte enthalten gewisse *Basis-Nachfragemengen* x_0, die ohne großes Absatzrisiko bereits zum Priorzeitpunkt t_0 kostengünstig auf der Normalkapazität produziert werden können. Die höheren Produktionskosten der Reaktivkapazitäten belasten dann nur noch die *wesentlich geringeren Ergänzungsmengen* Δx_1, die (falls erforderlich) zum Posteriorzeitpunkt t_1 erheblich *zielgenauer disponiert* werden können. Wenn man Teilpostponementstrategien mit Totalpostponementstrategien bei sonst gleichen Artikeldaten modellanalytisch vergleicht, wird das Teilpostponementkonzept in wesentlichen Punkten bestätigt:

- Bei optimaler Disposition der Priormengen x_0^* und der Ergänzungsmengen Δx_1^* sind die Gewinnerwartungen und Postponementverbesserungen deutlich höher als bei einem Totalpostponement.

- Steigen die Mehrkosten Δc der Postponementproduktion an, sind Teilpostponementstrategien auch dann noch lohnend, wenn beim Totalpostponement der Verlustschwellwert schon überschritten ist. Die Verlustschwelle ist beim Teilpostponement erst dann erreicht, wenn der Stückdeckungsbeitrag der Postponementproduktion in den negativen Bereich eintritt.

- Der Bedarf an Reaktivkapazitäten für die Ergänzungsmengen Δx_1 ist i.d.R. weitaus geringer als der Bedarf für die Totalpostponementmengen x_1.

- Das relative Bedarfsrisiko bei den Reaktivkapazitäten (gemessen mit dem Variationskoeffizienten $v_{\Delta x_1}$) steigt allerdings stark an (S. 72 ff.), weil für die Reaktivproduktion nur die besonders unsicheren „Bedarfsspitzen" verbleiben.

In Anbetracht der *hohen Über- und Leerkapazitätsrisiken*, die bei Teilpostponementstrategien auftreten, erscheint eine Erfassung der Reaktivitäts- und Flexibilitätskosten allein durch variable Zusatzkosten Δc [GE/ME] nicht immer ausreichend. Dies gilt besonders dann, wenn das Risiko der Kapazitätsverfügbarkeit durch einen produzierenden *Subunternehmer* getragen werden soll. In der Tat sind in vielen Branchen *Verträge zur Bereitstellung und optionalen Nutzung von Produktionskapazitäten (Kapazi-*

tätsoptionen) üblich, die u.a. das Ziel verfolgen, die auftretenden Verfügbarkeits- und Nichtnutzungs-Risiken fair zwischen den Supply-Chain-Partnern aufzuteilen (S. 83 ff.). In Theorie und Praxis werden zahlreiche Ausgestaltungsformen diskutiert, z.B. *Backup Agreements, Quantity Flexibility Contracts oder Pay-to-delay Capacity Reservations.*

Das Kapazitätsoptionsmodell: In Anlehnung an die Struktur von *Pay-to-delay Capacity Reservations* wird das bisherige Δc-Modell mit der Entscheidungsvariablen x_0 [ME] durch eine *zweite Prior-Entscheidungsvariable* R_0 [ME] ergänzt. Mit Hilfe dieser Entscheidungsvariablen wird die unbegrenzte Verfügbarkeit und Flexibilität der Reaktivkapazitäten im Δc-Modell durch eine *begrenzt flexible Kapazitätsoption* zum Preis c_R [GE/ME] ersetzt: Wenn der Disponent zum Priorzeitpunkt t_0 für den betrachteten Artikel eine Teilpostponement-Strategie für opportun hält, dann muss er (neben der richtigen Wahl der Priormenge x_0) auch für eine ausreichende Verfügbarkeit von Reaktivkapazitäten sorgen. Nur wenn er prior R_0 Kapazitätseinheiten zum Gesamtpreis *(upfront fee)* $c_R R_0$ [GE] reserviert, hat er posterior im Licht einer genaueren Nachfrageprognose die Entscheidungsfreiheit, eine Ergänzungsmenge Δx_1 im Bereich der *Optionsbandbreite* $0 \leq \Delta x_1 \leq R_0$ zu disponieren.

Die *Optimierung von Postponementstrategien mit begrenzter Quick-Response-Flexibilität* im Rahmen des Kapazitätsoptionsmodells erbringt u.a. folgende Erkenntnisse (S. 87 ff.):

- Das „Gewinn-Gebirge" ist in der näheren Umgebung des „Gewinn-Gipfels" x_0^*, R_0^* sehr flach, d.h. bei der Verwendung von Näherungswerten für die Optimallösung erleidet man praktisch keine Gewinneinbußen (Abb. 6, S. 94 und S. 100 ff.).

- Im *Δc-Modell* entscheidet der Disponent posterior, d.h. nach Bekanntwerden der verbesserten Prognosewerte *bei deutlich vermindertem Risiko* darüber, ob und gegebenenfalls in welchem Umfang es sich lohnt, die „teuere" Reaktivproduktion in Anspruch zu nehmen. Im *Kapazitätsoptionsmodell* hat er diese Entscheidungsfreiheit aber nur dann, wenn er bereits *in der unsicheren Priorsituation* in ausreichendem Ausmaß R_0 Reaktivkapazitäten zum Preis c_R [GE/ME] reserviert hat. Da die Reservierungskosten $c_R R_0$ unabhängig von der späteren Nutzung anfielen, wächst mit steigendem Reservierungspreis c_R das *Prior-Risiko eines Postponement-Einsatzes* erheblich an. Es verwundert daher nicht, dass die Gewinnverbesserungen einer Postponementstrategie und auch die Schwellwerte für einen lohnenden Postponementeinsatz auf eine *Erhöhung des Reservierungspreises c_R weitaus kritischer reagieren als auf eine Erhöhung der variablen Produktionskosten Δc* (S. 98 f. und Anhang D). Überschreiten die Mehrkosten c_R und Δc einer agilen Produktion gewisse Grenzen, dann lohnt sich ein Postponement von Artikelteilmengen selbst dann nicht, wenn man posterior den *Idealfall einer sicheren Nachfrageprognose* $\alpha = 0$ *unterstellt.*

• Bevor in Märkten mit hoher Nachfrageunsicherheit und entsprechend hohen Kapazitätsrisiken *Quantity Flexibility Contracts* oder *Pay-to-delay Capacity Reservations* vereinbart werden, besteht für beide Vertragsparteien (den „Einkäufer" und den „Produzenten") ein dringendes Bedürfnis nach rationaler Analyse der ökonomischen Vertragskonsequenzen. Mit dem *Kapazitätsoptionsmodell* kann i.d.R. ein Teil der auftretenden Fragen beantwortet werden (S. 118).

• Modelltheoretisch zeigt sich: Alle Ein-Artikel-Modelle der vorliegenden Arbeit lassen sich als *Spezial- oder Grenzfälle aus dem Kapazitätsoptionsmodell* herleiten, z.B. das einfache Teilpostponement-Modell als Grenzfall verschwindender Reservierungskosten $c_R = 0$ mit einem fiktiven hohen Wert für die Kapazitätsreservierung R_0 (S. 108 ff.).

Die bisher diskutierten *Ein-Artikel-Modelle* bilden zwar die Basis der vorliegenden Theorie, die Risikosenkungspotenziale von agilen Produktionssystemen lassen sich aber nur dann ausschöpfen, wenn man *ganze Modesortimente oder Teilsortimente* ins Auge fasst und die *Varianten- und Individualisierungsflexibilität* agiler Prozesse für *Selektionsoptimierungen und Riskpooling-Verbesserungen* nutzt (S. 119 ff.).

Ein erstes Problemfeld zeigt sich, wenn aufgrund knapper Reaktivkapazitäten nur ein kleiner Teil des Sortiments posterior produziert werden kann. Wenn außerdem (z.B. wegen hoher Umrüstkosten) nur *Totalpostponement-Entscheidungen* erlaubt sind, stellt sich die Frage nach der *optimalen Auswahl der Postponement-Artikel.* Ein *Prioritätsindexverfahren* liefert hier brauchbare Näherungslösungen (S. 120 f.). Vorbehaltlich einer fallabhängigen Berechnung der Prioritätsindexwerte kann man stark vereinfacht folgende plausiblen Empfehlungen aussprechen: Wenn die Gewinnerwartung für das gesamte Sortiment maximiert werden soll, dann sollten für die Postponementproduktion dominant jene Artikel ausgewählt werden, die

- eine hohe Preisspanne p - $p_ü$

- eine hohe relative Prognoseunsicherheit σ_0 / μ_0

- eine hohe Prognoseverbesserungserwartung $1 - \alpha$ und

- einen geringen spezifischen Kapazitätsverbrauch

aufweisen.

Hebt man den Zwang zur Alles-oder-nichts-Postponement-Entscheidung auf, dann entsteht ein weitaus komplexeres Entscheidungsproblem (S. 123 f.): Finde für alle Artikel i eines Modesortiments die *optimalen Priorproduktionsmengen* $x^{\bullet}_{0i}$ derart,

- dass die Summe der *Artikel-Gewinnerwartungen ein Maximum* erreicht,

- dass aber andererseits die Summe der zu erwartenden Reaktivkapazitätsbedarfe bei optimaler Posteriordisposition die *vorgegebene Kapazitätsgrenze* nicht überschreitet.

Das entstehende nichtlineare Optimierungsproblem kann näherungsweise mit einem Lagrange-Ansatz bewältigt werden (S. 124 ff.). Das restringierte Problem wird hierbei auf ein *nichtrestringiertes Teilpostponementproblem mit kalkulatorischen Mehrkosten* $\Delta c_{\lambda i}$ zurückgeführt, wobei diese um so höher angesetzt werden müssen, je knapper die verfügbaren Reaktivkapazitäten und je höher die spezifischen Kapazitätsverbräuche der betrachteten Artikel i sind.

Ein äußerst interessanter strategischer Ansatz zur nachhaltigen Senkung von Absatzrisiken besteht darin, den gesamten mehrstufigen Prozess einer Modeproduktion so umzugestalten, dass der *Variantenentstehungspunkt eines Sortiments oder Teilsortiments mit der letzten Produktionsstufe zusammenfällt* (S. 11 ff und S. 130 ff.). Idealerweise sollten die unspezifizierten *generischen Vorprodukte der* ersten Produktionsstufen

- den größten Teil der gesamten Fertigungszeit und Wertschöpfung verbrauchen

- bei Bedarf in kurzer Zeit mit Hilfe einfacher Ergänzungsprozesse (z.B. durch Montage-, Färbe- oder Verpackungsprozesse) *zu zahlreichen verkaufsfähigen Artikelvarianten individualisiert* werden können.

Das bekannteste Beispiel eines individualisierungsflexiblen Produktionsprozesses in der Modebranche stammt von der Firma Benetton (S. 12). Die *Vorteile dieser Prozess-Struktur* bestehen darin (S. 12 f.),

- dass einerseits im prognosegesteuerten Teil der Supply Chain zahlreiche kleine Nachfrageströme von Modevarianten in wenigen starken Strömen von generischen Vorprodukten gebündelt werden (*Erzielung von Economies of Scale und von Riskpooling-Effekten*) und

- dass andererseits die bedarfsgesteuerten variantenerzeugenden letzten Produktionsstufen wegen ihres niedrigen Wertschöpfungs- und Zeitanteils nur *geringe reaktive Mehrkosten und sehr kurze Reaktionszeiten* verursachen (*verkaufsnahe genaue Absatzprognosen*).

Um die *durchschnittlichen Riskpooling-Vorteile der Individualisierungsflexibilität* zu quantifizieren, geht die vorliegende Arbeit von der idealtypischen Annahme aus, m produktionstechnisch verwandte Artikel eines Modesortiments oder Teilsortiments würden näherungsweise dieselben (mittleren) Dispositionsdaten aufweisen (S. 130 f.). Bereits zum Priorzeitpunkt t_0 müssen *auf Basis unsicherer Erstprognosen die Gesamtproduktionsmengen* $X_0 = mx_0$ für die jeweiligen generischen Produkte festgelegt werden. Im Gegensatz dazu kann sich die weitaus schwierigere *Disposition der Einzelmengen* x_{1i} *für die m Produktvarianten* auf die *wesentlich genaueren Posteriorprognosen* stützen, weil die schnellen Variantenerzeugungsprozesse eine verkaufsnahe Planung erlauben.

Optimiert man auf Basis dieser idealtypischen Modellstruktur die Prior- und Posteriorentscheidungen für ein *Teilsortiment mit m Produktvarianten und mit einem Prognoseverbesserungswert* α, dann zeigen sich u.a. folgende Zusammenhänge (S. 138 ff.):

- Die durch den *Riskpooling-Ausgleich zwischen den m Varianten* verursachten Dispositions- und Kostenwirkungen lassen sich in einem Riskpooling-Postponement-Faktor $f_{RP} = \sqrt{\alpha^2 (1 - 1/m) + 1/m}$ zusammenfassen. Mit *steigendem Sortimentsumfang m* sinken die f_{RP}-Werte von ihrem Maximalwert 1,00 für m = 1 (kein Riskpooling) auf ihren unteren Grenzwert α (maximales Riskpooling für „große" Sortimentsumfänge m).

- Ohne Riskpooling (d.h. für m = 1) entspricht die *optimale Prior-Produktionsmenge* x_0^* dem Nachfrageprognosewert μ_0, der (in Abhängigkeit vom relativen Deckungsbeitrag und vom Prognosefehler σ_0) um einen *Chancenzuschlag* vermehrt oder um einen *Risikoabschlag* vermindert wird. Gehen wir von der Einzelartikel-

Optimierung zur *optimalen Sortiments-Disposition* mit m Artikelvarianten über, dann schrumpfen die ursprünglichen Chancenzuschläge oder Risikoabschläge im Ausmaß des f_{RP}-Wertes, d.h. die optimalen Dispositionswerte nähern sich den Nachfrageprognosewerten.

- Auch für die *Absatzrisikokosten* finden wir eine entsprechende Gesetzmäßigkeit: *Sie schrumpfen mit steigendem Sortimentsumfang m auf den Anteil* f_{RP} ihres ursprünglichen Wertes bei m = 1. Für „große" Sortimentsumfänge m können wir somit eine Schrumpfung auf den Anteil α erwarten. Rechnen wir z.B. posterior mit einer Prognoseverbesserung α = 50 %, dann nähern sich die Risikokosten mit steigender Variantenzahl m 50 % ihres ursprünglichen Wertes bei m = 1. Das *maximale Postponement-Verbesserungspotenzial* wird für „große" m-Werte vollständig ausgeschöpft (S. 142).

Wenn die Art der technischen Realisierung offen bleibt, kann das Modell der flexiblen generischen Vorprodukte auch *in allgemeinerem Sinn interpretiert* werden (S. 132): In einer Mode-Supply-Chain schließen ein „Einkäufer" und ein „Produzent" (der über *variantenflexible Produktionskapazitäten* verfügt) folgenden *Flexibility Contract* ab: Der Einkäufer verpflichtet sich zu einem „frühen" Zeitpunkt t_0 zur Abnahme einer bestimmten Sortimentsgesamtmenge X_0. Als Gegenleistung für diese Abnahmeverpflichtung erhält er das Recht, zu einem „späteren" Zeitpunkt t_1 (wenn genauere Absatzprognosen vorliegen) die m Einzelartikelmengen x_{1i} im Rahmen der Gesamtmenge X_0 frei zu disponieren.

Erweiterung zum m-Artikel-Kapazitätsoptionsmodell: Im bisherigen Sortimentsmodell ist posterior nur der Produktmix x_{1i} im Rahmen einer prior fixierten Sortimentsgesamtmenge X_0 flexibel wählbar. Beansprucht die Produktionsplanung posterior nicht nur beim Produktmix, sondern auch *bei der Sortimentsgesamtmenge eine begrenzte Dispositionsflexibilität*, muss das Modell in Analogie zum Kapazitätsoptionsmodell erweitert werden (S. 144 ff.): Zum Priorzeitpunkt t_0 vereinbart der „Einkäufer" mit dem „Produzenten" für das betrachtete Teilsortiment mit m Artikeln eine *beiderseits verpflichtende minimale Abnahmemenge* X_0 = mx_0 [ME] zum Preis c [GE/ME]. Ferner *reserviert er für* mR_0 [ME] *Reaktivkapazitäten*, über die er zum Posteriorzeitpunkt t_1 frei verfügen kann. Als Ausgleich für das Nicht-Beschäftigungsrisiko der reservierten Kapazitäten bezahlt der Einkäufer dem Produzenten Priorgebühren (upfront fees) in

Höhe von $c_R m R_0$ [GE]. Weiterhin wird vereinbart, dass die Nutzung der Reaktivkapazitäten (über die Normalkosten hinaus) mit einem Aufpreis Δc [GE/ME] verbunden ist.

Analysiert und optimiert man das *aus diesem Entscheidungsszenario resultierende m-Artikel-Kapazitätsoptionsmodell*, werden folgende Strukturen sichtbar (S. 164 ff.):

- Die Schwellwerte für einen lohnenden *Erwerb von Kapazitätsoptionen* $R_0 > 0$ hängen (wie beim Ein-Artikel-Kapazitätsoptionsmodell) in kritischer Weise vom Reservierungspreis c_R ab. Sind die Mehrkosten c_R und Δc einer Gesamtmengenflexibilität zu hoch oder die Aussichten auf eine Nachfrageprognoseverbesserung zu gering, besteht die optimale Strategie in einem Optionsverzicht ($R_0^* = 0$).

- Die Optimalstrategien und Riskpooling-Ersparnisse zeigen c.p. *bei steigendem Sortimentsumfang m folgenden typischen Verlauf* (S. 164 ff. und Tab. 7, S. 170):

  - *Grenzfall m = 1: kein Riskpooling*

    Wegen fehlender Riskpooling-Ersparnisse werden in diesem Grenzfall die Postponement-Verbesserungen allein durch die Gesamtmengenflexibilität bewirkt. Die optimale Kapazitätsoption R_0^* [ME] hat hier konsequenterweise ihre *maximale Bandbreite*, die optimale Mindestabnahmemenge x_0^* ihren kleinsten Wert.

  - *steigende Riskpooling-Verbesserungen und sinkende Bedeutung der Kapazitätsoption R_0 im Bereich 1 < m < m_0*

    Mit steigendem Sortimentsumfang führt der verstärkte Riskpooling-Ausgleich zwischen den m Produktvarianten zu monoton sinkenden Absatzrisikokosten. Gleichzeitig sinkt aber auch die Bedeutung der Gesamtmengenflexibilität, d.h. die optimalen Reservierungsmengen R_0^* nehmen mit wachsendem Sortimentsumfang sukzessive ab, die optimalen Mindestabnahmemengen x_0^* nehmen entsprechend zu.

  - *Verzicht auf den Erwerb von Kapazitätsoptionen im Bereich m > m_0*

    Steigt der Sortimentsumfang m über einen artikelspezifischen Schwellwert m_0, sind die Riskpoolingeffekte in der prior disponierten Sortimentsgesamtmenge X_0 so groß, dass auf eine Wahrnehmung der „teueren" Kapazitätsoption gänzlich verzichtet werden kann ($R_0^* = 0$). Das m-Artikel-Kapazitätsoptionsmodell geht in diesem Bereich formal in das Modell mit fixierter Gesamtmenge über. Konsequenterweise nähern sich die Absatzrisikokosten (wie beim Modell für generische Vorprodukte) bei sehr großem Sortimentsumfang dem unteren Grenzwert $\alpha \cdot E(K_0^*|\text{ohne Postponement})$.

Um *Fehl- und Überinterpretationen einer Modelltheorie* zu vermeiden, sollten auch ihre Begrenzungen aufgezeigt werden. Eine kritische Betrachtung wird vor allem an den z.T. stark vereinfachenden Annahmen ansetzen, auf denen die Theorie beruht. In der vorliegenden Arbeit sind hier insbesondere folgende idealtypischen Vereinfachungen hervorzuheben:

- *Beschreibung der Nachfrageprognosen und –prognoseunsicherheiten durch Normalverteilungen:* Empirische Erfahrungen stützen zwar die Normalverteilungsannahme (S. 15), zur Beschreibung *hochriskanter Modeartikel* sind aber Normalverteilungen nicht geeignet, weil sie mit steigender relativer Unsicherheit in nicht vertretbarem Ausmaß *unsinnige negative Nachfragewerte* erzeugen (S. 34). Eine Modellierungsalternative bietet hier die stark unsymmetrische Lognormalverteilung, die definitionsgemäß keine negativen Werte aufweist (S. 36). In der vorliegenden Arbeit werden erste Ansätze für eine Analyse hochriskanter Modeartikel auf Basis von Lognormalverteilungen entwickelt (S. 33-42).

- *stochastische Unabhängigkeit der prognostizierten Nachfragemengen von Produktvarianten eines Teilsortiments:* Die Riskpooling-Effekte in den Sortimentsmodellen werden unter der Annahme stochastisch unabhängiger Nachfragewerte der beteiligten Artikel berechnet. Im Vergleich dazu treten in der Realität häufig auch komplexere stochastische Strukturen auf, z.B. *positiv korrelierte Nachfragerisiken* (etwa bei wetterabhängiger Nachfrage)[1], aber auch *negativ korrelierte Nachfragemengen* (z.B. zwischen substitutiven Modevarianten).

- *homogene Teilsortimente:* Um die *durchschnittlichen Wirkungen von Riskpooling-Effekten* zu quantifizieren, wird in den m-Artikel-Modellen (nicht bei der Selektionsoptimierung) stark vereinfacht ein m-mal mit denselben Dispositionsdaten vorhandener „Durchschnittsartikel" unterstellt. Im Gegensatz dazu finden wir in der

---

[1] Vgl. hierzu auch die Modellierung positiv korrelierter Nachfragerisiken in räumlich gegliederten Modemärkten bei Diruf (2005) und Diruf (2007)

Praxis Artikelsortimente mit heterogenen Preis-, Kosten- und Nachfragedaten. Hier erhebt sich z.b. die Frage, in welcher Weise und in welchem Ausmaß sich unterschiedliche ABC-Charakteristiken eines Modesortiments auf die Postponement- und Riskpooling-Ergebnisse auswirken.

- *Maximierung von Gewinnerwartungen:* Gewinn- und Kostenerwartungswerte sind die zentralen Entscheidungskriterien in allen Modellvarianten. Grundsätzlich wird angenommen, dass alle Prior- und Posteriorentscheidungen so getroffen werden sollen, dass (unter Beachtung der jeweils geltenden Daten und Restriktionen) die Gewinnerwartungen für die disponierten Artikel und Sortimente ein Maximum erreichen. Letztlich realisieren sich aber nicht Erwartungswerte, sondern *zufällige Gewinnwerte,* die in Abhängigkeit von der tatsächlich wirksam werdenden Nachfrage deutlich unter oder über den Erwartungswerten liegen können. Eine Ergänzung der Erwartungswertanalyse durch eine *Risikoanalyse der Gewinne* wäre somit wünschenswert. Bei stark risikoaversen Unternehmern könnten auch andere Optimierungsziele angemessen erscheinen, z.b. die Maximierung der Wahrscheinlichkeit, einen bestimmten Zielgewinn zu erreichen.

- *stark vereinfachte Entscheidungsszenarien:* Im Vergleich zur Realität erscheint vor allem die Zeitstruktur der Modellszenarien stark vereinfacht: ein „früher" *Prior-Entscheidungszeitpunkt* t_0 mit sehr groben Nachfrageprognosen, ein „später" *Posterior-Entscheidungszeitpunkt* t_1 mit deutlich genaueren Vorhersagewerten und schließlich eine *definierte Verkaufssaison,* in der sich für jeden Modeartikel ein bestimmter Nachfragewert realisiert. In der Praxis können demgegenüber die Entscheidungs-, Produktions- und Verkaufszeiten fluktuieren. In manchen Quick-Response-Systemen werden darüber hinaus mit zunehmender Prognosegenauigkeit nicht nur zwei, sondern drei und mehr Nachschubproduktionen angestoßen. Hier stellt sich allerdings die Frage, ob der zusätzliche Erkenntnisgewinn den Modellierungsaufwand eines drei- oder mehrstufigen Postponement-Prozesses rechtfertigt. Das Basismodell für den Prognoseverbesserungsprozess lässt sich allerdings ohne Schwierigkeiten entsprechend verallgemeinern (vgl. Anhang A).

- *verfügbare und stabile Nachfrage-, Preis- und Kostendaten:* In der Modellanalyse wird bei allen betrachteten Artikeln von verfügbaren und stabilen Nachfrage-, Preis- und Kostendaten ausgegangen. Hier ist zunächst anzumerken, dass die vorliegende Modelltheorie *nicht für den unmittelbaren operativen Einsatz, sondern zur Aufdeckung und Erklärung grundlegender struktureller Zusammenhänge und zur Unterstützung strategischer Postponement-Entscheidungen* entwickelt wurde. Nichtsdestoweniger ist kritisch festzustellen, dass in der Realität nicht nur die unsicheren Nachfragewerte als Risikoquelle wirken, sondern auch die künftigen Verkaufspreise und Kosten, die in den Modellen als stabile Daten auftreten. Ein fallspezifischer Einsatz der Modelle im Rahmen von *strategischen Postponement-Entscheidungen* wird hierdurch allerdings nicht behindert, weil zur Klärung grundsätzlicher Fragen (S. 181 f.) i.d.R. *grobe Datenschätzwerte* ausreichen. Bei schwieriger Datenlage können auch *Datenparametrisierungen, Worst- und Best-Case-Rechnungen* oder die Ermittlung von *Rentabilitätsschwellwerten* erheblich zur Problemklärung beitragen.

Zur *Weiterentwicklung der vorliegenden Modelltheorie* bieten sich zahlreiche Möglichkeiten. Ein fruchtbarer Ansatz besteht z.B. darin, die o.g. idealtypischen Modellvereinfachungen durch *realitätsnähere (i.d.R. kompliziertere) Modellannahmen* zu ersetzen, z.B. homogene durch heterogene Teilsortimente in der Riskpooling-Analyse. Ein anderer Entwicklungsansatz konzentriert sich darauf, *erkenntnisfördernde Modellerweiterungen oder ergänzende Analysen* vorzunehmen, z.B. (wie oben beschrieben) Risikoanalysen für die Artikel- und Sortimentsgewinne. Bei den meisten theoretischen Weiterentwicklungen ist allerdings davon auszugehen, dass Erhöhungen der Modellkomplexität die praktikablen Möglichkeiten der wahrscheinlichkeitstheoretischen Analyse überfordern, so dass *als Untersuchungsmethode nur noch die Monte-Carlo-Technik verbleibt.*

Neben theoretischen Weiterentwicklungen sind vor allem *empirische Studien* erforderlich, um die Erkenntnisse zur optimalen Nutzung agiler Produktionsprozesse in Mode-Supply-Chains voranzubringen. Insbesondere Fallstudien zum Risikomanagement in typischen saisonalen Modesegmenten würden den praktischen und wissenschaftlichen Fortschritt beschleunigen.

Anhang A

Modellierung eines mehrstufigen Prognoseverbesserungsprozesses

An diskreten Zeitpunkten t_i (i = 0, 1, ..., n) werden jeweils verbesserte Informationen zur Nachfrageprognose eines Produktes verfügbar. Die *Nachfrageerwartung zum Zeitpunkt* t_i $E(r_i) = \mu_i$ ändert sich dementsprechend und die *normalverteilte Nachfrageunsicherheit* (gemessen mit der Standardabweichung $\sigma_i = \alpha_i \cdot \sigma_0$) nimmt sukzessive ab.

Formal gilt also:

- Nachfrageprognosewert zum Zeitpunkt $t_i = \mu_i$

- Aus Sicht der Prognose zum Zeitpunkt t_i gehorcht die Nachfrage des betrachteten Artikels einer Normalverteilung mit den Parametern μ_i, $\sigma_i = \alpha_i \cdot \sigma_0$

- Bereits zum Zeitpunkt t_0 kann die mit fortschreitender Zeit t_i zunehmende Prognosegenauigkeit (= die Abnahme der σ_i-Werte) grob geschätzt werden.

- In diesem Sinn definieren wir formal:

  $0 \le \alpha_i \le 0$

  $\alpha_{i+1} \le \alpha_i$

  $\alpha_0 = 1$

  $\alpha_{n+1} = 0$

- Die abfallende Folge der α_i-Werte kann aus Erfahrungswerten hergeleitet werden. Im Rahmen theoretischer Untersuchungen lassen sich aber auch regelmäßige Folgen analysieren, z.B. eine geometrische Folge:

  $\alpha_{i+1} = \beta \cdot \alpha_i$ mit $0 < \beta < 1$

  Beispiel: $\beta = 0,5$

  σ_0; $\sigma_1 = 0,5\,\sigma_0$; $\sigma_2 = 0,25\,\sigma_0$, ...

Wie können in einem *mehrstufigen Monte-Carlo-Prozess* μ_i-Werte (i = 1, 2, ..., n) und letztendlich r-Werte erzeugt werden, die konsistent sind mit den bisher dargestellten Annahmen?

Da wir auf jeder Stufe *erwartungstreue Prognosen* unterstellen, muss der gesuchte Monte-Carlo-Prozess aus Priorsicht t_0 folgende Forderungen erfüllen:

- Die ursprünglich zum Zeitpunkt t_0 vorgegebene (sehr unsichere) Nachfrageverteilung (eine Normalverteilung mit den Parametern μ_0, σ_0)

- muss identisch sein zu jenen Verteilungen, die man erhält, wenn man den Nachfrageverbesserungsprozess (modelliert als mehrstufigen Zufallsziehungsprozess) $\mu_0 \rightarrow \mu_1 \rightarrow$

  $\rightarrow ... \mu_i \rightarrow r$ bis zu einer beliebigen Stufe i durchführt und dann mit der bis dahin erreichten Prognoseverteilung (mit den Parametern μ_i, $\sigma_i = \alpha_i \, \sigma_0$) Nachfragewerte r „würfelt".

Aus dieser Forderung resultiert, wie sich zeigen lässt, als *Modell für den Nachfrage-Verbesserungsprozess ein mehrstufiger Zufallsziehungsprozess mit folgender Struktur:*

Der jeweils „verbesserte" Nachfrageerwartungswert $E(r_{i+1}) = \mu_{i+1}$ (i = 1, 2, ...) wird als Zufallswert aus einer Normalverteilung mit den Parametern

$$\mu_i, \sigma_i^{'} = \sqrt{\alpha_i^2 - \alpha_{i+1}^2} \cdot \sigma_0$$

gezogen.

Beispiel: zweimalige Prognoseverbesserung mit den Werten

$\alpha_0 = 1,000$

$\alpha_1 = 0,500$

$\alpha_2 = 0,250$

- Priorvorgabe zum Zeitpunkt t_0:

  $r_0 \sim$ N.V. (μ_0, σ_0)

- Verbesserung zum Zeitpunkt t_1:

  $E(r_1) = \mu_1 \sim$ N.V. $\left(\mu_0, \sigma_0^{'} = \sqrt{1-\alpha_1^2} \; \sigma_0 = 0,8660 \; \sigma_0\right)$

  $r_1 \sim$ N.V. $\left(\mu_1, \sigma_1 = \alpha_1 \sigma_0 = 0,5 \; \sigma_0\right)$

Grundsätzlich gilt: Wenn in der gezeigten Weise Zufallszahlen mehrstufig aus Normalverteilungen gezogen werden, gehorcht die resultierende Gesamtverteilung (aus Priorsicht) ebenfalls einer Normalverteilung mit dem Erwartungswert μ_0 und mit einer Varianz, die der *Summe der Einzelvarianzen auf jeder Ziehungs-Stufe* entspricht.

Im vorliegenden Beispiel resultiert somit aus Priorsicht aus einem zweistufigen Ziehungsprozess $\mu_0 \rightarrow \mu_1 \rightarrow r$ für das Endergebnis r eine Normalverteilung mit dem Mittelwert μ_0 und der Varianz

$$\sigma^2 = \left(1-\alpha_1^2\right)\sigma_0^2 + \alpha_1^2\sigma_0^2 = \sigma_0^2$$

Dies entspricht der oben formulierten Forderung. In der Posteriorsicht zum Zeitpunkt t_1 ist μ_1 allerdings keine Zufallsvariable, sondern eine bereits „gewürfelte", d.h. bekannte Größe. Aus der Posteriorsicht t_1 gilt somit die reduzierte Varianz $\left(\alpha_1\sigma_0\right)^2 = \left(0,5\,\sigma_0\right)^2$.

- Verbesserung zum Zeitpunkt t_2:

$$E(r_2) = \mu_2 \sim \text{N.V.}\left(\mu_1, \sigma_1' = \sqrt{\alpha_1^2-\alpha_2^2}\,\sigma_0 = 0,4330\,\sigma_0\right)$$

$$r_2 \sim \text{N.V.}\left(\mu_2, \sigma_2 = \alpha_2\sigma_0 = 0,25\,\sigma_0\right)$$

Hier gilt analog und in Übereinstimmung mit unseren Anforderungen: Aus Priorsicht produziert der dreistufige Zufallsziehungsprozess Zufallszahlen r, die einer Normalverteilung mit dem Erwartungswert μ_0 und mit der Varianz:

$$\sigma^2 = \left(1-\alpha_1^2\right)\sigma_0^2 + \left(\alpha_1^2-\alpha_2^2\right)\sigma_0^2 + \alpha_2^2\sigma_0^2 = \sigma_0^2$$

gehorchen.

Bei Bedarf könnte im vorliegenden Beispiel die Simulationsmodellierung des Prognoseverbesserungsprozesses analog mit einer dritten oder vierten Verbesserungsstufe $\alpha_4 < \alpha_3 < \alpha_2$ fortgeführt werden.

Anhang B

Analyse und numerische Auswertung des Integrals der Fehlmengenerwartung $E\big(\Psi(z)\big)$ und des Integrals $E\big(\Phi(z)\big)$

Das *Integral der Fehlmengenfunktion* (Gl. 11, S. 21)

$$E\big(\Psi(z)\big) = \int \Psi(az+b)\,\varphi(z)\,dz \qquad\qquad \text{Gl. B 1}$$

tritt in der vorliegenden Arbeit in unterschiedlichen Teilmodellen auf (vgl. z.B. Gl. 88, S. 58 oder Gl. 95, S. 59). Erforderlich wird die Integralauswertung in zwei komplementären Formen:

$$E\big(\Psi_{\text{tief}}\big) = E\big(\Psi_T(z)\big) = \int_{-\infty}^{u} \Psi(az+b)\,\varphi(z)\,dz \qquad\qquad \text{Gl. B 2}$$

und

$$E\big(\Psi_{\text{hoch}}\big) = E\big(\Psi_H(z)\big) = \int_{u}^{-\infty} \Psi(az+b)\,\varphi(z)\,dz \qquad\qquad \text{Gl. B 3}$$

Die Bezeichnungen "tief" und "hoch" sollen darauf hinweisen, dass bei Gl. B 2 die „niedrigen" (= „tiefen") Werte der Prognosegröße μ_l relevant sind, bei Gl. B 3 dagegen die „hohen".

Offensichtlich gilt:

$$E\big(\Psi_T\big) + E\big(\Psi_H\big) = \int_{-\infty}^{+\infty} \Psi(az+b)\,\varphi(z)\,dz \qquad\qquad \text{Gl. B 4}$$

Das *allgemeine Integral* gemäß Gl. B 1 kann nur für den Spezialfall $b = 0$ als algebraische Kombination der Standardnormalverteilung $\Phi(z)$, ihrer Dichtefunktion $\varphi(z)$ und der Fehlmengenfunktion $\Psi(z)$ dargestellt werden. Wie man ohne Schwierigkeiten überprüft, gilt für diesen Spezialfall der Zusammenhang:

$$
\begin{aligned}
E\big(\Psi(z)|b=0\big) &= \int \Psi(az)\,\varphi(z)\,dz = \\
&= \frac{\sqrt{1+a^2}}{\sqrt{2\pi}} \cdot \Phi\big(\sqrt{1+a^2}\,z\big) + \\
&\quad + a\varphi(z) \cdot \Phi(-az) + C
\end{aligned}
\qquad\qquad \text{Gl. B 5}
$$

Versucht man in Analogie zum Spezialfall b = 0 den allgemeinen Fall b ≠ 0 herzuleiten, erhält man folgende Integralfunktion:

$$E\big(\Psi(z)\big) = \int \Psi(az+b)\,\varphi(z)\,dz =$$

$$= \sqrt{1+a^2}\ \varphi\left(\frac{b}{\sqrt{1+a^2}}\right) \cdot \Phi\left(\sqrt{1+a^2}\ z + \frac{ab}{\sqrt{1+a^2}}\right) +$$

$$+ a\,\varphi(z) \cdot \Phi\big(-(az+b)\big) - b \cdot \Phi(z)$$

$$+ b \int \Phi(az+b)\,\varphi(z)\,dz$$

Gl. B 6

Gl. B 6 bietet aber gegenüber dem ursprünglichen Integral (gemäß Gl. B 1) keine Vorteile, weil sich das in der Funktion B 6 auftretende Integral

$$\int \Phi(az+b)\,\varphi(z)\,dz$$

ebenfalls nicht durch einfache Standardfunktionen darstellen lässt. (Eine numerische Integrationsprozedur findet man im vorliegenden Anhang in Abschn. (8).)

Der Einsatz einer *numerischen Integrationsprozedur* zur Auswertung der Gln. B 2 und B 3 ist somit unvermeidlich. Vor einer Darstellung dieser Prozedur soll jedoch ein (zur Kontrolle der Rechengenauigkeit) nützliches Ergebnis aufgegriffen werden, das von Silver/Smith (1981) hergeleitet wurde: Für das bestimmte Integral gemäß Gl. B 4 existiert folgende allgemeine Darstellung:

$$E\big(\Psi_T\big) + E\big(\Psi_H\big) = \int_{-\infty}^{+\infty} \Psi(az+b)\,\varphi(z)\,dz =$$

$$= \sqrt{1+a^2} \cdot \Psi\left(\frac{b}{\sqrt{1+a^2}}\right)$$

Gl. B 7

Beschreibung einer numerischen Prozedur zur näherungsweisen Berechnung des Integrals $E\big(\Psi_H(z)\big)$ gemäß Gl. B 3 (Die Berechnung von $E\big(\Psi_T(z)\big)$ gemäß Gl. B 2 erfolgt in analoger Weise.):

(1) *Übernahme der Inputdaten,*

- Registrierung der speziellen Parameterwerte a, b, u, für die das Integral ausgewertet werden soll.

- Festlegung geeigneter Werte für die Parameter Δz und z_{max} (bzw. z_{min} im Fall von $E(\Psi_T)$), die die Genauigkeit der Rechnung festlegen.

Die Fläche unter der Standard-Normalverteilungsdichte $\varphi(z)$ wird in Streifen der Breite Δz zerlegt. Im Prinzip wird die Rechnung um so genauer, je schmäler die Streifenbreite Δz gewählt wird. Hier gibt es jedoch *grundsätzliche numerische Grenzen*, weil Größendifferenzen, die geringer sind als die Genauigkeit der Größen selbst, zu unsinnigen Ergebnissen führen. Entsprechend muss auch die *theoretische Obergrenze* des Integrals ($+\infty$) auf einen numerisch sinnvollen Wert z_{max} festgelegt werden (bei $E(\Psi_T(z))$ die *Untergrenze* z_{min}). Die Ober- und Untergrenzen der numerischen Integration sind durch die „Null-Nähe" des Wertes der Dichtefunktion $\varphi(z_{max})$ bzw. $\varphi(z_{min})$ bestimmt. So gilt z.B. $\varphi(5) = \varphi(-5) = 1,5 \cdot 10^{-6}$. Offensichtlich steigt die Genauigkeit nicht, wenn man zum erreichten Integralwert Zahlen addiert, die kleiner als 10^{-6} sind, wenn man davon ausgeht, dass die Ausgangsgrößen der Rechnung eine Präzision im Bereich $\pm 10^{-6}$ aufweisen.

(2) *Berechnung der Streifenzahl n*

$$n = \frac{z_{max} - u}{\Delta z} \quad \text{(aufgerundet zur nächsten ganzen Zahl)}$$

(3) *Berechnung der z_i-Werte in den Streifenmitten*

$$z_i = u + \frac{\Delta z}{2} + (i - 1) \cdot \Delta z \qquad i = 1, ..., n$$

Def.: $\Phi\left(z_n + \dfrac{\Delta z}{2}\right) = 1,000000$

(4) *Annäherung des Integralwertes durch einen Summenwert*

$$E(\Psi_H(z)) \approx \sum_{i=1}^{n} \Psi(a\, z_i + b) \cdot \left[\Phi\left(z_i + \frac{\Delta z}{2}\right) - \Phi\left(z_i - \frac{\Delta z}{2}\right) \right] \qquad \text{Gl. B 8}$$

Analoge Berechnung von $E(\Psi_T(z))$

(5) *Überprüfung der Ergebnisgenauigkeit*

Wir greifen hier auf das *theoretisch exakte Ergebnis* gemäß Gl. B 7 zurück und überprüfen seinen Übereinstimmungsgrad mit der numerisch (gemäß Gl. B 8) berechneten Integralsumme $E(\Psi_T) + E(\Psi_H)$.

(6) *Schlussfolgerungen aus bisherigen Rechenexperimenten mit einem Excel-Programm*

Aus bisherigen Rechenexperimenten kann folgende Empfehlung für die Festlegung der „Genauigkeitsparameter" Δz, z_{min} und z_{max} hergeleitet werden:

$$\Delta z \;=\; 0,01$$

$$z_{min} \;=\; -5,0$$

$$z_{max} \;=\; +5,0$$

Die numerischen Ergebnisse für die Werte $E(\Psi_T) + E(\Psi_H)$ stimmen regelmäßig in 6 Nachkommastellen mit dem theoretisch exakten Wert gemäß Gl. B 7 überein. Hieraus kann auf einen Approximationsfehler kleiner als 10^{-6} geschlossen werden, eine Präzision, die für alle denkbaren theoretischen und praktischen Anwendungen ausreichen dürfte.

(7) *Rechenbeispiel*

Bei der Auswertung von Teilpostponement-Strategien in Abschn. 3.2.2, S. 58 haben die Parameter des Integrals $E\big(\Psi_T(z)\big)$ folgende Werte:

$$a \;=\; a_u \;=\; -\frac{\sqrt{1-\alpha^2}}{\alpha} \qquad\qquad \text{vgl. Gl. 89 (S. 58)}$$

$$b \;=\; b_u \;=\; \frac{\sqrt{1-\alpha^2}}{\alpha}\cdot \hat{z}_1 + z_1^* \qquad\qquad \text{vgl. Gl. 90 (S. 58)}$$

Bei dem in Abschn. 3.2.2 untersuchten *Beispiel 4* gelten folgende Daten:

$\mu_0 = 100;$ $\quad v_0 = 80\,\% \;\rightarrow\; \sigma_0 = 80;$

$p = 140;$ $\quad p_u = 40;$ $\quad c = 70;$ $\quad \Delta c = 8;$ $\quad \alpha = 0,4$

derivative Größen:

$z_0^* \;=\; 0,524;$ $\qquad \varphi(z_0^*) \;=\; 0,3478$

$z_1^* \;=\; \Phi^{-1}\big(\omega_0^* - \Delta\zeta\big) = 0,305\,;$ $\qquad \varphi(z_1^*) \;=\; 0,3808$

gewählter Wert für die Prior-Produktionsmenge:

$x_0 \;=\; 78,08$

Prior-Erwartungswert der optimalen Posterior-Menge:

$$E(x_1^*) \;=\; \mu_0 + z_1^*\,\alpha\sigma_0 \;=\; 109,73$$

Normierte Grenze $\hat{z}_1$ zwischen „tiefen" und „hohen" μ_1-Werten:

$$\hat{z}_1 = \frac{x_0 - E(x_1^*)}{\sqrt{1-\alpha^2}\,\sigma_0} = -0,4317$$

Parameterwerte für die Integralauswertung

$$a = a_u = -\frac{\sqrt{1-\alpha^2}}{\alpha} = -2,2913$$

$$b = b_u = -2,2913 \cdot 0,4317 + 0,305 = -0,6841$$

$$u = \hat{z}_1 = -0,4317$$

Rechenergebnisse des Excel-Programms:

$$E(\Psi_T(z)) = 0,021006$$

$$E(\Psi_H(z)) = 1,355513$$

Der numerisch integrierte Wert $E(\Psi_T) + E(\Psi_H)$ stimmt auf 6 Nachkommastellen mit dem theoretisch exakten Wert gemäß Gl. B 7 überein.

Zur Illustration soll der Integralwert $E(\Psi_T(z))$ im vorliegenden Beispiel zur Berechnung der Unterdeckungsmengen-Erwartung eingesetzt werden. Hier gilt:

Die Priorwahrscheinlichkeit für einen „tiefen" Prognosewert μ_1 (bei dem posterior nichts produziert wird) beträgt:

$$p_T = \Phi(\hat{z}_1) = \Phi(-0,4317) = 0,3327$$

Tritt dieser Fall ein, dann hat die *bedingte Unterdeckungsmengen-Erwartung* den Wert:

$$E(\text{Unterdeckungsmenge}|z_1 \leq \hat{z}_1) =$$

$$= \alpha \cdot \sigma_0 \frac{E(\Psi_T(z))}{\Phi(\hat{z}_1)} = 2,02 \text{ ME}$$

Den entsprechenden *bedingten Wert* für die *Überdeckungsmengen-Erwartung* erhält man durch Auswertung des Integrals $E(\Psi_T(-z))$ mit den Parameterwerten:

$$a = a_{\bar{u}} = -a_u = 2,2913$$

$$b = b_{\bar{u}} = -b_u = 0,6841$$

$$u = \hat{z}_1 = -0,4317$$

Die numerische Auswertung bringt hier das Ergebnis:

$$E\left(\Psi_T(-z)\right) = 0,625985$$

Für die *bedingte Überdeckungsmengen-Erwartung* ergibt sich somit im vorliegenden Beispiel:

$$E\left(\text{Überdeckungsmenge}\big|z_1 \leq \hat{z}_1\right) =$$

$$= \alpha \cdot \sigma_0 \frac{E\left(\Psi_T(-z)\right)}{\Phi(\hat{z}_1)} = 60,20 \text{ ME}$$

(8) *Rechenprozedur zur numerischen Auswertung des Integrals* $E\left(\Phi(z)\right)$

- Zur Anwendung: Vgl. Anhang C (4), Gl. C 48

- Analog zu Gl. B 2 und B 3 definieren wir:

$$E\left(\Phi_T(z)\right) = \int_{-\infty}^{u} \Phi(az+b)\, \varphi(z)\, dz \qquad \text{Gl. B 9}$$

$$E\left(\Phi_H(z)\right) = \int_{u}^{+\infty} \Phi(az+b)\, \varphi(z)\, dz \qquad \text{Gl. B 10}$$

- Durchführung der oben dargestellten Rechenschritte (1), (2) und (3)

- Annäherung des Integralwertes B 10 durch die Summe (analog zu Gl. B 8):

$$E\left(\Phi_H(z)\right) \approx \sum_{i=1}^{n} \Phi(az_i+b) \cdot \left[\Phi\left(z_i+\frac{\Delta z}{2}\right) - \Phi\left(z_i-\frac{\Delta z}{2}\right)\right] \qquad \text{Gl. B 11}$$

- entsprechende Berechnung von $E\left(\Phi_T(z)\right)$

- Offensichtlich gilt:

$$E\left(\Phi_T(z)\right) + E\left(\Phi_H(z)\right) = \int_{-\infty}^{+\infty} \Phi(az+b)\, \varphi(z)\, dz \qquad \text{Gl. B 12}$$

- Es lässt sich zeigen, dass für das Integral Gl. B 12 folgende Beziehung gilt:

$$\int_{-\infty}^{+\infty} \Phi(az+b)\, \varphi(z)\, dz = \Phi\left(\frac{b}{\sqrt{1+a^2}}\right) \qquad \text{Gl. B 13}$$

- Analog zu Rechenschritt (5) kann das *theoretisch exakte Ergebnis* gemäß Gl. B 13 dazu verwendet werden, die Rechengenauigkeit der numerischen Integration gemäß Gln. B 11 und 12 zu kontrollieren.

- Bisherige Rechenexperimente führen zu denselben Schlussfolgerungen, wie sie in Punkt (6) beschrieben wurden ($\Delta z = 0,01$; $z_{min} = -5,0$; $z_{max} = +5,0$; Approximationsfehler $< 10^{-6}$).

Anhang C

Herleitung, Analyse und Approximation der Prior-Nachfrageverteilungen für die alternativen Teilpostponement-Situationen $\Delta x_1 = 0$ und $\Delta x_1 > 0$

An Abschn. 3.2.2 (S. 54 ff.) wird eine Berechnungsmethode für die Prior-Gewinnerwartung $E\left(G_1^* | \hat{z}_1\right)$ bei gegebener Prior-Produktionsmenge x_0 wie folgt entwickelt: Ausgangspunkt ist die Posterior-Situation, in der *der verbesserte Prognosewert μ_1 bereits bekannt ist.* In dieser Situation kann der Disponent zwei alternative Fälle unterscheiden: (a) Die prior produzierte Menge x_0 deckt oder übertrifft die Menge $x_1^* = \mu_1 + z_1^* \alpha \sigma_0$, die man im Licht des verbesserten Prognosewertes μ_1 optimal disponieren würde. (b) Es gilt: $x_0 < x_1^*$. Im Fall (a) wird man posterior nichts produzieren ($\Delta x_1 = 0$), weil die vorhandene Menge x_0 i.d.R. ohnehin höher ist als die optimale Dispositionsmenge x_1^*. Im Fall (b) wird man dagegen den Bestand x_0 durch die Posterior-Menge $\Delta x_1 = x_1^* - x_0$ auf den optimalen Planungswert x_1^* aufstocken.

In der Posterior-Situation (d.h. bei bekanntem μ_1-Wert) können für die Fälle (a) und (b) auf Basis der beschriebenen Entscheidungsregel die Gewinnerwartungen $E(G_1$ posterior) leicht bestimmt werden. Eine Transformation dieser Posterior-Erwartungen in den Prior-Erwartungswert $E\left(G_1^* | \hat{z}_1\right)$ erfordert allerdings eine Gewichtung der Posterior-Terme mit den Prior-Wahrscheinlichkeiten $f(\mu_1) d\mu_1$ der Zufallsvariablen μ_1 (vgl. Gl. 86, S. 57). Als Ergebnis erhalten wir einen Ausdruck (Gl. 88, S. 58), der u.a. ein Integral enthält, das sich nur numerisch bestimmen lässt (vgl. Anhang B).

Es soll nun *ein alternativer Weg zur Bestimmung von* $E\left(G_1^* | \hat{z}_1\right)$ beschrieben werden, der *zusätzliche analytische Einsichten* und darüber hinaus die Basis für relativ einfache *Approximationsformeln* ohne numerische Integrationsanforderungen liefert. Ausgangspunkt unserer Überlegungen ist die Idee, die *Prior-Nachfrageverteilungen* f_{T2} (r) und $f_{H2}(r)$ für die oben beschriebenen Alternativsituationen (a) bzw. (b) zu bestimmen. Wie sich zeigen wird, sind die gesuchten Verteilungen *Mischverteilungen.* Wir beginnen deshalb zweckmäßigerweise mit der Darstellung einfacher Basiszusammenhänge für Mischverteilungen:

(1) *Mischverteilungen*

Gegeben seien m Verteilungsdichten f_i (r), die sich jeweils auf dieselbe Zufallsvariable R (z.B. die Nachfrage für einen Modeartikel) beziehen. Die Verteilungsdichte

$$f_M (r) = \sum_{i=1}^{m} p_i f_i (r) \qquad\qquad \text{Gl. C 1}$$

bezeichnet man dann als *Mischverteilung* der m *Komponentenverteilungen* f_i (r) mit den *Mischungskomponenten* p_i f (r). Für die *Mischungsgewichte* p_i der Komponentenverteilungen setzen wir voraus:

$$0 \le p_i \le 1 \text{ und } \sum_{i=1}^{m} p_i = 1 \qquad\qquad \text{Gl. C 2}$$

Die Mischungsgewichte p_i können als *Wahrscheinlichkeiten* interpretiert werden: Greift man aus einer Stichprobe von r-Werten, die auf Basis der Verteilung f_M (r) produziert wurden, zufällig eine bestimmte r-Realisation heraus, dann stammt sie mit der Wahrscheinlichkeit p_i von der Komponentenverteilung f_i (r).

Umgekehrt kann man die Wahrscheinlichkeiten p_i auch dazu benutzen, um *in einem zwei-stufigen „Würfelverfahren"* Stichprobenwerte der Mischverteilung f_M (r) zu erzeugen:

1. Stufe: Ziehung der für nächsten „Wurf" maßgebenden Komponentenverteilung f_i (r) mit der Wahrscheinlichkeit p_i

2. Stufe: Ziehung eines Zufallswertes r aus der in der ersten Stufe „gewürfelten" Komponentenverteilung f_i (r)

Bezeichnen wir die *Erwartungswerte* der Komponentenverteilungen mit μ_i, dann gilt offenbar *für den Erwartungswert μ_M der Mischverteilung*:

$$\mu_M = \sum_{i=1}^{m} p_i \mu_i \qquad\qquad \text{Gl. C 3}$$

Für die *Varianz σ_M^2 der Mischverteilung* erhalten wir folgende Beziehung:

$$\sigma_M^2 = E_M (r^2) - \mu_M^2 =$$
$$= \sum_{i=1}^{m} p_i E_i (r^2) - \left(\sum_{i=1}^{m} p_i \mu_i \right)^2 \qquad\qquad \text{Gl. C 4}$$

Wenden wir Gl. C 4 auf den Spezialfall m = 2 an, dann können wir die *Varianz einer Mischverteilung* σ_M^2 aus den Varianzen σ_1^2, σ_2^2 und den Mittelwerten μ_1, μ_2 der beiden Komponentenverteilungen wie folgt berechnen:

$$\sigma_M^2 = p_1 \sigma_1^2 + p_2 \sigma_2^2 + p_1 \cdot p_2 (\mu_1 - \mu_2)^2 \hspace{3cm} \text{Gl. C 5}$$

(2) *Dekomposition der μ_1-Verteilung in zwei abgeschnittene Normalverteilungen für die beiden Entscheidungsfälle (a) und (b)*

Im Rahmen unseres Prognoseverbesserungsmodells (S. 15 ff.) wird die ungenaue Priorprognose μ_0 der Nachfrage posterior durch den verbesserten Wert μ_1 ersetzt. Simulativ geschieht dies dadurch, dass man aus einer Normalverteilung mit den Parameterwerten μ_0, $\sqrt{1-\alpha^2}\,\sigma_0$ einen μ_1- Wert „würfelt". Wie eingangs dargestellt, entscheidet dann die Höhe des „gewürfelten" Prognosewertes μ_1 darüber, ob und gegebenenfalls wie viel posterior produziert wird:

(a) wenn $x_1^* \leq x_0$, wenn also

$$\mu_1 \leq \hat{\mu}_1$$

wird posterior nichts produziert ($\Delta x_1 = 0$)

(b) wenn andererseits $x_1^* > x_0$, wenn somit

$$\mu_1 > \hat{\mu}_1$$

wird posterior die Menge $\Delta x_1 = x_1^* - x_0$ hergestellt.

Für die *Schnittstelle* $\hat{\mu}_1$ zwischen den „tiefen" μ_1-Werten des Falles (a) und den „hohen" μ_1-Werten des Falles (b) erhalten wir gemäß Gl. 80 (S. 56):

$$\hat{\mu}_1 = x_0 - z_1^* \alpha \sigma_0 \hspace{3cm} \text{Gl. C 6}$$

Aus Priorsicht treten die „tiefen" μ_1-Werte (die den Fall (a) implizieren) mit der Wahrscheinlichkeit

$$p_T = \Phi(\hat{z}_1) \hspace{3cm} \text{Gl. C 7}$$

auf, entsprechend die „hohen" μ_1-Werte des Falles (b) mit der Wahrscheinlichkeit

$$p_H = 1 - p_T = \Phi(-\hat{z}_1) \hspace{3cm} \text{Gl. C 8}$$

210

Die Größe $\hat{z}_1$ symbolisiert hierbei die *normierte μ_1-Schnittstelle* (vgl. Gl. 82, S. 57):

$$\hat{z}_1 = \frac{\hat{\mu}_1 - \mu_0}{\sqrt{1-\alpha^2}\,\sigma_0} = \frac{x_0 - z_1^* \alpha \sigma_0 - \mu_0}{\sqrt{1-\alpha^2}\,\sigma_0}$$

Gl. C 9

Alternativ kann die Größe $\hat{z}_1$ auch als *normierte Prior-Entscheidungsvariable* x_0 interpretiert werden (vgl. Gl. 87, S. 58).

Aus Priorsicht werden die „tiefen" μ_1-Werte des Falles (a) durch eine *oben (an der Stelle $\hat{\mu}_1$) abgeschnittene Normalverteilung* beschrieben, während die „hohen" μ_1-Werte des Falles (b) die *(komplementäre) unten abgeschnittene Normalverteilung repräsentieren* (vgl. Abb. C 1).

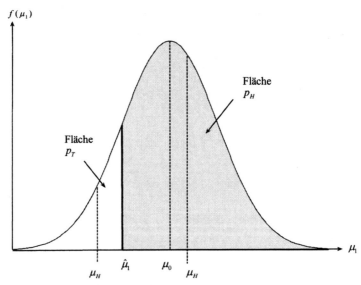

Abb. C 1: Die Verteilungsdichte f (μ_1) mit Verteilungskomponenten $p_T \cdot f_{T1}\ (\mu_1)$ und $p_H \cdot f_{H1}\ (\mu_1)$

Gemäß Gl. 85 (S. 57) lautet die *Dichtefunktion* von μ_1:

$$f(\mu_1) = \frac{1}{\sqrt{2\pi}\,\sqrt{1-\alpha^2}\,\sigma_0} \cdot e^{-\frac{1}{2}\left(\frac{\mu_1 - \mu_0}{\sqrt{1-\alpha^2}\,\sigma_0}\right)^2}$$

Gl. C 10

Entsprechend hat *die oben abgeschnittene Komponentenverteilung der „tiefen"* μ_1-*Werte* die Dichtefunktion:

$$f_{T1}(\mu_1) = \begin{cases} \dfrac{1}{\Phi(\hat{z}_1)} \cdot f(\mu_1) & \text{für } \mu_1 \leq \hat{\mu}_1 \\ 0 & \text{sonst} \end{cases} \qquad \text{Gl. C 11}$$

Für die unten abgeschnittene *Komplementärverteilung der „hohen"* μ_1-*Werte* erhalten wir analog:

$$f_{H1}(\mu_1) = \begin{cases} \dfrac{1}{\Phi(-\hat{z}_1)} \cdot f(\mu_1) & \text{für } \mu_1 > \hat{\mu}_1 \\ 0 & \text{sonst} \end{cases} \qquad \text{Gl. C 12}$$

Von besonderem Interesse sind für uns die *Erwartungswerte* μ_{T1}, μ_{H1} und die *Varianzen* σ_{T1}^2, σ_{H1}^2 der Komponentenverteilungen f_{T1} und f_{H1}. Um sie zu berechnen, führen wir die Hilfsgrößen $\bar{z}_T$ und $\bar{z}_H$ ein.

$$\bar{z}_T = -\frac{\varphi(\hat{z}_1)}{\Phi(\hat{z}_1)} \qquad \text{Gl. C 13}$$

$$\bar{z}_H = \frac{\varphi(-\hat{z}_1)}{\Phi(-\hat{z}_1)} \qquad \text{Gl. C 14}$$

Als Erwartungswerte und Varianzen der *abgeschnittenen Normalverteilungen* f_{T1} und f_{H1} *ergeben sich dann folgende Ausdrücke* (ohne Herleitung):

$$\mu_{T1} = \mu_0 + \sqrt{1-\alpha^2}\,\sigma_0 \cdot \bar{z}_T \qquad \text{Gl. C 15}$$

$$\mu_{H1} = \mu_0 + \sqrt{1-\alpha^2}\,\sigma_0 \cdot \bar{z}_H \qquad \text{Gl. C 16}$$

$$\sigma_{T1}^2 = (1-\alpha^2)\,\sigma_0^2 \cdot \left[1 + \hat{z}_1 \cdot \bar{z}_T - \bar{z}_T^2\right] \qquad \text{Gl. C 17}$$

$$\sigma_{T2}^2 = (1-\alpha^2)\,\sigma_0^2 \cdot \left[1 + \hat{z}_1 \cdot \bar{z}_H - \bar{z}_H^2\right] \qquad \text{Gl. C 18}$$

Beispiel (vgl. hierzu Abb. C 1):

Die Parameterwerte der μ_1-Verteilung seien $E(\mu_1) = \mu_0 = 100$ und Var $(\mu_1) =$ $(1 - \alpha^2) \cdot \sigma_0^2 = 900$ (also $\sigma_{\mu 1} = 30$). Die Grenze „Hoch/Tief" liege an der Stelle $\hat{\mu}_1 = 70$.

Gemäß Gl. C 9 gilt dann für die normierte Schnittstelle:

$$\hat{z}_1 = \frac{70 - 100}{30} = -1,00$$

Aus Priorsicht treten somit die „tiefen" μ_1-Werte (und mit ihnen der Fall einer Posterior-Null-Produktion) mit der Wahrscheinlichkeit $p_T = \Phi(-1) = 16\ \%$ auf. Entsprechend wird mit der Komplementärwahrscheinlichkeit $p_H = 84\ \%$ posterior eine positive Ergänzungsmenge Δx_1 produziert.

Die Hilfegrößen $\bar{z}_T$ und $\bar{z}_H$ haben im vorliegenden Beispiel die Werte

$$\bar{z}_T = -1,5251$$

$$\bar{z}_H = +0,2876$$

Wir erhalten somit für die abgeschnittene Normalverteilung $f_{T1}(\mu_1)$ der „tiefen" μ_1-Werte die Parameterwerte:

$$\mu_{T1} = 100 - 30 \cdot 1,5251 = 54,2$$

$$\sigma_{T1} = 30 \cdot \sqrt{1 + 1,5251 - 1,5251^2} = 13,4$$

Analog ergibt sich für die Parameterwerte der Verteilung $f_{H1}(\mu_1)$:

$$\mu_{H1} = 100 + 30 \cdot 0,2876 = 108,6$$

$$\sigma_{H1} = 30 \cdot \sqrt{1 - 0,2876 - 0,2876^2} = 23,8$$

Die *Konsistenz der Komponenten-Verteilungen* f_{T1} und f_{H1} (gemäß Gl. C 9 und C 10) mit der Gesamtverteilung $f(\mu_1)$ kann leicht mit Hilfe der Mischungsgleichung C 1 überprüft werden: Als Mischungsergebnis erhalten wir die ursprüngliche Dichtefunktion $f(\mu_1)$ gemäß Gl. C 10. Analog ergibt sich durch Anwendung von Mischungsgleichung C 3 auf die Komponentenerwartungen μ_{T1} und μ_{H1} der Gesamt-Erwartungswert μ_0 und durch Anwendung von Gl. C 5 auf die Komponentenvarianzen die μ_1-Gesamtvarianz $(1 - \alpha^2)\sigma_0^2$.

(3) *Approximation der Prior-Nachfrageverteilungen* f_{T2} (r) und f_{H2} (r) *durch Normalverteilungen*

Die simulative Erzeugung von Zufallswerten r aus der Nachfrageverteilung f_{T2} (r) kann man sich 2-stufig wie folgt vorstellen:

1. Stufe:

- Ziehung eines μ_1-Wertes aus einer Normalverteilung mit den Parametern μ_0, $\sqrt{1-\alpha^2}\,\sigma_0$

- Akzeptierung des gezogenen μ_1-Wertes, wenn $\mu_1 \leq \hat{\mu}_1$; andernfalls Zuordnung des μ_1-Wertes zum parallel laufenden f_{H1}-Ziehungsverfahren

- Die für f_{T2} akzeptierten μ_1-Werte gehorchen einer oben bei $\hat{\mu}_1$ abgeschnittenen Normalverteilung f_{T1} (gemäß Gl. C 11) mit dem Erwartungswert μ_{T1} (gem. Gl. C 15) und der Varianz σ_{T1}^2 (gem. Gl. C 17).

2. Stufe:

- Ziehung eines r-Wertes (Nachfragewertes) aus einer Normalverteilung mit dem Erwartungswert μ_1 (= akzeptierter μ_1-Wert) und der Standardabweichung $\alpha\,\sigma_0$

- Die in dieser Weise 2-stufig „gewürfelten" r-Werte gehorchen dann der Nachfrageverteilung f_{T2} (r).

Wir stellen zunächst fest: Die *Nachfrageverteilung* f_{T2} (r) ist eine Mischverteilung, deren Charakteristiken in Abschn. (4) und (5) näher bestimmt werden. Vorerst wollen wir uns damit begnügen, den Erwartungswert μ_{T2} und die Varianz σ_{T2}^2 zu berechnen.

Aus dem oben beschriebenen 2-stufigen Ziehungsverfahren folgt unmittelbar: μ_{T2} stimmt mit μ_{T1} überein, weil die 2. Ziehung aus einer vollständigen (also symmetrischen) Normalverteilung erfolgt. Mit Gl. C 15 gilt deshalb:

$$\mu_{T2} = \mu_{T1} = \mu_0 + \sqrt{1-\alpha^2}\,\sigma_0 \cdot \bar{z}_T \qquad\qquad \text{Gl. C 19}$$

Zur Bestimmung der Varianz σ_{T2}^2 verweisen wir auf das 2-stufige Nachfrageverteilungsmodell (S. 15 f.), bei dem sich die *Varianzen der beiden Ziehungs-Stufen addieren*. In Abschn. (4) werden wir zeigen, dass dieses Varianz-Additionsgesetz nicht nur für die vollständigen Normalverteilungen, sondern auch für die im vorliegenden Fall betrachteten Komponenten-Verteilungen gilt. Wir erhalten somit folgende Beziehung:

$$\sigma_{T2}^2 = \sigma_{T1}^2 + \alpha^2 \sigma_0^2 =$$
$$= \sigma_0^2 \left[1 - \left(1-\alpha^2\right)\left(\overline{z}_T^2 - \hat{z}_1 \, \overline{z}_T\right)\right]$$

Gl. C 20

mit $\hat{z}_1$ aus Gl. C 9 und $\overline{z}_T$ aus Gl. C 13

Entsprechend ergibt sich für die zu f_{T2} (r) komplementäre Nachfrageverteilung f_{H2} (r) als Erwartungswert und Varianz:

$$\mu_{H2} = \mu_{H1} = \mu_0 + \sqrt{1-\alpha^2} \, \sigma_0 \, \overline{z}_H$$

Gl. C 21

$$\sigma_{H2}^2 = \sigma_{H1}^2 + \alpha^2 \sigma_0^2 =$$
$$= \sigma_0^2 \left[1 - \left(1-\alpha^2\right)\left(\overline{z}_H^2 - \hat{z}_1 \cdot \overline{z}_H\right)\right]$$

Gl. C 22

mit $\hat{z}_1$ aus Gl. C 9 und $\overline{z}_H$ aus Gl. C14

In Analogie zu den Parameterwerten $\mu_{T1}, \mu_{H1}, \sigma_{T1}, \sigma_{H1}$ der 1. Ziehungsstufe können wir auch für die Parameter der 2. Ziehungsstufe eine *Konsistenzprüfung* durchführen:

Eine Anwendung der Mischungsgleichung C 3 und μ_{T2} und μ_{H2} liefert als Ergebnis (wie oben bereits gezeigt) den korrekten Gesamt-Erwartungswert μ_0. Ebenso erbringt eine Kombination der Varianzen σ_{T2}^2 und σ_{H2}^2 mit Hilfe von Mischungsgleichung C 5 als korrektes Ergebnis die Nachfrage-Gesamtvarianz σ_0^2 aus Priorsicht.

Die komplementären Nachfrageverteilungen f_{T2} (r) und f_{H2} (r) sind (wie sich in Abschn. (4) und (5) zeigen wird) *unimodale, unsymmetrische Verteilungen*. Trotz ihrer Unsymmetrie können wir sie grob durch Normalverteilungen mit den Parameterwerten μ_{T2}, σ_{T2} bzw. μ_{H2}, σ_{H2} approximieren. In diesem Sinn definieren wir die *angenäherten Verteilungsdichten* f_{T2}' (r) und f_{H2}' (r) wie folgt:

$$f_{T2} (r) \approx f_{T2}' (r) \sim \text{N.V.} \left(\mu_{T2}, \sigma_{T2}\right)$$

Gl. C 23

$$f_{H2} (r) \approx f_{H2}' (r) \sim \text{N.V.} \left(\mu_{H2}, \sigma_{H2}\right)$$

Gl. C 24

Die Näherungsverteilungen $f_{T2}^{'}$ (r) und $f_{H2}^{'}$ (r) bieten in Teilpostponement-Situationen einen einfachen Weg, die aus Priorsicht *zu erwartenden Fehl- und Übermengen (und damit die Risikokosten) abzuschätzen* (vgl. Abschn. (6)). Bei Vorhandensein eines numerischen Integrationsprogramms (vgl. Anhang B) ist allerdings die *exakte Modellrechnung* (z.B. gemäß Gl. 88, S. 58) vorzuziehen.

(4) *Herleitung der Dichtefunktionen f_{T2} (r) und f_{H2} (r) als Mischverteilungen*

Es soll zunächst gezeigt werden, dass das in unserem Prognose-Nachfrage-Verteilungsmodell (S. 15 ff.) beschriebene 2-stufige Zufallsziehungsverfahren tatsächlich im Ergebnis zu der Prior-Nachfrageverteilung N.V. (μ_0, σ_0) führt:

1. Ziehungsstufe (vgl. Gl. C 10):

Erzeugung von Zufallszahlen für die Prognosevariable μ_1 mit der normalverteilten Dichtefunktion

$$f(\mu_1) = \frac{1}{\sqrt{2\pi} \sqrt{1-\alpha^2}\, \sigma_0} \cdot e^{-\frac{1}{2}\left(\frac{\mu_1 - \mu_0}{\sqrt{1-\alpha^2}\,\sigma_0}\right)^2} \qquad \text{Gl. C 25}$$

2. Ziehungsstufe:

Erzeugung von Zufallszahlen für die Nachfragevariable r mit der normalverteilten Dichtefunktion

$$g(r|\mu_1) = \frac{1}{\sqrt{2\pi}\,\alpha\sigma_0} \cdot e^{-\frac{1}{2}\left(\frac{r-\mu_1}{\alpha\sigma_0}\right)^2} \qquad \text{Gl. C 26}$$

Gesucht ist die Dichtefunktion f_M (r) der Zufallszahlen r, die aus diesem 2-stufigen Ziehungsverfahren hervorgehen. Um die Dichtefunktion f_M (r) zu bestimmen, fassen wir den 2-stufigen Ziehungsvorgang gemäß Abschn. (1), Gl. C 1 als *Verteilungsmischung* auf:

Die Wahrscheinlichkeit $p(\mu_1)$, mit der in der 1. Stufe unter allen Verteilungsdichten $g(r|\mu_1)$ mit unterschiedlichen Erwartungswerten μ_1 eine bestimmte Dichte mit einem bestimmten μ_1-Wert ausgewählt wird, beträgt

$$p(\mu_1) = f(\mu_1) \cdot d\mu_1 \qquad \text{Gl. C 27}$$

Wenn wir uns zunächst den μ_1-Wertebereich diskretisiert vorstellen, folgt aus Gl. C 1 unmittelbar eine Näherungsgleichung für die gesuchte Mischverteilung f_M (r):

$$f_M (r) \approx \sum_{\mu_1} p(\mu_1) \cdot g(r|\mu_1) \qquad \text{Gl. C 28}$$

Beim Übergang zu einem kontinuierlichen μ_1-Wertebereich, ist die Summe in Gl. C 28 durch ein Integral zu ersetzen, so dass sich folgender Ansatz zur Bestimmung von f_M (r) ergibt:

$$f_M (r) = \int_{-\infty}^{+\infty} g(r|\mu_1) \cdot f(\mu_1) \, d\mu_1 \qquad \text{Gl. C 29}$$

Substituiert man in Gl. C 29 für g (r | μ_1) und f (μ_1) die Dichtefunktionen gemäß Gl. C 25 und C 26, dann kann das Integral wie folgt umgeformt werden:

$$f_M (r) = \frac{1}{\sqrt{2\pi}\,\sigma_0} e^{-\frac{1}{2}\left(\frac{r-\mu_0}{\sigma_0}\right)^2} \int_{-\infty}^{+\infty} \frac{1}{\sqrt{2\pi}\,\alpha\,\sqrt{1-\alpha^2}\,\sigma_0} e^{-\frac{1}{2}\left(\frac{\mu_1 - \left[\left(1-\alpha^2\right)r + \alpha^2 \mu_0\right]}{\alpha\sqrt{1-\alpha^2}\,\sigma_0}\right)^2} d\mu_1 \qquad \text{Gl. C 30}$$

Der Integrand in Gl. C 30 stellt offenbar die Dichtefunktion einer Normalverteilung mit dem Erwartungswert $\left(1-\alpha^2\right)r + \alpha^2 \mu_0$ und der Standardabweichung $\alpha\sqrt{1-\alpha^2}\,\sigma_0$ dar. Das Integral hat somit den Wert 1 und es ergibt sich:

$$f_M (r) = \frac{1}{\sqrt{2\pi}\,\sigma} \cdot e^{-\frac{1}{2}\left(\frac{r-\mu_0}{\sigma_0}\right)^2} \qquad \text{Gl. C 31}$$

d.h. die Priorverteilung der Nachfrage r entspricht einer Normalverteilung mit den Parametern μ_0 und σ_0, q.e.d.

Mit dem Ansatz von Gl. C 29 kann nicht nur die Konsistenz unseres Prognose- und Nachfragemodells gezeigt werden, er bietet uns auch die Möglichkeit, die *Prior-Dichtefunktionen* f_i (r) *von Komponentenverteilungen* zu bestimmen, wenn die durch f_M (r) beschriebene Grundgesamtheit nach *disjunkten Bereichen* i der *Prognosevariablen* μ_1 aufgeteilt werden soll. Werden die *Trennstellen* der m disjunkten μ_1-Bereiche mit $\hat{\mu}_i$ bezeichnet und definieren wir $\hat{\mu}_0 = -\infty$; $\hat{\mu}_1 < \hat{\mu}_2 < ... < \hat{\mu}_{m-1}$; $\hat{\mu}_m = +\infty$, dann folgt aus den Gln. C 1, C 29 und C 30:

$$f_M(r) = \sum_{i=1}^{m} p_i \cdot f_i(r) =$$

$$= \sum_{i=1}^{m} \int_{\hat{\mu}_{i-1}}^{\hat{\mu}_i} g(r|\mu_1) \cdot f(\mu_1) \, d\mu_1 \qquad \text{Gl. C 32}$$

mit den *Verteilungskomponenten*

$$p_i \cdot f_i(r) = \int_{\hat{\mu}_{i-1}}^{\hat{\mu}_i} g(r|\mu_1) \cdot f(\mu_1) \, d\mu_1 = \qquad \text{Gl. C 33}$$

$$= \frac{1}{\sqrt{2\pi}\,\sigma_0} \cdot e^{-\frac{1}{2}\left(\frac{r-\mu_0}{\sigma_0}\right)^2} \cdot \left[\Phi\left(\frac{\hat{\mu}_i - \left[\left(1-\alpha^2\right)r + \alpha^2\mu_0\right]}{\alpha \cdot \sqrt{1-\alpha^2}\,\sigma_0}\right) - \Phi\left(\frac{\hat{\mu}_{i-1} - \left[\left(1-\alpha^2\right)r + \alpha^2\mu_0\right]}{\alpha \cdot \sqrt{1-\alpha^2}\,\sigma_0}\right) \right]$$

und den *Mischungsgewichten*

$$p_i = \Phi\left(\frac{\hat{\mu}_i - \mu_0}{\sqrt{1-\alpha^2}\,\sigma_0}\right) - \Phi\left(\frac{\hat{\mu}_{i-1} - \mu_0}{\sqrt{1-\alpha^2}\,\sigma_0}\right) \qquad \text{Gl. C 34}$$

Mit den Gln. C 32 und C 33 erhalten wir die *Komponentenverteilungen* $f_i(r)$ aus der Beziehung

$$f_i(r) = \frac{1}{p_i} \cdot \left[p_i \cdot f_i(r)\right] \qquad \text{Gl. C 35}$$

Eine Spezifikation dieser allgemeinen Beziehungen in Form einer *Zweiteilung des* μ_1-*Bereiches* in „tiefe" und „hohe" Werte an der Trennstelle $\hat{\mu}_1$ (vgl. Abschn. (2)) bringt folgende Ergebnisse für die *Mischungsgewichte* (vgl. Gl. C 7 bis C 9):

$$p_T = \Phi\left(\frac{\hat{\mu}_1 - \mu_0}{\sqrt{1-\alpha^2}\,\sigma_0}\right) = \Phi\left(\hat{z}_1\right) \qquad \text{Gl. C 36}$$

$$p_H = 1 - p_T = \Phi\left(-\hat{z}_1\right) \qquad \text{Gl. C 37}$$

Für die *gesuchten Dichtefunktionen der Komponentenverteilungen* ergibt sich also:

$$
f_{T2}(r) = \frac{1}{\Phi(\hat{z}_1)} \cdot \frac{1}{\sqrt{2\pi}\,\sigma_0} \cdot e^{-\frac{1}{2}\left(\frac{r-\mu_0}{\sigma_0}\right)^2} \cdot \Phi\left(\frac{\hat{\mu}_1 - \left[\left(1-\alpha^2\right)r + \alpha^2\mu_0\right]}{\alpha\sqrt{1-\alpha^2}\,\sigma_0}\right) =
$$

$$
= \frac{1}{\sigma_0\,\Phi(\hat{z}_1)} \cdot \varphi\left(\frac{r-\mu_0}{\sigma_0}\right) \cdot \Phi\left(\frac{\hat{\mu}_1 - \left[\left(1-\alpha^2\right)r + \alpha^2\mu_0\right]}{\alpha\sqrt{1-\alpha^2}\,\sigma_0}\right)
$$

Gl. C 38

Wenn wir in Gl. C 38 die Nachfragevariable r durch die *normierte Variable* $z = \dfrac{r-\mu_0}{\sigma_0}$ ersetzen, erhalten wir als normierte Verteilungsform den Ausdruck:

$$
f_{T2}(z) = \frac{1}{\Phi(\hat{z}_1)} \cdot \Phi\left(-\frac{\sqrt{1-\alpha^2}}{\alpha}z + \frac{\hat{z}_1}{\alpha}\right) \cdot \varphi(z)
$$

Gl. C 39

mit der kumulierten Verteilungsfunktion

$$
F_{T2}(z) = \frac{1}{\Phi(\hat{z}_1)} \cdot \int_{-\infty}^{z} \Phi\left(-\frac{\sqrt{1-\alpha^2}}{\alpha}u + \frac{\hat{z}_1}{\alpha}\right) \cdot \varphi(u)\,du
$$

Gl. C 40

Die entsprechenden Ergebnisse für den „hohen" μ_1-Bereich lauten:

$$
f_{H2}(r) = \frac{1}{\sigma_0\,\Phi(-\hat{z}_1)} \cdot \varphi\left(\frac{r-\mu_0}{\sigma_0}\right) \cdot \Phi\left(-\frac{\hat{\mu}_1 - \left[\left(1-\alpha^2\right)r + \alpha^2\mu_0\right]}{\alpha\sqrt{1-\alpha^2}\,\sigma_0}\right)
$$

Gl. C 41

$$
f_{H2}(z) = \frac{1}{\Phi(-\hat{z}_1)} \cdot \Phi\left(\frac{\sqrt{1-\alpha^2}}{\alpha}z - \frac{\hat{z}_1}{\alpha}\right) \cdot \varphi(z)
$$

Gl. C 42

$$
F_{H2}(z) = \frac{1}{\Phi(-\hat{z}_1)} \cdot \int_{-\infty}^{z} \Phi\left(\frac{\sqrt{1-\alpha^2}}{\alpha}u - \frac{\hat{z}_1}{\alpha}\right) \cdot \varphi(u)\,du
$$

Gl. C 43

Der *Erwartungswert* μ_{T2} wurde bereits in Abschn. (3) auf anderem Weg bestimmt. Unter Anwendung von Gl. B 13 (in Anhang B) findet man nun auf direktem Weg das Ergebnis von Gl. C 19 bestätigt:

$$
\mu_{T2} = \int_{-\infty}^{+\infty} r \cdot f_{T2}(r)\,dr = \mu_0 - \sigma_0\sqrt{1-\alpha^2}\,\frac{\varphi(\hat{z}_1)}{\Phi(\hat{z}_1)}
$$

Gl. C 44

Dasselbe gilt für die Varianz σ_{T2}^2 gemäß Gl. C 20. Man berechnet zunächst den Erwartungswert $E_{T2}(r^2)$ und erhält:

$$E_{T2}(r^2) = \int_{-\infty}^{+\infty} r^2\, f_{T2}(r)\, d\,r =$$

$$= \mu_0^2 + 2\mu_0\,\sigma_0\,\sqrt{1-\alpha^2}\ \bar{z}_T + \sigma_0^2\left[1 + (1-\alpha^2)\,\hat{z}_1\,\bar{z}_T\right]$$

Gl. C 45

Gl. C 20 kann dann mit Hilfe der Beziehung $\sigma^2 = E(r^2) - \mu^2$ verifiziert werden:

$$\sigma_{T2}^2 = E_{T2}(r^2) - \mu_{T2}^2 = \sigma_0^2\left[1 - (1-\alpha^2)\,(\bar{z}_T^2 - \hat{z}_1\,\bar{z}_T)\right]$$

Gl. C 46

In Anhang B (Abschn. (7)) wurde zur Berechnung der *bedingten Fehlmengenerwartung* E_T (Fehlmenge$|\mu_1 \le \hat{\mu}_1$) folgender Ausdruck benutzt:

$$E_T\left(\text{Fehlmenge}|\mu_1 \le \hat{\mu}_1\right) =$$

$$= \frac{\alpha \cdot \sigma_0}{\Phi(\hat{z}_1)} \cdot \int_{-\infty}^{\hat{z}_1} \Psi\left(-\frac{\sqrt{1-\alpha^2}}{\alpha}\,z + \frac{\sqrt{1-\alpha^2}}{\alpha}\,\hat{z}_1 + z_1^*\right)\varphi(z)\,d\,z$$

Gl. C 47

Mit Hilfe der Dichtefunktion $f_{T2}(r)$ kann nun eine mathematisch äquivalente Alternativformel hergeleitet werden:

$$E_T\left(\text{Fehlmenge}|\mu_1 \le \hat{\mu}_1\right) = \int_{x_0}^{\infty}(r-x_0)\,f_{T2}(r)\,d\,r =$$

$$= \frac{\sigma_0}{\Phi(\hat{z}_1)} \cdot \left\{\varphi(z_0) \cdot \Phi\left(a\,z_0 + b\,\hat{z}_1\right)\right.$$

$$- \sqrt{1-\alpha^2}\ \varphi(\hat{z}_1)\cdot\left[1 - \Phi\left(a\,\hat{z}_1 + b\,z_0\right)\right]$$

$$\left.- z_0 \int_{z_0}^{\infty}\Phi(a\,z + b\,\hat{z}_1)\,\varphi(z)\,d\,z\right\}$$

Gl. C 48

mit $\quad z_0 = \dfrac{x_0 - \mu_0}{\sigma_0};\ \ a = -\dfrac{\sqrt{1-\alpha^2}}{\alpha};\ \ b = \dfrac{1}{\alpha}$

Zur Berechnung des Integrals $E(\Phi(z))$ in Gl. C 48 kann man die in Anhang B, Abschn. (8) beschriebene Prozedur verwenden. Die zugehörige Übermengenerwartung E_T (Übermenge$|\mu_1 \le \hat{\mu}_1$) findet man leicht mit Hilfe der Beziehung (vgl. Gl. 8, S. 20):

$$E_T \,(\text{Übermenge}|\mu_1 \leq \hat{\mu}_1) = x_0 - \mu_{T2} + E_T \,(\text{Fehlmenge}|\mu_1 \leq \hat{\mu}_1) \qquad \text{Gl. C 49}$$

(5) *Analyse der Verteilungskomponenten $p_T \cdot f_{T2} \,(r)$ und $p_H \cdot f_{H2} \,(r)$*

Wir betrachten die *beiden Verteilungskomponenten* der Prior-Nachfrageverteilung N (μ_0, σ_0) in der normierten Form von Gl. C 39 und C 42:

$$\Phi(\hat{z}_1) \cdot f_{T2} \,(z) = \Phi\left(-\frac{\sqrt{1-\alpha^2}}{\alpha} z + \frac{\hat{z}_1}{\alpha} \right) \cdot \varphi(z) \qquad \text{Gl. C 50}$$

$$\Phi(-\hat{z}_1) \cdot f_{H2} \,(z) = \left[1 - \Phi\left(-\frac{\sqrt{1-\alpha^2}}{\alpha} z + \frac{\hat{z}_1}{\alpha} \right) \right] \cdot \varphi(z) \qquad \text{Gl. C 51}$$

mit der normierten Nachfragegröße

$$z = \frac{r - \mu_0}{\sigma_0}$$

Offensichtlich gilt:

$$\begin{aligned} &\Phi(\hat{z}_1) \cdot f_{T2} \,(z) + \Phi(-\hat{z}) \cdot f_{H2} \,(z) = \\ &= p_T \cdot f_{T2} \,(z) + p_H \cdot f_{H2} \,(z) = \varphi(z) \end{aligned} \qquad \text{Gl. C 52}$$

d.h. die beiden Verteilungskomponenten ergänzen sich bei jedem Nachfragewert z zur Standarddichtefunktion $\varphi(z)$.

Die Funktion $\Phi\left(-\dfrac{\sqrt{1-\alpha^2}}{\alpha} z + \dfrac{\hat{z}_1}{\alpha} \right)$ und ihr Komplement $1 - \Phi\left(-\dfrac{\sqrt{1-\alpha^2}}{\alpha} z + \dfrac{\hat{z}_1}{\alpha} \right)$

bestimmen in den Gln. C 50 und C 51, welche Anteile der z-Nachfragewerte in einem bestimmten z-Bereich jeweils von der „tiefen" bzw. von der „hohen" Verteilungskomponente stammen. Offenbar nimmt der *Anteil der „tiefen" Komponente am jeweiligen Wert der Gesamtfunktion* $\varphi(z)$ *mit steigenden z-Werten monoton ab*, und der Anteil der „hohen" Komponente entsprechend monoton zu. Geht man somit auf der z-Achse (abhängig von den Parameterwerten α und $\hat{z}_1$) „weit genug" nach links (rechts), dann stammen dort nahezu alle z-Realisationen von der „tiefen" („hohen") Verteilungskomponente. Für die Funktionskurven der Verteilungskomponente bedeutet dies: „Weit genug" links (rechts) auf der z-Achse fällt die Funktionskurve der „tiefen" („hohen") Komponente mit der

Funktionskurve $\varphi(z)$ zusammen. Als Resultat erhält man für die beiden *Verteilungskomponenten Funktionskurven mit folgenden Eigenschaften* (vgl. Abb. C 2):

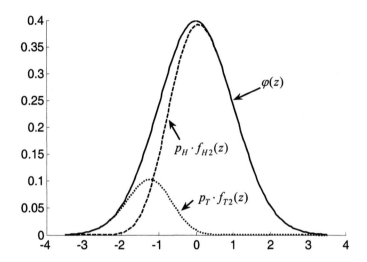

Abb. C 2: Die Standardnormalverteilung $\varphi(z)$ als Mischverteilung einer „tiefen" und einer „hohen" Komponente (am Beispiel der Parameterwerte $\hat{z}_1 = -1$ und $\alpha = 0,5$)

- Wie die Normalverteilung sind beide Verteilungskomponenten *unimodal mit (theoretisch) unbegrenzten linken und rechten „Schwänzen"*.

- Im Gegensatz zur Normalverteilung sind beide Komponentenverteilungen aber *unsymmetrisch* mit prinzipiellen Ähnlichkeiten zu den abgeschnittenen Normalverteilungen, aus denen sie im 2-stufigen Zufallsziehungsprozess entstehen (vgl. Abb. C 1): Die „tiefe" Komponente ist linksschief/rechtssteil, die „hohe" Komponente umgekehrt linkssteil/rechtsschief.

- Das *Ausmaß der Schiefe (Unsymmetrie)* der beiden Komponentenverteilungen hängt wesentlich vom Wert des *Prognoseparameters* α ab:

222

- *Kleine* α*-Werte* lassen die „tiefe" („hohe") Verteilungskomponente *rechts (links) sehr steil abfallen* (vgl. Abb. C 3). Die maximale Unsymmetrie wird beim Grenzwert α → 0 erreicht: Hier sind die beiden Verteilungskomponenten identisch mit den *abgeschnittenen Normalverteilungen* der 1. Ziehungsstufe (vgl. Abb. C 1). Mit zunehmender Steilheit der einander zugewandten Kurvenäste nimmt auch *der Überdeckungsbereich der beiden Verteilungsflächen ab.* Im Grenzfall α → 0 sind die von den beiden abgeschnittenen Normalverteilungen angesprochenen z-Bereiche sogar *völlig disjunkt.*

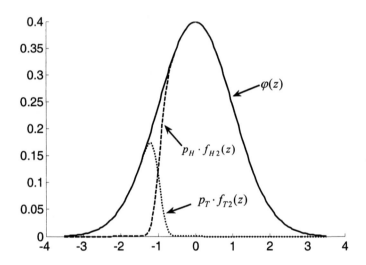

Abb. C 3: Die beiden Verteilungskomponenten „tief" und „hoch" bei kleinem α-Wert
(am Beispiel $\hat{z}_1 = -1$ und α = 0,15)

- Mit *größer werdenden* α*-Werten nimmt andererseits das Ausmaß der Unsymmetrie der Komponentenverteilungen deutlich ab,* gleichzeitig steigt der Überdeckungsgrad der beiden Verteilungsflächen, d.h. der z-Bereich, in dem prinzipiell Zufallswerte aus beiden Komponentenverteilungen erwartet werden können, nimmt zu. Beim Grenzwert α → 1 werden beide Verteilungskomponenten zu symmetrischen Abbildern der Standardnormalverteilung (vgl. Abb. C 4):

$$\Phi(\hat{z}_1) \cdot f_{T2}(z) = \Phi(\hat{z}_1) \cdot \varphi(z)$$

$$\Phi(-\hat{z}_1) \cdot f_{H2}(z) = \Phi(-\hat{z}_1) \cdot \varphi(z)$$

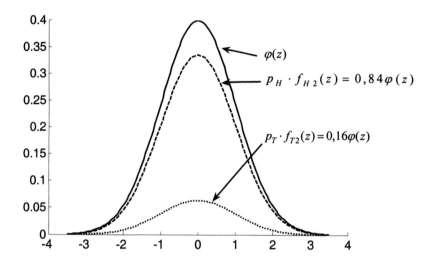

Abb. C 4: Die beiden Verteilungskomponenten „tief" und „hoch" beim oberen Grenzwert $\alpha \to 1$ (am Beispiel $\hat{z}_1 = -1$)

- *Der Wert $\hat{z}_1$ der normierten Trennstelle* zwischen den „tiefen" und den „hohen" μ_1-Werten der 1. Ziehungsstufe bestimmt zunächst das Gewicht $p_T = \Phi(\hat{z}_1)$ (bzw. $p_H = 1 - p_T = \Phi(-\hat{z}_1)$), das die „tiefe" (bzw. die „hohe") Verteilungskomponente insgesamt in der Mischverteilung $\varphi(z)$ einnimmt. Offenbar steigt das Gewicht p_T mit wachsendem $\hat{z}_1$-Wert monoton von 0 nach 1, während gleichzeitig das Gewicht p_H der Komponente für die „hohen" μ_1-Werte entsprechend abnimmt.

- Der $\hat{z}_1$-Wert legt darüber hinaus die beiden z-Bereiche fest, in denen einerseits Zufallswerte aus der T-Komponente, andererseits Zufallswerte aus der H-Komponente dominieren. Als *Grenzstelle zwischen den beiden Dominanzbereichen* erscheint der Wert

$$z_0 = \frac{\hat{z}_1}{\sqrt{1-\alpha^2}}$$

Gl. C 53

an dem sich die Funktionskurven der Verteilungskomponenten $p_T \cdot f_{T2}$ (z) und $p_H \cdot f_{H2}$ (z) schneiden. Links von der z_0-Stelle *dominieren die Zufallswerte der T-Komponente, rechts davon jene der H-Komponente.* Für $\alpha \to 0$ fällt z_0 „trennscharf" mit der Trennstelle $\hat{z}_1$ zusammen. Bei wachsendem α-Wert entfernt sich die Grenzstelle z_0 „nach links" vom $\hat{z}_1$-Wert, falls $\hat{z}_1 < 0$, andernfalls „nach rechts". Für sehr große α-Werte (nahe 1) finden wir z_0 im irrelevanten Gebiet $|z| > 3$, d.h. eine der beiden Verteilungskomponenten dominiert den gesamten z-Bereich (vgl. z.B. die durchgängige Dominanz der H-Komponente in Abb. C 4 für den Grenzfall $\alpha \to 1$).

(6) *Beurteilung der Approximationsgüte bei Einsatz der Näherungsfunktionen* f'_{T2} (r) *und* f'_{H2} (r)

Die Näherungsfunktionen f'_{T2} (r) und f'_{H2} (r) gemäß Gl. C 23 und C 24 (vgl. Abschnitt (3)) können in unterschiedlichen Modellvarianten eingesetzt werden. Im Folgenden soll die Approximationsgüte beispielhaft am Einsatz von f'_{T2} (r) im Rahmen von *Teilpostponement-Strategien bei flexiblen Reaktivkapazitäten diskutiert werden* (vgl. Abschn. 3.2.2, S. 53 ff., insbesondere Punkt (3), S. 60 ff.).

Die Gewinngleichung im angesprochenen Teilpostponement-Modell lautet in der dekomponierten Form (vgl. Gl. 99, S. 60):

$$E\left(G_1^* | \hat{z}_1\right) =$$
$$E\left(G_{rf}\right) - \left[E\left(K_1 | x_1 = x_0\right) + E\left(K_1 | x_1 = x_1^*\right) + \Delta c \cdot E\left(\Delta x_1\right) \right]$$

Gl. C 54

Die Kostenerwartungen $E\left(K_1 | x_1 = x_1^*\right)$ und $\Delta c \cdot E\left(\Delta x_1\right)$ können mit Hilfe der Standardfunktionen $\varphi(z)$, $\Phi(z)$ und $\Psi(z)$ leicht berechnet werden (vgl. die Gln. 96 und 97, S. 60). Anders die Kostenerwartung $E\left(K_1 | x_1 = x_0\right)$ gemäß Gl. 95 (S. 59), die sich auf den durch die Komponentenverteilung f_{T2} (r) beschriebenen Fall $\mu_1 < \hat{\mu}_1$ bezieht. Hier ist bei exakter Auswertung der *Einsatz eines numerischen Integrationsprogramms* erforderlich (vgl. hierzu auch die Gln. C 47, C 48 und C 49). Begnügt man sich dagegen mit einer approximativen Abschätzung unter Einsatz der Näherungsverteilung $f_{T2}^{\cdot}(r)$, dann lassen sich die Bestimmungsgrößen von $E(K_1 | x_1 = x_0)$ auch ohne numerische Integration ermitteln:

$$E\left(\text{Unterdeckungsmenge} | \mu_1 < \hat{\mu}_1\right) \approx \sigma_{T2} \cdot \Psi\left(\frac{x_0 - \mu_{T2}}{\sigma_{T2}}\right) \qquad \text{Gl. C 55}$$

$$E\left(\text{Überdeckungsmenge} | \mu_1 < \hat{\mu}_1\right) \approx \sigma_{T2} \cdot \Psi\left(-\frac{x_0 - \mu_{T2}}{\sigma_{T2}}\right) \qquad \text{Gl. C 56}$$

mit μ_{T2} aus Gl. C 19 und σ_{T2} aus Gl. C 20.

Als Näherungsfunktion für $E(K_1 | x_1 = x_0)$ erhalten wir:

$$E(K_1 | x_1 = x_0) = \Phi(\hat{z}) \cdot \left[c_u \cdot E(U | \mu_1 < \hat{\mu}_1) + c_{\ddot{u}} \cdot E(\ddot{U} | \mu_1 < \hat{\mu}_1)\right] \qquad \text{Gl. C 57}$$

Beispiel für eine approximative Berechnung von $E(K_1 | x_1 = x_0)$ *gemäß Gl. C 55, C 56 und C 57*

Wir verwenden das in Abschn. 3.2.2 untersuchte Beispiel 4, um den direkten *Vergleich mit den in Anhang B (7) berechneten exakten Werten* zu ermöglichen.

Es gelten folgende Daten:

μ_0 = 100; v_0 = 80 % $\Rightarrow$ σ_0 = 80;

p = 140; $p_{\ddot{u}}$ = 40;   c = 70; Δc = 8; α = 0,4

derivative Größen:

$z_0^{\cdot}$ = 0,524; $\varphi(z_0^{\cdot})$ = 0,3478

$z_1^{\cdot}$ = $\Phi^{-1}(\omega_0^{\cdot} - \Delta\zeta)$ = 0,305; $\varphi(z_1^{\cdot})$ = 0,3808

gewählter Wert für die Prior-Produktionsmenge:

x_0 = 78,08

Wir berechnen zunächst den Erwartungswert μ_{T2} und die Varianz σ_{T2}^2 der Komponenten-verteilung $f_{T2}(r)$ mit Hilfe der Gln. C 9, C 13, C 19 und C 20:

$$\hat{z}_1 = \frac{x_0 - z_1^* \alpha \sigma_0 - \mu_0}{\sqrt{1-\alpha^2}\,\sigma_0} = -0,432$$

$$\bar{z}_T = -\frac{\varphi(\bar{z}_1)}{\Phi(\hat{z}_1)} = -1,0917$$

$$\mu_{T2} = \mu_0 + \sqrt{1-\alpha^2}\,\sigma_0 \cdot \bar{z}_T = 19,94$$

$$\sigma_{T2} = \sigma_0 \cdot \sqrt{1 - (1-\alpha^2)(\bar{z}_T^2 - \hat{z}_1 \cdot \bar{z}_T)} = 50,28$$

$$\frac{x_0 - \mu_{T2}}{\sigma_{T2}} = 1,156$$

Gemäß Gl. C 55 und C 56 erhalten wir mit diesen Parametern als *Näherungswerte für die bedingten Unter- und Überdeckungserwartungen*:

$$E(U|\mu_1 < \hat{\mu}_1) \approx 50,28 \cdot \Psi(1,156) = 3,08 \text{ ME}$$

$$E(\ddot{U}|\mu_1 < \hat{\mu}_1) \approx 50,28 \cdot \Psi(-1,156) = 61,22 \text{ ME}$$

Ein Vergleich mit den exakten Werten, die in Anhang B (7) berechnet wurden

$$E(U|\mu_1 < \hat{\mu}_1) = 2,02 \text{ ME}$$

$$E(\ddot{U}|\mu_1 < \hat{\mu}_1) = 60,20 \text{ ME}$$

zeigt sowohl bei der Unterdeckungsmenge als auch bei der Überdeckungsmenge densel-ben *Überschätzungsfehler* von

$$\Delta U = \Delta \ddot{U} \approx 1,04$$

Die Tatsache der *Überschätzung von E(U)* durch die Näherungsverteilung f'_{T2} (r) und die *Gleichheit der Fehler* $\Delta U = \Delta \ddot{U}$ lassen sich wie folgt erklären:

- *Überschätzung von E(U) durch die Näherungsverteilung* f'_{T2} (r) *und Zunahme des Approximationsfehlers* ΔU *mit sinkendem* α *-Wert*

Im letzten Abschn. (5) wurden die Charakteristiken der Verteilungskomponenten p_T f_{T2} (r) und p_H f_{H2} (r) (und damit die Charakteristiken der Komponentenverteilungen f_{T2} (r) und f_{H2} (r)) diskutiert. Ein Vergleich zeigt, dass die Problematik einer *Approximation dieser Verteilungen durch (symmetrische) Normalverteilungen* f'_{T2} (r) und f'_{H2} (r) (wie in Abschn. (3) vorgeschlagen), in der *Unsymmetrie* von f_{T2} (r) und f_{H2} (r) liegt. Am Beispiel von f_{T2} (r) erkennt man etwa, dass die approximierende Normalverteilung f'_{T2} (r) einen symmetrisch ausgeprägten „rechten Schwanz" aufweist, im Gegensatz zu der auf der rechten Seite „geschwächten" Originalverteilung (vgl. Abb. C 2). Naturgemäß wird die Approximationsgüte um so schlechter, je mehr die Unsymmetrie der Originalverteilung f_{T2} (r) zunimmt. Man kann somit erwarten, dass der *Approximationsfehler* ΔU *anwächst, je mehr sich der Parameter* α *c.p. dem unteren Grenzwert null nähert* (vgl. die stark unsymmetrische Verteilung f_{T2} in Abb. C 3). Umgekehrt verschwindet der Approximationsfehler für $\alpha \rightarrow 1$.

Da die hohen r-Werte des „rechten Schwanzes" von f'_{T2} (r) wesentlich zur *Steigerung der Unterdeckungserwartung E(U)* beitragen, können wir davon ausgehen, dass der Näherungswert höher ausfällt als der exakte Wert bei der rechtsseitig „geschwächten" Originalverteilung f_{T2} (r) (womit sich die Tatsache der *Überschätzung von E(U)* erklärt).

- *Gleichheit der Approximationsfehler* ΔU *und* $\Delta \ddot{U}$
(Anmerkung: Die kleine numerische Differenz zwischen ΔU und $\Delta \ddot{U}$ ist auf Rundungsfehler zurückzuführen.)

Die Gleichheit der Approximationsfehler bei der Berechnung der Über- und der Unterdeckungserwartung folgt aus der allgemeinen Beziehung von Gl. 8 (S. 20) bzw. Gl. C 49. Sowohl für die exakte als auch für die Näherungsrechnung gilt nämlich:

$$E(\ddot{U}|\mu_1 \leq \hat{\mu}) - E(U|\mu_1 \leq \hat{\mu}) = x_0 - \mu_{T2} \qquad \text{Gl. C 58}$$

Im numerischen Beispiel verifizieren wir: $61,22 - 3,08 = 78,08 - 19,94$

Aus Gl. C 58 folgt für die beiden Approximationsfehler der Über- und Unterdeckungs-Rechnung unmittelbar:

$$\Delta U = \Delta \ddot{U} \qquad\qquad \text{Gl. C 59}$$

Bei einer *Beurteilung der Approximationsgüte* ist zu beachten, dass die fehlerbehafteten Werte $E(U)$ und $E(\ddot{U})$ i.d.R. nur *mit relativ kleinen Gewichten* in die im übrigen exakte Modellrechnung der Gewinnerwartung (gemäß Gl. C 54) eingehen. Im Beispiel erhalten wir mit Gl. C 57 folgenden Näherungswert für die Kostenerwartung $E(K_1 | x_1 = x_0)$:

$$E(K_1 | x_1 = x_0) \approx 0,3327 \cdot [70 \cdot 3,08 + 30 \cdot 61,22] = 682,92 \,[GE]$$

Für die beiden anderen Kostenkomponenten von Gl. C 54 erbringt die (nicht-approximative) Modellierung im Beispiel folgende Ergebnisse (vgl. Gl. 96 und 98, S. 60):

$$E(K_1 | x_1 = x_1^{*}) = 760,82 \,[GE]$$

$$\Delta c \cdot E(\Delta x_1) = 382,35 \,[GE]$$

Damit ergibt sich als Kostensumme:

$$E(K_1 | x_1 = x_0) + E(K_1 | x_1 = x_1^{*}) + \Delta c \cdot E(\Delta x_1) = 1826,09 \,[GE]$$

Aus unseren bisherigen Überlegungen lässt sich ableiten, dass der *Fehler der Approximationsrechnung* bei den Kosten $E(K_1 | x_1 = x_0)$ folgendes Ausmaß erreicht:

$$\begin{aligned}
\Delta K \,(\text{approx}) &= \Phi(\hat{z}_1) \cdot (c_u + c_{\ddot{u}}) \cdot \Delta U \\
&= \Phi(\hat{z}_1) \cdot p_s \cdot \Delta U
\end{aligned} \qquad\qquad \text{Gl. C 60}$$

mit

$$\Delta U = E(U | \mu_1 < \hat{\mu}_1 | \text{approx}) - E(U | \mu_1 < \hat{\mu}_1 | \text{exakt})$$

Im Beispiel erhalten wir:

$$\Delta K \,(\text{approx}) = 0,333 \cdot 100 \cdot 1,04 = 34,6 \,[GE]$$

Bezogen auf die Teilkosten $E\left(K_1 \middle| x_1 = x_0\right)$ entspricht dies einem relativen Fehler von 5 %, bezogen auf die (nicht approximierten) Gesamtkosten von 1791 [GE] beträgt der relative Approximationsfehler im Beispiel allerdings nur 1,9 %.

Fazit: Da sich auch in zahlreichen anderen Modellbeispielen bei Anwendung der Näherungsverteilungen $f'_{T2}(r)$ und $f'_{H2}(r)$ bezogen auf die Modellkosten *Approximationsfehler im Bereich von wenigen Prozent zeigen,* handelt es sich um eine *brauchbare Rechenmethode, solange der Wert des Parameters* α *nicht zu nahe beim unteren Grenzwert null liegt.*

Anhang D

Kapazitätsoptionsmodell: Tabellen zur Bestimmung der für erfolgreiche Postponement-Strategien erforderlichen Mindestprognoseverbesserung

Tabellierte Parameterwerte:

- Es wird angenommen, dass von einem bestimmten Modeartikel die *Parameterwerte* $\omega_0^{\bullet}$, ζ_R, $\Delta\zeta$ und α vorliegen (vgl. S. 98 f.)

- Tabelliert sind die *Eingabewerte*:

  $\omega_0^{\bullet}$ = 50 %; 60 %; ...; 90 %

  ζ_R = 0,00; 0,01; 0,02; ...

  $\Delta\zeta$ = 0,00, 0,02; 0,02; ...

- Als *Ergebniswert* liest man in den Tabellen den resultierenden α_{max}-Wert in Prozentgenauigkeit ab.

  Anmerkung: In den aus Sicht der Praxis relativ uninteressanten Grenzbereichen $\alpha_{max} \geq$ 0,90 und $\alpha_{max} \leq 0,10$ konnte die Prozentgenauigkeit nicht eingehalten werden.

- Es gilt folgende *Entscheidungsregel* (vgl. S. 99):

  - Wenn $\alpha \geq \alpha_{max}$,

    dann lohnt sich für diesen Modeartikel eine Kapazitätsreservierung und eine entsprechende Teilpostponement-Strategie grundsätzlich nicht ($R_0^{\bullet} = 0$ und $x_0^{\bullet} = \mu_0 + z_0^{\bullet}\sigma_0$ gem. Gl. 4, S. 19)

  - Wenn andererseits $\alpha \leq \alpha_{max}$,

    dann könnte eine Kapazitätsreservierung ($R_0^{\bullet} > 0$) und eine geeignete Teilpostponement-Strategie $x_0^{\bullet} < \mu_0 + z_0^{\bullet}\sigma_0$ lohnend sein. Die Postponement-Verbesserungen steigen c.p. mit der Differenz $\alpha_{max} - \alpha$. Sie können mit Hilfe von Gl. 189 (S. 104) abgeschätzt werden.

Anwendungsbeispiel:

Gegeben sei ein Modeartikel mit folgenden Daten:

μ_0 = 10000 ME $\qquad\qquad$ σ_0 = 4000 ME

p = 70 GE/ME $\qquad\qquad$ c = 30 GE/ME $\qquad$ $p_{\ddot{u}}$ = 20 GE/ME

Δc = 4 GE/ME $\qquad\qquad$ c_R = 3 GE/ME

Aus diesen Daten berechnet man:

- die Preisreduzierungsspanne p_s = $p - p_{\ddot{u}}$ = 50 GE/ME

- den relativen Deckungsbeitrag $\omega_0^{\bullet} = \dfrac{p-c}{p_s}$ = 80 %

- den relativen Aufpreis $\Delta\zeta = \dfrac{\Delta c}{p_s} = 0,08$

- den relativen Reservierungspreis $\zeta_R = \dfrac{c_R}{p_s} = 0,06$

In den Tabellen für den Wert $\omega_0^{\bullet}$ = 80 % lesen wir für ζ_R = 0,06 und $\Delta\zeta$ = 0,08 den Wert α_{max} = 0,72 ab.

Daraus folgt:

- Wenn für den betrachteten Artikel die erwartete Prognoseverbesserung 28 % oder weniger beträgt (d.h. wenn $\alpha \geq 0,72$), dann lohnt es sich grundsätzlich nicht, Reaktivkapazitäten zu reservieren ($R_0^{\bullet}$ = 0). Die optimale Prior-Produktionsmenge entspricht in diesem Fall der klassischen Newsboy-Menge:

$$x_0^{\bullet} = \mu_0 + z_0^{\bullet}\,\sigma_0 = 10000 + \Phi^{-1}(80\ \%) \cdot 4000 = 13368\ \text{ME}$$

- Wenn andererseits $\alpha < 0,72$ (z.B. α = 0,4) gilt, dann sollte mit den auf S. 103 ff. beschriebenen Methoden die optimale Kapazitätsoption $R_0^{\bullet} > 0$ und die optimale Priormenge $x_0^{\bullet} < 13368\ \text{ME}$ berechnet werden. Ob eine Postponement-Strategie lohnend sein könnte, zeigt ein Vergleich der Gewinnerwartungen für die beiden Alternativen gemäß Gl. 189. Wenn man im vorliegenden Beispiel mit einem α-Wert 0,4 rechnet, ergibt sich in der Tat ein extrem niedriges Verbesserungspotenzial von $\Delta G^{\bullet} = E\left(G_1^{\bullet}\right) - E\left(G_0^{\bullet}\right) =$ 346720 – 344000 = 2720 GE (ca. 1 ‰). Zur praktischen Umsetzung einer Postponement-Option reicht dies nicht aus.

α_{max} für $\omega_0^* = 50\%$

ζ_R \ $\Delta\zeta$	0,00	0,01	0,02	0,03	0,04	0,05	0,06	0,07	0,08	0,09	0,10	0,11	0,12	0,13	0,14	0,15	0,16	0,17	0,18	0,19	0,20	0,21	0,22	0,23	0,24	0,25
0,00	1,00	1,00	1,00	1,00	1,00	1,00	1,00	1,00	1,00	1,00	1,00	1,00	1,00	1,00	1,00	1,00	1,00	1,00	1,00	1,00	1,00	1,00	1,00	1,00	1,00	1,00
0,01	≥0,9	≥0,9	≥0,9	≥0,9	≥0,9	≥0,9	≥0,9	≥0,9	≥0,9	≥0,9	≥0,9	≥0,9	≥0,9	≥0,9	≥0,9	≥0,9	≥0,9	≥0,9	≥0,9	≥0,9	≥0,9	≥0,9	0,89	0,88	0,88	0,86
0,02	≥0,9	≥0,9	≥0,9	≥0,9	≥0,9	≥0,9	≥0,9	≥0,9	≥0,9	≥0,9	≥0,9	≥0,9	≥0,9	≥0,9	≥0,9	≥0,9	0,89	0,88	0,87	0,86	0,86	0,84	0,83	0,82	0,81	0,79
0,03	≥0,9	≥0,9	≥0,9	≥0,9	≥0,9	≥0,9	≥0,9	≥0,9	≥0,9	≥0,9	≥0,9	≥0,9	0,89	0,89	0,87	0,86	0,85	0,84	0,84	0,81	0,80	0,79	0,77	0,75	0,74	0,73
0,04	≥0,9	≥0,9	≥0,9	≥0,9	≥0,9	≥0,9	≥0,9	≥0,9	≥0,9	0,89	0,88	0,87	0,85	0,84	0,83	0,82	0,80	0,79	0,77	0,76	0,75	0,73	0,71	0,69	0,67	0,65
0,05	≥0,9	≥0,9	≥0,9	≥0,9	≥0,9	≥0,9	≥0,9	0,88	0,87	0,86	0,84	0,83	0,82	0,80	0,79	0,78	0,76	0,74	0,72	0,70	0,69	0,67	0,64	0,63	0,60	0,59
0,06	≥0,9	≥0,9	≥0,9	≥0,9	≥0,9	0,87	0,86	0,85	0,83	0,82	0,81	0,79	0,77	0,75	0,74	0,73	0,70	0,69	0,66	0,65	0,63	0,60	0,58	0,56	0,54	0,51
0,07	≥0,9	≥0,9	≥0,9	≥0,9	0,89	0,84	0,82	0,81	0,79	0,78	0,76	0,74	0,73	0,70	0,69	0,67	0,65	0,63	0,60	0,59	0,57	0,54	0,51	0,49	0,46	0,43
0,08	0,88	0,87	0,89	0,87	0,85	0,81	0,78	0,77	0,76	0,74	0,71	0,70	0,67	0,65	0,64	0,61	0,60	0,58	0,55	0,52	0,49	0,47	0,44	0,41	0,39	0,36
0,09	0,85	0,83	0,85	0,84	0,82	0,77	0,74	0,72	0,70	0,68	0,66	0,64	0,62	0,60	0,58	0,56	0,53	0,51	0,48	0,46	0,43	0,40	0,37	0,35	0,31	0,28
0,10	0,82	0,80	0,78	0,76	0,78	0,72	0,70	0,68	0,66	0,64	0,61	0,59	0,57	0,55	0,52	0,50	0,47	0,44	0,42	0,39	0,36	0,33	0,30	0,27	0,24	0,21
0,11	0,78	0,76	0,75	0,71	0,74	0,67	0,65	0,63	0,61	0,59	0,56	0,54	0,51	0,49	0,46	0,44	0,41	0,38	0,35	0,32	0,29	0,27	0,23	0,19	0,18	0,13
0,12	0,73	0,72	0,69	0,67	0,70	0,63	0,60	0,58	0,55	0,53	0,50	0,48	0,45	0,44	0,40	0,37	0,34	0,32	0,29	0,25	0,22	0,19	0,16	0,12	≤0,1	≤0,1
0,13	0,69	0,67	0,66	0,62	0,65	0,57	0,55	0,53	0,50	0,47	0,45	0,42	0,39	0,36	0,34	0,31	0,28	0,25	0,22	0,18	0,15	0,13	≤0,1	≤0,1	0,00	0,00
0,14	0,65	0,62	0,59	0,57	0,60	0,52	0,49	0,47	0,44	0,41	0,40	0,36	0,33	0,31	0,27	0,24	0,21	0,19	0,15	0,11	≤0,1	≤0,1	0,00	0,00	0,00	0,00
0,15	0,59	0,57	0,54	0,52	0,54	0,46	0,44	0,41	0,39	0,36	0,33	0,31	0,27	0,24	0,21	0,18	0,14	0,12	≤0,1	≤0,1	0,00	0,00	0,00	0,00	0,00	0,00
0,16	0,54	0,52	0,49	0,46	0,49	0,41	0,38	0,35	0,33	0,29	0,28	0,25	0,21	0,18	0,14	0,11	≤0,1	≤0,1	0,00	0,00	0,00	0,00	0,00	0,00	0,00	0,00
0,17	0,49	0,46	0,43	0,41	0,43	0,35	0,32	0,29	0,26	0,23	0,23	0,18	0,14	0,11	≤0,1	≤0,1	0,00	0,00	0,00	0,00	0,00	0,00	0,00	0,00	0,00	0,00
0,18	0,43	0,40	0,38	0,35	0,38	0,29	0,26	0,23	0,20	0,17	0,14	0,11	≤0,1	≤0,1	0,00	0,00	0,00	0,00	0,00	0,00	0,00	0,00	0,00	0,00	0,00	0,00
0,19	0,37	0,35	0,32	0,29	0,32	0,23	0,19	0,17	0,14	≤0,1	≤0,1	≤0,1	0,00	0,00	0,00	0,00	0,00	0,00	0,00	0,00	0,00	0,00	0,00	0,00	0,00	0,00
0,20	0,32	0,29	0,26	0,23	0,26	0,17	0,13	≤0,1	≤0,1	0,00	0,00	0,00	0,00	0,00	0,00	0,00	0,00	0,00	0,00	0,00	0,00	0,00	0,00	0,00	0,00	0,00
0,21	0,26	0,22	0,19	0,16	0,19	0,11	≤0,1	0,00	0,00	0,00	0,00	0,00	0,00	0,00	0,00	0,00	0,00	0,00	0,00	0,00	0,00	0,00	0,00	0,00	0,00	0,00
0,22	0,20	0,16	0,14	≤0,1	0,13	≤0,1	0,00	0,00	0,00	0,00	0,00	0,00	0,00	0,00	0,00	0,00	0,00	0,00	0,00	0,00	0,00	0,00	0,00	0,00	0,00	0,00
0,23	0,13	0,11	≤0,1	≤0,1	≤0,1	0,00	0,00	0,00	0,00	0,00	0,00	0,00	0,00	0,00	0,00	0,00	0,00	0,00	0,00	0,00	0,00	0,00	0,00	0,00	0,00	0,00
0,24	≤0,1	≤0,1	0,00	0,00	0,00	0,00	0,00	0,00	0,00	0,00	0,00	0,00	0,00	0,00	0,00	0,00	0,00	0,00	0,00	0,00	0,00	0,00	0,00	0,00	0,00	0,00
0,25	0,00	0,00	0,00	0,00	0,00	0,00	0,00	0,00	0,00	0,00	0,00	0,00	0,00	0,00	0,00	0,00	0,00	0,00	0,00	0,00	0,00	0,00	0,00	0,00	0,00	0,00

ζ_R	0,26	0,27	0,28	0,29	0,30	0,31	0,32	0,33	0,34	0,35	0,36	0,37	0,38	0,39	0,40	0,41	0,42	0,43	0,44	0,45	0,46	0,47	0,48
0,00	1,00	1,00	1,00	1,00	1,00	1,00	1,00	1,00	1,00	1,00	1,00	1,00	1,00	1,00	1,00	1,00	1,00	1,00	1,00	1,00	1,00	1,00	1,00
0,01	0,85	0,84	0,84	0,83	0,82	0,79	0,79	0,77	0,75	0,74	0,71	0,69	0,68	0,66	0,61	0,59	0,55	0,52	0,45	0,40	0,32	0,26	0,00
0,02	0,78	0,77	0,75	0,74	0,72	0,69	0,68	0,66	0,64	0,61	0,59	0,56	0,52	0,50	0,45	0,41	0,35	0,30	0,22	0,13	0,00	0,00	0,00
0,03	0,71	0,69	0,67	0,65	0,63	0,61	0,59	0,55	0,52	0,50	0,46	0,43	0,41	0,34	0,31	0,25	0,17	≤0,1	0,00	0,00	0,00	0,00	0,00
0,04	0,64	0,61	0,59	0,57	0,54	0,52	0,49	0,45	0,42	0,39	0,35	0,31	0,26	0,21	0,15	≤0,1	0,00	0,00	0,00	0,00	0,00	0,00	0,00
0,05	0,56	0,54	0,51	0,48	0,45	0,42	0,39	0,35	0,32	0,28	0,23	0,19	0,13	≤0,1	0,00	0,00	0,00	0,00	0,00	0,00	0,00	0,00	0,00
0,06	0,48	0,45	0,43	0,40	0,36	0,36	0,29	0,26	0,22	0,17	0,12	≤0,1	0,00	0,00	0,00	0,00	0,00	0,00	0,00	0,00	0,00	0,00	0,00
0,07	0,41	0,38	0,35	0,31	0,27	0,25	0,20	0,16	0,15	≤0,1	0,00	0,00	0,00	0,00	0,00	0,00	0,00	0,00	0,00	0,00	0,00	0,00	0,00
0,08	0,33	0,29	0,26	0,22	0,18	0,14	≤0,1	0,00	0,00	0,00	0,00	0,00	0,00	0,00	0,00	0,00	0,00	0,00	0,00	0,00	0,00	0,00	0,00
0,09	0,25	0,22	0,18	0,14	0,11	≤0,1	0,00	0,00	0,00	0,00	0,00	0,00	0,00	0,00	0,00	0,00	0,00	0,00	0,00	0,00	0,00	0,00	0,00
0,10	0,18	0,13	≤0,1	0,00	0,00	0,00	0,00	0,00	0,00	0,00	0,00	0,00	0,00	0,00	0,00	0,00	0,00	0,00	0,00	0,00	0,00	0,00	0,00
0,11	≤0,1	≤0,1	0,00	≤0,1	0,00	0,00	0,00	0,00	0,00	0,00	0,00	0,00	0,00	0,00	0,00	0,00	0,00	0,00	0,00	0,00	0,00	0,00	0,00
0,12	0,00	0,00	0,00	0,00	0,00	0,00	0,00	0,00	0,00	0,00	0,00	0,00	0,00	0,00	0,00	0,00	0,00	0,00	0,00	0,00	0,00	0,00	0,00
0,13	0,00	0,00	0,00	0,00	0,00	0,00	0,00	0,00	0,00	0,00	0,00	0,00	0,00	0,00	0,00	0,00	0,00	0,00	0,00	0,00	0,00	0,00	0,00
0,14	0,00	0,00	0,00	0,00	0,00	0,00	0,00	0,00	0,00	0,00	0,00	0,00	0,00	0,00	0,00	0,00	0,00	0,00	0,00	0,00	0,00	0,00	0,00
0,15	0,00	0,00	0,00	0,00	0,00	0,00	0,00	0,00	0,00	0,00	0,00	0,00	0,00	0,00	0,00	0,00	0,00	0,00	0,00	0,00	0,00	0,00	0,00
0,16	0,00	0,00	0,00	0,00	0,00	0,00	0,00	0,00	0,00	0,00	0,00	0,00	0,00	0,00	0,00	0,00	0,00	0,00	0,00	0,00	0,00	0,00	0,00
0,17	0,00	0,00	0,00	0,00	0,00	0,00	0,00	0,00	0,00	0,00	0,00	0,00	0,00	0,00	0,00	0,00	0,00	0,00	0,00	0,00	0,00	0,00	0,00
0,18	0,00	0,00	0,00	0,00	0,00	0,00	0,00	0,00	0,00	0,00	0,00	0,00	0,00	0,00	0,00	0,00	0,00	0,00	0,00	0,00	0,00	0,00	0,00
0,19	0,00	0,00	0,00	0,00	0,00	0,00	0,00	0,00	0,00	0,00	0,00	0,00	0,00	0,00	0,00	0,00	0,00	0,00	0,00	0,00	0,00	0,00	0,00
0,20	0,00	0,00	0,00	0,00	0,00	0,00	0,00	0,00	0,00	0,00	0,00	0,00	0,00	0,00	0,00	0,00	0,00	0,00	0,00	0,00	0,00	0,00	0,00
0,21	0,00	0,00	0,00	0,00	0,00	0,00	0,00	0,00	0,00	0,00	0,00	0,00	0,00	0,00	0,00	0,00	0,00	0,00	0,00	0,00	0,00	0,00	0,00
0,22	0,00	0,00	0,00	0,00	0,00	0,00	0,00	0,00	0,00	0,00	0,00	0,00	0,00	0,00	0,00	0,00	0,00	0,00	0,00	0,00	0,00	0,00	0,00
0,23	0,00	0,00	0,00	0,00	0,00	0,00	0,00	0,00	0,00	0,00	0,00	0,00	0,00	0,00	0,00	0,00	0,00	0,00	0,00	0,00	0,00	0,00	0,00
0,24	0,00	0,00	0,00	0,00	0,00	0,00	0,00	0,00	0,00	0,00	0,00	0,00	0,00	0,00	0,00	0,00	0,00	0,00	0,00	0,00	0,00	0,00	0,00
0,25	0,00	0,00	0,00	0,00	0,00	0,00	0,00	0,00	0,00	0,00	0,00	0,00	0,00	0,00	0,00	0,00	0,00	0,00	0,00	0,00	0,00	0,00	0,00

α_{max} für $\omega_0^* = 60\%$

ζ_n \ $\Delta\zeta$	0,00	0,01	0,02	0,03	0,04	0,05	0,06	0,07	0,08	0,09	0,10	0,11	0,12	0,13	0,14	0,15	0,16	0,17	0,18	0,19	0,20	0,21	0,22	0,23	0,24	0,25
0,00	1,00	1,00	1,00	1,00	1,00	1,00	1,00	1,00	1,00	1,00	1,00	1,00	1,00	1,00	1,00	1,00	1,00	1,00	1,00	1,00	1,00	1,00	1,00	1,00	1,00	1,00
0,01	≥0,9	≥0,9	≥0,9	≥0,9	≥0,9	≥0,9	≥0,9	≥0,9	≥0,9	≥0,9	≥0,9	≥0,9	≥0,9	≥0,9	≥0,9	≥0,9	≥0,9	≥0,9	≥0,9	≥0,9	≥0,9	≥0,9	≥0,9	0,89	0,89	0,89
0,02	≥0,9	≥0,9	≥0,9	≥0,9	≥0,9	≥0,9	≥0,9	≥0,9	≥0,9	≥0,9	≥0,9	≥0,9	≥0,9	≥0,9	≥0,9	≥0,9	≥0,9	0,89	0,89	0,88	0,86	0,85	0,84	0,84	0,84	0,81
0,03	≥0,9	≥0,9	≥0,9	≥0,9	≥0,9	≥0,9	≥0,9	≥0,9	≥0,9	≥0,9	≥0,9	≥0,9	0,89	0,88	0,88	0,87	0,86	0,84	0,84	0,82	0,81	0,80	0,79	0,78	0,76	0,75
0,04	≥0,9	≥0,9	≥0,9	≥0,9	≥0,9	≥0,9	≥0,9	≥0,9	≥0,9	0,89	0,88	0,87	0,86	0,85	0,84	0,82	0,81	0,80	0,79	0,77	0,76	0,75	0,74	0,73	0,70	0,69
0,05	≥0,9	≥0,9	≥0,9	≥0,9	≥0,9	≥0,9	≥0,9	0,88	0,87	0,86	0,84	0,83	0,82	0,81	0,79	0,78	0,77	0,76	0,73	0,72	0,71	0,69	0,68	0,66	0,64	0,62
0,06	≥0,9	≥0,9	≥0,9	≥0,9	≥0,9	0,89	0,89	0,84	0,83	0,82	0,80	0,79	0,77	0,76	0,75	0,73	0,71	0,70	0,68	0,66	0,65	0,63	0,63	0,59	0,58	0,56
0,07	≥0,9	0,89	0,88	0,89	0,88	0,88	0,86	0,80	0,79	0,78	0,76	0,74	0,73	0,71	0,69	0,68	0,67	0,66	0,63	0,61	0,59	0,57	0,55	0,53	0,52	0,49
0,08	0,88	0,86	0,84	0,86	0,85	0,84	0,82	0,76	0,75	0,73	0,72	0,70	0,68	0,67	0,65	0,62	0,61	0,59	0,57	0,55	0,53	0,51	0,49	0,47	0,45	0,42
0,09	0,84	0,82	0,81	0,83	0,82	0,80	0,78	0,72	0,70	0,68	0,67	0,65	0,63	0,61	0,59	0,57	0,55	0,55	0,51	0,49	0,47	0,45	0,43	0,40	0,38	0,36
0,10	0,80	0,79	0,77	0,79	0,77	0,76	0,74	0,67	0,65	0,63	0,62	0,59	0,58	0,56	0,53	0,51	0,49	0,47	0,45	0,43	0,41	0,39	0,36	0,34	0,31	0,29
0,11	0,76	0,75	0,72	0,75	0,73	0,71	0,69	0,62	0,60	0,58	0,56	0,54	0,52	0,50	0,48	0,45	0,44	0,41	0,39	0,36	0,35	0,31	0,29	0,27	0,24	0,24
0,12	0,72	0,69	0,68	0,70	0,68	0,68	0,65	0,58	0,55	0,53	0,50	0,48	0,46	0,44	0,42	0,39	0,37	0,35	0,33	0,30	0,27	0,26	0,23	0,20	0,18	0,15
0,13	0,67	0,65	0,63	0,65	0,63	0,61	0,60	0,53	0,49	0,47	0,45	0,42	0,41	0,38	0,35	0,33	0,31	0,28	0,26	0,23	0,21	0,19	0,16	0,13	0,11	≤0,1
0,14	0,62	0,61	0,57	0,60	0,58	0,57	0,54	0,46	0,43	0,42	0,39	0,36	0,34	0,32	0,31	0,27	0,25	0,22	0,19	0,17	0,14	0,11	≤0,1	≤0,1	≤0,1	0,00
0,15	0,57	0,54	0,52	0,55	0,53	0,50	0,48	0,40	0,37	0,35	0,33	0,30	0,29	0,25	0,23	0,20	0,18	0,15	0,13	≤0,1	≤0,1	≤0,1	≤0,1	≤0,1	0,00	0,00
0,16	0,51	0,49	0,46	0,49	0,47	0,44	0,44	0,34	0,31	0,29	0,26	0,24	0,21	0,19	0,16	0,14	0,11	≤0,1	≤0,1	0,00	0,00	0,00	0,00	0,00	0,00	0,00
0,17	0,46	0,43	0,40	0,44	0,41	0,39	0,36	0,28	0,25	0,24	0,20	0,18	0,15	0,14	≤0,1	≤0,1	≤0,1	≤0,1	0,00	0,00	0,00	0,00	0,00	0,00	0,00	0,00
0,18	0,40	0,37	0,35	0,38	0,35	0,33	0,30	0,22	0,19	0,16	0,14	0,12	≤0,1	≤0,1	≤0,1	0,00	0,00	0,00	0,00	0,00	0,00	0,00	0,00	0,00	0,00	0,00
0,19	0,33	0,31	0,28	0,33	0,29	0,26	0,24	0,15	0,12	0,11	≤0,1	≤0,1	0,00	0,00	0,00	0,00	0,00	0,00	0,00	0,00	0,00	0,00	0,00	0,00	0,00	0,00
0,20	0,27	0,24	0,22	0,25	0,23	0,20	0,18	≤0,1	≤0,1	≤0,1	0,00	0,00	0,00	0,00	0,00	0,00	0,00	0,00	0,00	0,00	0,00	0,00	0,00	0,00	0,00	0,00
0,21	0,21	0,18	0,15	0,19	0,17	0,14	0,11	0,00	0,00	0,00	0,00	0,00	0,00	0,00	0,00	0,00	0,00	0,00	0,00	0,00	0,00	0,00	0,00	0,00	0,00	0,00
0,22	0,14	0,11	≤0,1	0,13	≤0,1	≤0,1	≤0,1	0,00	0,00	0,00	0,00	0,00	0,00	0,00	0,00	0,00	0,00	0,00	0,00	0,00	0,00	0,00	0,00	0,00	0,00	0,00
0,23	≤0,1	≤0,1	≤0,1	≤0,1	≤0,1	0,00	0,00	0,00	0,00	0,00	0,00	0,00	0,00	0,00	0,00	0,00	0,00	0,00	0,00	0,00	0,00	0,00	0,00	0,00	0,00	0,00
0,24	0,00	0,00	0,00	0,00	0,00	0,00	0,00	0,00	0,00	0,00	0,00	0,00	0,00	0,00	0,00	0,00	0,00	0,00	0,00	0,00	0,00	0,00	0,00	0,00	0,00	0,00

ζ_R	0,26	0,27	0,28	0,29	0,30	0,31	0,32	0,33	0,34	0,35	0,36	0,37	0,38	0,39	0,40	0,41	0,42	0,43	0,44	0,45	0,46	0,47	0,48	0,49	0,50	0,51
0,00	1,00	1,00	1,00	1,00	1,00	1,00	1,00	1,00	1,00	1,00	1,00	1,00	1,00	1,00	1,00	1,00	1,00	1,00	1,00	1,00	1,00	1,00	1,00	1,00	1,00	1,00
0,01	0,88	0,86	0,86	0,85	0,84	0,83	0,83	0,81	0,81	0,79	0,79	0,77	0,75	0,73	0,73	0,71	0,69	0,68	0,65	0,64	0,62	0,60	0,57	0,55	0,53	0,49
0,02	0,80	0,79	0,78	0,77	0,76	0,74	0,74	0,72	0,71	0,69	0,67	0,67	0,65	0,63	0,60	0,59	0,57	0,54	0,53	0,50	0,46	0,43	0,40	0,36	0,34	0,28
0,03	0,74	0,73	0,72	0,70	0,68	0,67	0,65	0,63	0,62	0,60	0,58	0,56	0,54	0,52	0,49	0,47	0,45	0,43	0,39	0,36	0,36	0,29	0,25	0,23	0,17	0,12
0,04	0,67	0,66	0,64	0,62	0,61	0,60	0,57	0,55	0,53	0,51	0,49	0,46	0,44	0,42	0,39	0,37	0,34	0,31	0,27	0,24	0,20	0,16	0,13	≤0,1	0,00	0,00
0,05	0,61	0,59	0,57	0,55	0,55	0,51	0,49	0,47	0,45	0,44	0,41	0,37	0,35	0,33	0,30	0,26	0,23	0,19	0,16	0,12	≤0,1	≤0,1	0,00	0,00	0,00	0,00
0,06	0,54	0,52	0,50	0,48	0,46	0,44	0,41	0,39	0,37	0,34	0,32	0,29	0,27	0,23	0,20	0,16	0,13	≤0,1	≤0,1	0,00	0,00	0,00	0,00	0,00	0,00	0,00
0,07	0,47	0,45	0,43	0,41	0,39	0,36	0,33	0,31	0,28	0,25	0,23	0,20	0,17	0,13	≤0,1	≤0,1	≤0,1	0,00	0,00	0,00	0,00	0,00	0,00	0,00	0,00	0,00
0,08	0,41	0,39	0,36	0,33	0,31	0,28	0,25	0,23	0,20	0,17	0,14	0,11	≤0,1	≤0,1	0,00	0,00	0,00	0,00	0,00	0,00	0,00	0,00	0,00	0,00	0,00	0,00
0,09	0,33	0,31	0,29	0,26	0,23	0,22	0,18	0,15	0,12	≤0,1	≤0,1	≤0,1	0,00	0,00	0,00	0,00	0,00	0,00	0,00	0,00	0,00	0,00	0,00	0,00	0,00	0,00
0,10	0,26	0,25	0,22	0,18	0,16	0,13	≤0,1	≤0,1	≤0,1	0,00	0,00	0,00	0,00	0,00	0,00	0,00	0,00	0,00	0,00	0,00	0,00	0,00	0,00	0,00	0,00	0,00
0,11	0,19	0,17	0,14	0,12	≤0,1	≤0,1	≤0,1	0,00	0,00	0,00	0,00	0,00	0,00	0,00	0,00	0,00	0,00	0,00	0,00	0,00	0,00	0,00	0,00	0,00	0,00	0,00
0,12	0,12	≤0,1	≤0,1	≤0,1	0,00	0,00	0,00	0,00	0,00	0,00	0,00	0,00	0,00	0,00	0,00	0,00	0,00	0,00	0,00	0,00	0,00	0,00	0,00	0,00	0,00	0,00
0,13	≤0,1	≤0,1	0,00	0,00	0,00	0,00	0,00	0,00	0,00	0,00	0,00	0,00	0,00	0,00	0,00	0,00	0,00	0,00	0,00	0,00	0,00	0,00	0,00	0,00	0,00	0,00
0,14	≤0,1	0,00	0,00	0,00	0,00	0,00	0,00	0,00	0,00	0,00	0,00	0,00	0,00	0,00	0,00	0,00	0,00	0,00	0,00	0,00	0,00	0,00	0,00	0,00	0,00	0,00
0,15	0,00	0,00	0,00	0,00	0,00	0,00	0,00	0,00	0,00	0,00	0,00	0,00	0,00	0,00	0,00	0,00	0,00	0,00	0,00	0,00	0,00	0,00	0,00	0,00	0,00	0,00
0,16	0,00	0,00	0,00	0,00	0,00	0,00	0,00	0,00	0,00	0,00	0,00	0,00	0,00	0,00	0,00	0,00	0,00	0,00	0,00	0,00	0,00	0,00	0,00	0,00	0,00	0,00
0,17	0,00	0,00	0,00	0,00	0,00	0,00	0,00	0,00	0,00	0,00	0,00	0,00	0,00	0,00	0,00	0,00	0,00	0,00	0,00	0,00	0,00	0,00	0,00	0,00	0,00	0,00
0,18	0,00	0,00	0,00	0,00	0,00	0,00	0,00	0,00	0,00	0,00	0,00	0,00	0,00	0,00	0,00	0,00	0,00	0,00	0,00	0,00	0,00	0,00	0,00	0,00	0,00	0,00
0,19	0,00	0,00	0,00	0,00	0,00	0,00	0,00	0,00	0,00	0,00	0,00	0,00	0,00	0,00	0,00	0,00	0,00	0,00	0,00	0,00	0,00	0,00	0,00	0,00	0,00	0,00
0,20	0,00	0,00	0,00	0,00	0,00	0,00	0,00	0,00	0,00	0,00	0,00	0,00	0,00	0,00	0,00	0,00	0,00	0,00	0,00	0,00	0,00	0,00	0,00	0,00	0,00	0,00
0,21	0,00	0,00	0,00	0,00	0,00	0,00	0,00	0,00	0,00	0,00	0,00	0,00	0,00	0,00	0,00	0,00	0,00	0,00	0,00	0,00	0,00	0,00	0,00	0,00	0,00	0,00
0,22	0,00	0,00	0,00	0,00	0,00	0,00	0,00	0,00	0,00	0,00	0,00	0,00	0,00	0,00	0,00	0,00	0,00	0,00	0,00	0,00	0,00	0,00	0,00	0,00	0,00	0,00
0,23	0,00	0,00	0,00	0,00	0,00	0,00	0,00	0,00	0,00	0,00	0,00	0,00	0,00	0,00	0,00	0,00	0,00	0,00	0,00	0,00	0,00	0,00	0,00	0,00	0,00	0,00
0,24	0,00	0,00	0,00	0,00	0,00	0,00	0,00	0,00	0,00	0,00	0,00	0,00	0,00	0,00	0,00	0,00	0,00	0,00	0,00	0,00	0,00	0,00	0,00	0,00	0,00	0,00

ζ_R	0,52	0,53	0,54	0,55	0,56	0,57	0,58
0,00	1,00	1,00	1,00	1,00	1,00	1,00	1,00
0,01	0,44	0,40	0,36	0,28	0,20	0,11	0,00
0,02	0,23	0,17	≤0,1	0,00	0,00	0,00	0,00
0,03	≤0,1	0,00	0,00	0,00	0,00	0,00	0,00
0,04	0,00	0,00	0,00	0,00	0,00	0,00	0,00
0,05	0,00	0,00	0,00	0,00	0,00	0,00	0,00
0,06	0,00	0,00	0,00	0,00	0,00	0,00	0,00
0,07	0,00	0,00	0,00	0,00	0,00	0,00	0,00
0,08	0,00	0,00	0,00	0,00	0,00	0,00	0,00
0,09	0,00	0,00	0,00	0,00	0,00	0,00	0,00
0,10	0,00	0,00	0,00	0,00	0,00	0,00	0,00
0,11	0,00	0,00	0,00	0,00	0,00	0,00	0,00
0,12	0,00	0,00	0,00	0,00	0,00	0,00	0,00
0,13	0,00	0,00	0,00	0,00	0,00	0,00	0,00
0,14	0,00	0,00	0,00	0,00	0,00	0,00	0,00
0,15	0,00	0,00	0,00	0,00	0,00	0,00	0,00
0,16	0,00	0,00	0,00	0,00	0,00	0,00	0,00
0,17	0,00	0,00	0,00	0,00	0,00	0,00	0,00
0,18	0,00	0,00	0,00	0,00	0,00	0,00	0,00
0,19	0,00	0,00	0,00	0,00	0,00	0,00	0,00
0,20	0,00	0,00	0,00	0,00	0,00	0,00	0,00
0,21	0,00	0,00	0,00	0,00	0,00	0,00	0,00
0,22	0,00	0,00	0,00	0,00	0,00	0,00	0,00
0,23	0,00	0,00	0,00	0,00	0,00	0,00	0,00
0,24	0,00	0,00	0,00	0,00	0,00	0,00	0,00

α_{max} für $\omega'_0 = 70\%$

ζ_R \ $\Delta\zeta$	0,00	0,01	0,02	0,03	0,04	0,05	0,06	0,07	0,08	0,09	0,10	0,11	0,12	0,13	0,14	0,15	0,16	0,17	0,18	0,19	0,20	0,21	0,22	0,23	0,24	0,25
0,00	1,00	1,00	1,00	1,00	1,00	1,00	1,00	1,00	1,00	1,00	1,00	1,00	1,00	1,00	1,00	1,00	1,00	1,00	1,00	1,00	1,00	1,00	1,00	1,00	1,00	1,00
0,01	≥0,9	≥0,9	≥0,9	≥0,9	≥0,9	≥0,9	≥0,9	≥0,9	≥0,9	≥0,9	≥0,9	≥0,9	≥0,9	≥0,9	≥0,9	≥0,9	≥0,9	≥0,9	≥0,9	≥0,9	≥0,9	≥0,9	≥0,9	0,89	0,88	0,88
0,02	≥0,9	≥0,9	≥0,9	≥0,9	≥0,9	≥0,9	≥0,9	≥0,9	≥0,9	≥0,9	≥0,9	≥0,9	≥0,9	≥0,9	≥0,9	≥0,9	0,89	0,88	0,87	0,87	0,86	0,84	0,83	0,83	0,82	0,81
0,03	≥0,9	≥0,9	≥0,9	≥0,9	≥0,9	≥0,9	≥0,9	≥0,9	≥0,9	≥0,9	≥0,9	0,89	0,88	0,87	0,86	0,85	0,84	0,84	0,82	0,81	0,81	0,79	0,78	0,77	0,76	0,74
0,04	≥0,9	≥0,9	≥0,9	≥0,9	≥0,9	≥0,9	≥0,9	0,89	0,88	0,88	0,87	0,85	0,84	0,83	0,82	0,80	0,79	0,78	0,77	0,76	0,74	0,73	0,72	0,70	0,69	0,68
0,05	≥0,9	≥0,9	≥0,9	≥0,9	≥0,9	0,88	0,87	0,86	0,84	0,83	0,82	0,81	0,79	0,78	0,76	0,75	0,74	0,73	0,71	0,70	0,69	0,67	0,65	0,64	0,62	0,62
0,06	0,88	0,86	0,89	0,87	0,86	0,85	0,83	0,82	0,80	0,79	0,78	0,76	0,74	0,73	0,72	0,71	0,69	0,67	0,66	0,64	0,63	0,61	0,60	0,57	0,56	0,54
0,07	0,84	0,83	0,85	0,84	0,82	0,81	0,79	0,77	0,76	0,74	0,72	0,71	0,69	0,68	0,66	0,66	0,63	0,62	0,59	0,58	0,56	0,55	0,54	0,51	0,50	0,47
0,08	0,80	0,81	0,81	0,79	0,77	0,76	0,74	0,72	0,71	0,69	0,67	0,65	0,64	0,62	0,60	0,59	0,57	0,55	0,53	0,51	0,51	0,48	0,46	0,44	0,42	0,41
0,09	0,76	0,78	0,77	0,75	0,73	0,71	0,69	0,67	0,66	0,63	0,61	0,60	0,58	0,56	0,54	0,53	0,50	0,49	0,47	0,45	0,43	0,41	0,40	0,37	0,35	0,33
0,10	0,70	0,73	0,72	0,69	0,67	0,65	0,63	0,61	0,60	0,58	0,56	0,54	0,52	0,50	0,48	0,46	0,44	0,42	0,40	0,38	0,36	0,34	0,32	0,31	0,29	0,26
0,11	0,65	0,68	0,66	0,65	0,65	0,60	0,58	0,56	0,54	0,52	0,49	0,47	0,45	0,43	0,41	0,40	0,37	0,35	0,33	0,32	0,29	0,27	0,26	0,23	0,21	0,19
0,12	0,59	0,62	0,60	0,58	0,56	0,54	0,51	0,50	0,47	0,45	0,43	0,41	0,40	0,37	0,35	0,33	0,31	0,28	0,26	0,25	0,22	0,20	0,18	0,16	0,14	0,12
0,13	0,53	0,57	0,55	0,53	0,50	0,47	0,45	0,43	0,43	0,38	0,36	0,34	0,33	0,31	0,28	0,27	0,24	0,21	0,20	0,17	0,15	0,13	0,11	≤0,1	≤0,1	≤0,1
0,14	0,46	0,51	0,48	0,46	0,43	0,41	0,38	0,37	0,34	0,32	0,30	0,27	0,25	0,23	0,21	0,19	0,16	0,16	0,14	≤0,1	≤0,1	≤0,1	≤0,1	≤0,1	≤0,1	0,00
0,15	0,40	0,44	0,42	0,41	0,36	0,34	0,33	0,29	0,27	0,25	0,23	0,20	0,18	0,16	0,14	≤0,1	≤0,1	≤0,1	0,00	≤0,1	0,00	0,00	0,00	0,00	0,00	0,00
0,16	0,32	0,37	0,34	0,32	0,29	0,27	0,25	0,23	0,20	0,18	0,16	0,15	0,12	≤0,1	≤0,1	0,00	≤0,1	0,00	0,00	0,00	0,00	0,00	0,00	0,00	0,00	0,00
0,17	0,24	0,29	0,27	0,25	0,23	0,20	0,17	0,16	0,12	0,11	≤0,1	≤0,1	≤0,1	≤0,1	0,00	0,00	0,00	0,00	0,00	0,00	0,00	0,00	0,00	0,00	0,00	0,00
0,18	0,18	0,22	0,19	0,18	0,16	0,12	≤0,1	≤0,1	≤0,1	≤0,1	0,00	0,00	0,00	0,00	0,00	0,00	0,00	0,00	0,00	0,00	0,00	0,00	0,00	0,00	0,00	0,00
0,19	≤0,1	0,15	0,12	≤0,1	≤0,1	≤0,1	≤0,1	0,00	0,00	0,00	0,00	0,00	0,00	0,00	0,00	0,00	0,00	0,00	0,00	0,00	0,00	0,00	0,00	0,00	0,00	0,00
0,20	0,00	≤0,1	≤0,1	≤0,1	0,00	0,00	0,00	0,00	0,00	0,00	0,00	0,00	0,00	0,00	0,00	0,00	0,00	0,00	0,00	0,00	0,00	0,00	0,00	0,00	0,00	0,00
0,21	0,00	0,00	0,00	0,00	0,00	0,00	0,00	0,00	0,00	0,00	0,00	0,00	0,00	0,00	0,00	0,00	0,00	0,00	0,00	0,00	0,00	0,00	0,00	0,00	0,00	0,00

r_a	0,26	0,27	0,28	0,29	0,30	0,31	0,32	0,33	0,34	0,35	0,36	0,37	0,38	0,39	0,40	0,41	0,42	0,43	0,44	0,45	0,46	0,47	0,48	0,49	0,50	0,51
0,00	1,00	1,00	1,00	1,00	1,00	1,00	1,00	1,00	1,00	1,00	1,00	1,00	1,00	1,00	1,00	1,00	1,00	1,00	1,00	1,00	1,00	1,00	1,00	1,00	1,00	1,00
0,01	0,88	0,86	0,85	0,85	0,85	0,84	0,82	0,81	0,80	0,80	0,79	0,78	0,76	0,75	0,74	0,73	0,73	0,72	0,72	0,68	0,68	0,67	0,65	0,64	0,62	0,61
0,02	0,80	0,79	0,78	0,77	0,76	0,75	0,73	0,72	0,71	0,70	0,69	0,68	0,66	0,65	0,63	0,62	0,62	0,59	0,59	0,56	0,54	0,52	0,51	0,49	0,48	0,45
0,03	0,73	0,72	0,71	0,69	0,68	0,67	0,66	0,64	0,63	0,62	0,61	0,60	0,57	0,55	0,54	0,54	0,51	0,51	0,48	0,46	0,43	0,40	0,38	0,36	0,34	0,32
0,04	0,66	0,65	0,64	0,62	0,61	0,60	0,58	0,56	0,56	0,53	0,52	0,49	0,48	0,47	0,45	0,42	0,40	0,39	0,36	0,34	0,32	0,30	0,28	0,25	0,23	0,19
0,05	0,60	0,59	0,57	0,55	0,53	0,52	0,50	0,48	0,47	0,45	0,44	0,41	0,39	0,37	0,36	0,36	0,31	0,30	0,27	0,25	0,22	0,21	0,17	0,15	0,14	≤0,1
0,06	0,53	0,51	0,50	0,48	0,46	0,44	0,42	0,40	0,39	0,37	0,35	0,32	0,30	0,28	0,26	0,24	0,22	0,19	0,17	0,15	0,12	≤0,1	≤0,1	≤0,1	≤0,1	0,00
0,07	0,46	0,44	0,42	0,41	0,38	0,36	0,34	0,32	0,30	0,28	0,28	0,25	0,22	0,21	0,18	0,15	0,14	0,11	≤0,1	≤0,1	≤0,1	0,00	0,00	0,00	0,00	0,00
0,08	0,38	0,37	0,35	0,33	0,31	0,29	0,27	0,25	0,23	0,21	0,18	0,17	0,14	0,11	≤0,1	≤0,1	≤0,1	≤0,1	0,00	0,00	0,00	0,00	0,00	0,00	0,00	0,00
0,09	0,31	0,30	0,28	0,25	0,23	0,21	0,19	0,17	0,15	0,13	0,11	≤0,1	≤0,1	≤0,1	0,00	0,00	0,00	0,00	0,00	0,00	0,00	0,00	0,00	0,00	0,00	0,00
0,10	0,24	0,22	0,20	0,18	0,16	0,14	0,13	≤0,1	≤0,1	≤0,1	≤0,1	0,00	0,00	0,00	0,00	0,00	0,00	0,00	0,00	0,00	0,00	0,00	0,00	0,00	0,00	0,00
0,11	0,17	0,15	0,12	≤0,1	≤0,1	≤0,1	≤0,1	≤0,1	0,00	0,00	0,00	0,00	0,00	0,00	0,00	0,00	0,00	0,00	0,00	0,00	0,00	0,00	0,00	0,00	0,00	0,00
0,12	≤0,1	≤0,1	≤0,1	≤0,1	0,00	0,00	0,00	0,00	0,00	0,00	0,00	0,00	0,00	0,00	0,00	0,00	0,00	0,00	0,00	0,00	0,00	0,00	0,00	0,00	0,00	0,00
0,13	≤0,1	0,00	0,00	0,00	0,00	0,00	0,00	0,00	0,00	0,00	0,00	0,00	0,00	0,00	0,00	0,00	0,00	0,00	0,00	0,00	0,00	0,00	0,00	0,00	0,00	0,00
0,14	0,00	0,00	0,00	0,00	0,00	0,00	0,00	0,00	0,00	0,00	0,00	0,00	0,00	0,00	0,00	0,00	0,00	0,00	0,00	0,00	0,00	0,00	0,00	0,00	0,00	0,00
0,15	0,00	0,00	0,00	0,00	0,00	0,00	0,00	0,00	0,00	0,00	0,00	0,00	0,00	0,00	0,00	0,00	0,00	0,00	0,00	0,00	0,00	0,00	0,00	0,00	0,00	0,00
0,16	0,00	0,00	0,00	0,00	0,00	0,00	0,00	0,00	0,00	0,00	0,00	0,00	0,00	0,00	0,00	0,00	0,00	0,00	0,00	0,00	0,00	0,00	0,00	0,00	0,00	0,00
0,17	0,00	0,00	0,00	0,00	0,00	0,00	0,00	0,00	0,00	0,00	0,00	0,00	0,00	0,00	0,00	0,00	0,00	0,00	0,00	0,00	0,00	0,00	0,00	0,00	0,00	0,00
0,18	0,00	0,00	0,00	0,00	0,00	0,00	0,00	0,00	0,00	0,00	0,00	0,00	0,00	0,00	0,00	0,00	0,00	0,00	0,00	0,00	0,00	0,00	0,00	0,00	0,00	0,00
0,19	0,00	0,00	0,00	0,00	0,00	0,00	0,00	0,00	0,00	0,00	0,00	0,00	0,00	0,00	0,00	0,00	0,00	0,00	0,00	0,00	0,00	0,00	0,00	0,00	0,00	0,00
0,20	0,00	0,00	0,00	0,00	0,00	0,00	0,00	0,00	0,00	0,00	0,00	0,00	0,00	0,00	0,00	0,00	0,00	0,00	0,00	0,00	0,00	0,00	0,00	0,00	0,00	0,00
0,21	0,00	0,00	0,00	0,00	0,00	0,00	0,00	0,00	0,00	0,00	0,00	0,00	0,00	0,00	0,00	0,00	0,00	0,00	0,00	0,00	0,00	0,00	0,00	0,00	0,00	0,00

ζ_R	0,52	0,53	0,54	0,55	0,56	0,57	0,58	0,59	0,60	0,61	0,62	0,63	0,64	0,65	0,66	0,67
0,00	1,00	1,00	1,00	1,00	1,00	1,00	1,00	1,00	1,00	1,00	1,00	1,00	1,00	1,00	1,00	1,00
0,01	0,59	0,56	0,54	0,53	0,50	0,47	0,46	0,44	0,40	0,36	0,33	0,28	0,23	0,16	≤0,1	0,00
0,02	0,45	0,40	0,37	0,35	0,34	0,29	0,26	0,25	0,19	0,14	0,11	≤0,1	0,00	0,00	0,00	0,00
0,03	0,30	0,27	0,23	0,21	0,17	0,13	0,11	≤0,1	0,00	0,00	0,00	0,00	0,00	0,00	0,00	0,00
0,04	0,17	0,14	0,11	≤0,1	≤0,1	0,00	0,00	0,00	0,00	0,00	0,00	0,00	0,00	0,00	0,00	0,00
0,05	≤0,1	≤0,1	0,00	0,00	0,00	0,00	0,00	0,00	0,00	0,00	0,00	0,00	0,00	0,00	0,00	0,00
0,06	0,00	0,00	0,00	0,00	0,00	0,00	0,00	0,00	0,00	0,00	0,00	0,00	0,00	0,00	0,00	0,00
0,07	0,00	0,00	0,00	0,00	0,00	0,00	0,00	0,00	0,00	0,00	0,00	0,00	0,00	0,00	0,00	0,00
0,08	0,00	0,00	0,00	0,00	0,00	0,00	0,00	0,00	0,00	0,00	0,00	0,00	0,00	0,00	0,00	0,00
0,09	0,00	0,00	0,00	0,00	0,00	0,00	0,00	0,00	0,00	0,00	0,00	0,00	0,00	0,00	0,00	0,00
0,10	0,00	0,00	0,00	0,00	0,00	0,00	0,00	0,00	0,00	0,00	0,00	0,00	0,00	0,00	0,00	0,00
0,11	0,00	0,00	0,00	0,00	0,00	0,00	0,00	0,00	0,00	0,00	0,00	0,00	0,00	0,00	0,00	0,00
0,12	0,00	0,00	0,00	0,00	0,00	0,00	0,00	0,00	0,00	0,00	0,00	0,00	0,00	0,00	0,00	0,00
0,13	0,00	0,00	0,00	0,00	0,00	0,00	0,00	0,00	0,00	0,00	0,00	0,00	0,00	0,00	0,00	0,00
0,14	0,00	0,00	0,00	0,00	0,00	0,00	0,00	0,00	0,00	0,00	0,00	0,00	0,00	0,00	0,00	0,00
0,15	0,00	0,00	0,00	0,00	0,00	0,00	0,00	0,00	0,00	0,00	0,00	0,00	0,00	0,00	0,00	0,00
0,16	0,00	0,00	0,00	0,00	0,00	0,00	0,00	0,00	0,00	0,00	0,00	0,00	0,00	0,00	0,00	0,00
0,17	0,00	0,00	0,00	0,00	0,00	0,00	0,00	0,00	0,00	0,00	0,00	0,00	0,00	0,00	0,00	0,00
0,18	0,00	0,00	0,00	0,00	0,00	0,00	0,00	0,00	0,00	0,00	0,00	0,00	0,00	0,00	0,00	0,00
0,19	0,00	0,00	0,00	0,00	0,00	0,00	0,00	0,00	0,00	0,00	0,00	0,00	0,00	0,00	0,00	0,00
0,20	0,00	0,00	0,00	0,00	0,00	0,00	0,00	0,00	0,00	0,00	0,00	0,00	0,00	0,00	0,00	0,00
0,21	0,00	0,00	0,00	0,00	0,00	0,00	0,00	0,00	0,00	0,00	0,00	0,00	0,00	0,00	0,00	0,00

ζ	0,26	0,27	0,28	0,29	0,30	0,31	0,32	0,33	0,34	0,35	0,36	0,37	0,38	0,39	0,40	0,41	0,42	0,43	0,44	0,45	0,46	0,47	0,48	0,49	0,50	0,51
0,00	1,00	1,00	1,00	1,00	1,00	1,00	1,00	1,00	1,00	1,00	1,00	1,00	1,00	1,00	1,00	1,00	1,00	1,00	1,00	1,00	1,00	1,00	1,00	1,00	1,00	1,00
0,01	0,85	0,83	0,82	0,82	0,81	0,80	0,79	0,78	0,78	0,77	0,76	0,76	0,74	0,73	0,72	0,71	0,70	0,69	0,69	0,67	0,66	0,65	0,64	0,64	0,61	0,60
0,02	0,75	0,74	0,73	0,73	0,72	0,71	0,70	0,68	0,67	0,66	0,65	0,65	0,63	0,61	0,60	0,59	0,58	0,56	0,56	0,54	0,53	0,51	0,50	0,48	0,48	0,46
0,03	0,67	0,66	0,65	0,64	0,62	0,61	0,60	0,59	0,57	0,56	0,55	0,54	0,53	0,52	0,49	0,48	0,47	0,46	0,44	0,43	0,41	0,39	0,39	0,36	0,34	0,33
0,04	0,60	0,58	0,57	0,55	0,54	0,53	0,52	0,50	0,49	0,46	0,46	0,44	0,42	0,41	0,41	0,38	0,36	0,34	0,33	0,31	0,30	0,28	0,26	0,24	0,22	0,20
0,05	0,51	0,50	0,48	0,47	0,46	0,43	0,42	0,41	0,39	0,38	0,36	0,34	0,32	0,31	0,30	0,28	0,26	0,24	0,22	0,21	0,20	0,18	0,16	0,14	0,11	≤0,1
0,06	0,44	0,41	0,40	0,38	0,36	0,35	0,33	0,31	0,30	0,28	0,27	0,25	0,23	0,21	0,19	0,18	0,18	0,14	0,13	0,11	≤0,1	≤0,1	≤0,1	≤0,1	0,00	0,00
0,07	0,34	0,33	0,31	0,29	0,28	0,26	0,24	0,23	0,21	0,20	0,17	0,16	0,16	0,12	≤0,1	≤0,1	≤0,1	≤0,1	≤0,1	0,00	0,00	0,00	0,00	0,00	0,00	0,00
0,08	0,25	0,24	0,23	0,20	0,18	0,18	0,15	0,13	0,12	≤0,1	≤0,1	≤0,1	≤0,1	≤0,1	0,00	0,00	0,00	0,00	0,00	0,00	0,00	0,00	0,00	0,00	0,00	0,00
0,09	0,17	0,15	0,13	0,11	≤0,1	≤0,1	≤0,1	≤0,1	≤0,1	0,00	0,00	0,00	0,00	0,00	0,00	0,00	0,00	0,00	0,00	0,00	0,00	0,00	0,00	0,00	0,00	0,00
0,10	≤0,1	≤0,1	≤0,1	≤0,1	0,00	0,00	0,00	0,00	0,00	0,00	0,00	0,00	0,00	0,00	0,00	0,00	0,00	0,00	0,00	0,00	0,00	0,00	0,00	0,00	0,00	0,00
0,11	0,00	0,00	0,00	0,00	0,00	0,00	0,00	0,00	0,00	0,00	0,00	0,00	0,00	0,00	0,00	0,00	0,00	0,00	0,00	0,00	0,00	0,00	0,00	0,00	0,00	0,00
0,12	0,00	0,00	0,00	0,00	0,00	0,00	0,00	0,00	0,00	0,00	0,00	0,00	0,00	0,00	0,00	0,00	0,00	0,00	0,00	0,00	0,00	0,00	0,00	0,00	0,00	0,00
0,13	0,00	0,00	0,00	0,00	0,00	0,00	0,00	0,00	0,00	0,00	0,00	0,00	0,00	0,00	0,00	0,00	0,00	0,00	0,00	0,00	0,00	0,00	0,00	0,00	0,00	0,00
0,14	0,00	0,00	0,00	0,00	0,00	0,00	0,00	0,00	0,00	0,00	0,00	0,00	0,00	0,00	0,00	0,00	0,00	0,00	0,00	0,00	0,00	0,00	0,00	0,00	0,00	0,00
0,15	0,00	0,00	0,00	0,00	0,00	0,00	0,00	0,00	0,00	0,00	0,00	0,00	0,00	0,00	0,00	0,00	0,00	0,00	0,00	0,00	0,00	0,00	0,00	0,00	0,00	0,00
0,16	0,00	0,00	0,00	0,00	0,00	0,00	0,00	0,00	0,00	0,00	0,00	0,00	0,00	0,00	0,00	0,00	0,00	0,00	0,00	0,00	0,00	0,00	0,00	0,00	0,00	0,00

ζ_n	0,52	0,53	0,54	0,55	0,56	0,57	0,58	0,59	0,60	0,61	0,62	0,63	0,64	0,65	0,66	0,67	0,68	0,69	0,70	0,71	0,72	0,73	0,74	0,75
0,00	1,00	1,00	1,00	1,00	1,00	1,00	1,00	1,00	1,00	1,00	1,00	1,00	1,00	1,00	1,00	1,00	1,00	1,00	1,00	1,00	1,00	1,00	1,00	1,00
0,01	0,59	0,58	0,58	0,55	0,54	0,52	0,50	0,49	0,49	0,46	0,46	0,42	0,40	0,38	0,35	0,34	0,30	0,27	0,25	0,21	0,17	0,12	≤0,1	0,00
0,02	0,44	0,43	0,41	0,40	0,37	0,35	0,34	0,31	0,29	0,27	0,25	0,23	0,20	0,17	0,15	0,13	≤0,1	≤0,1	0,00	0,00	0,00	0,00	0,00	0,00
0,03	0,30	0,30	0,27	0,25	0,23	0,22	0,19	0,17	0,16	0,13	≤0,1	≤0,1	≤0,1	0,00	0,00	0,00	0,00	0,00	0,00	0,00	0,00	0,00	0,00	0,00
0,04	0,19	0,17	0,14	0,12	≤0,1	≤0,1	≤0,1	≤0,1	0,00	0,00	0,00	0,00	0,00	0,00	0,00	0,00	0,00	0,00	0,00	0,00	0,00	0,00	0,00	0,00
0,05	≤0,1	≤0,1	≤0,1	0,00	0,00	0,00	0,00	0,00	0,00	0,00	0,00	0,00	0,00	0,00	0,00	0,00	0,00	0,00	0,00	0,00	0,00	0,00	0,00	0,00
0,06	0,00	0,00	0,00	0,00	0,00	0,00	0,00	0,00	0,00	0,00	0,00	0,00	0,00	0,00	0,00	0,00	0,00	0,00	0,00	0,00	0,00	0,00	0,00	0,00
0,07	0,00	0,00	0,00	0,00	0,00	0,00	0,00	0,00	0,00	0,00	0,00	0,00	0,00	0,00	0,00	0,00	0,00	0,00	0,00	0,00	0,00	0,00	0,00	0,00
0,08	0,00	0,00	0,00	0,00	0,00	0,00	0,00	0,00	0,00	0,00	0,00	0,00	0,00	0,00	0,00	0,00	0,00	0,00	0,00	0,00	0,00	0,00	0,00	0,00
0,09	0,00	0,00	0,00	0,00	0,00	0,00	0,00	0,00	0,00	0,00	0,00	0,00	0,00	0,00	0,00	0,00	0,00	0,00	0,00	0,00	0,00	0,00	0,00	0,00
0,10	0,00	0,00	0,00	0,00	0,00	0,00	0,00	0,00	0,00	0,00	0,00	0,00	0,00	0,00	0,00	0,00	0,00	0,00	0,00	0,00	0,00	0,00	0,00	0,00
0,11	0,00	0,00	0,00	0,00	0,00	0,00	0,00	0,00	0,00	0,00	0,00	0,00	0,00	0,00	0,00	0,00	0,00	0,00	0,00	0,00	0,00	0,00	0,00	0,00
0,12	0,00	0,00	0,00	0,00	0,00	0,00	0,00	0,00	0,00	0,00	0,00	0,00	0,00	0,00	0,00	0,00	0,00	0,00	0,00	0,00	0,00	0,00	0,00	0,00
0,13	0,00	0,00	0,00	0,00	0,00	0,00	0,00	0,00	0,00	0,00	0,00	0,00	0,00	0,00	0,00	0,00	0,00	0,00	0,00	0,00	0,00	0,00	0,00	0,00
0,14	0,00	0,00	0,00	0,00	0,00	0,00	0,00	0,00	0,00	0,00	0,00	0,00	0,00	0,00	0,00	0,00	0,00	0,00	0,00	0,00	0,00	0,00	0,00	0,00
0,15	0,00	0,00	0,00	0,00	0,00	0,00	0,00	0,00	0,00	0,00	0,00	0,00	0,00	0,00	0,00	0,00	0,00	0,00	0,00	0,00	0,00	0,00	0,00	0,00
0,16	0,00	0,00	0,00	0,00	0,00	0,00	0,00	0,00	0,00	0,00	0,00	0,00	0,00	0,00	0,00	0,00	0,00	0,00	0,00	0,00	0,00	0,00	0,00	0,00

α_{max} für $\omega_0^* = 90\%$

ζ_R \ $\Delta\zeta$	0,00	0,01	0,02	0,03	0,04	0,05	0,06	0,07	0,08	0,09	0,10	0,11	0,12	0,13	0,14	0,15	0,16	0,17	0,18	0,19	0,20	0,21	0,22	0,23	0,24	0,25
0,00	1,00	1,00	1,00	1,00	1,00	1,00	1,00	1,00	1,00	1,00	1,00	1,00	1,00	1,00	1,00	1,00	1,00	1,00	1,00	1,00	1,00	1,00	1,00	1,00	1,00	1,00
0,01	≥0,9	≥0,9	≥0,9	≥0,9	≥0,9	≥0,9	≥0,9	≥0,9	≥0,9	≥0,9	0,89	0,89	0,88	0,87	0,86	0,85	0,84	0,83	0,82	0,81	0,81	0,80	0,78	0,78	0,77	0,76
0,02	≥0,9	≥0,9	≥0,9	≥0,9	≥0,9	0,88	0,87	0,86	0,84	0,82	0,81	0,80	0,79	0,77	0,76	0,74	0,73	0,73	0,71	0,69	0,69	0,67	0,66	0,65	0,64	0,63
0,03	≥0,9	0,89	0,87	0,85	0,84	0,81	0,80	0,77	0,75	0,73	0,72	0,70	0,69	0,68	0,66	0,65	0,63	0,62	0,59	0,58	0,56	0,55	0,53	0,52	0,51	0,50
0,04	0,84	0,81	0,79	0,77	0,76	0,72	0,69	0,67	0,65	0,63	0,62	0,59	0,58	0,55	0,54	0,52	0,50	0,48	0,47	0,46	0,45	0,44	0,41	0,39	0,38	0,36
0,05	0,75	0,71	0,68	0,66	0,65	0,60	0,58	0,56	0,54	0,51	0,49	0,47	0,45	0,44	0,44	0,39	0,38	0,36	0,34	0,32	0,31	0,29	0,28	0,26	0,24	0,22
0,06	0,63	0,60	0,56	0,53	0,49	0,47	0,44	0,43	0,40	0,38	0,35	0,33	0,31	0,29	0,27	0,25	0,24	0,22	0,20	0,19	0,16	0,14	0,13	0,12	≤0,1	≤0,1
0,07	0,47	0,44	0,41	0,38	0,34	0,33	0,29	0,27	0,24	0,22	0,19	0,17	0,15	0,14	0,13	0,11	≤0,1	≤0,1	≤0,1	≤0,1	0,00	0,00	0,00	0,00	0,00	0,00
0,08	0,27	0,24	0,22	0,19	0,15	0,13	≤0,1	≤0,1	≤0,1	≤0,1	0,00	0,00	0,00	0,00	0,00	0,00	0,00	0,00	0,00	0,00	0,00	0,00	0,00	0,00	0,00	0,00
0,09	0,00	0,00	0,00	0,00	0,00	0,00	0,00	0,00	0,00	0,00	0,00	0,00	0,00	0,00	0,00	0,00	0,00	0,00	0,00	0,00	0,00	0,00	0,00	0,00	0,00	0,00

ζ_{sp}	0,26	0,27	0,28	0,29	0,30	0,31	0,32	0,33	0,34	0,35	0,36	0,37	0,38	0,39	0,40	0,41	0,42	0,43	0,44	0,45	0,46	0,47	0,48	0,49	0,50	0,51
0,00	1,00	1,00	1,00	1,00	1,00	1,00	1,00	1,00	1,00	1,00	1,00	1,00	1,00	1,00	1,00	1,00	1,00	1,00	1,00	1,00	1,00	1,00	1,00	1,00	1,00	1,00
0,01	0,75	0,74	0,73	0,73	0,72	0,71	0,69	0,68	0,68	0,66	0,66	0,65	0,64	0,62	0,62	0,61	0,60	0,59	0,58	0,57	0,56	0,56	0,54	0,52	0,51	0,50
0,02	0,62	0,61	0,59	0,58	0,56	0,55	0,54	0,53	0,52	0,51	0,50	0,49	0,49	0,46	0,45	0,43	0,42	0,42	0,40	0,38	0,37	0,36	0,35	0,34	0,33	0,31
0,03	0,48	0,47	0,46	0,44	0,43	0,42	0,40	0,39	0,38	0,36	0,36	0,35	0,33	0,31	0,30	0,30	0,27	0,26	0,26	0,23	0,22	0,21	0,19	0,17	0,16	0,15
0,04	0,35	0,34	0,32	0,30	0,29	0,27	0,26	0,26	0,23	0,23	0,22	0,20	0,18	0,17	0,16	0,14	0,13	0,11	≤0,1	≤0,1	≤0,1	≤0,1	≤0,1	≤0,1	0,00	0,00
0,05	0,21	0,21	0,19	0,19	0,16	0,14	0,13	0,12	≤0,1	≤0,1	≤0,1	≤0,1	≤0,1	≤0,1	0,00	0,00	0,00	0,00	0,00	0,00	0,00	0,00	0,00	0,00	0,00	0,00
0,06	≤0,1	≤0,1	≤0,1	≤0,1	0,00	0,00	0,00	0,00	0,00	0,00	0,00	0,00	0,00	0,00	0,00	0,00	0,00	0,00	0,00	0,00	0,00	0,00	0,00	0,00	0,00	0,00
0,07	0,00	0,00	0,00	0,00	0,00	0,00	0,00	0,00	0,00	0,00	0,00	0,00	0,00	0,00	0,00	0,00	0,00	0,00	0,00	0,00	0,00	0,00	0,00	0,00	0,00	0,00
0,08	0,00	0,00	0,00	0,00	0,00	0,00	0,00	0,00	0,00	0,00	0,00	0,00	0,00	0,00	0,00	0,00	0,00	0,00	0,00	0,00	0,00	0,00	0,00	0,00	0,00	0,00
0,09	0,00	0,00	0,00	0,00	0,00	0,00	0,00	0,00	0,00	0,00	0,00	0,00	0,00	0,00	0,00	0,00	0,00	0,00	0,00	0,00	0,00	0,00	0,00	0,00	0,00	0,00

ζ_R	0,52	0,53	0,54	0,55	0,56	0,57	0,58	0,59	0,60	0,61	0,62	0,63	0,64	0,65	0,66	0,67	0,68	0,69	0,70	0,71	0,72	0,73	0,74	0,75
0,00	1,00	1,00	1,00	1,00	1,00	1,00	1,00	1,00	1,00	1,00	1,00	1,00	1,00	1,00	1,00	1,00	1,00	1,00	1,00	1,00	1,00	1,00	1,00	1,00
0,01	0,49	0,48	0,47	0,46	0,45	0,44	0,42	0,40	0,40	0,39	0,37	0,36	0,34	0,32	0,31	0,30	0,29	0,26	0,25	0,23	0,21	0,18	0,16	0,14
0,02	0,30	0,28	0,27	0,26	0,25	0,23	0,21	0,20	0,19	0,16	0,15	0,14	0,13	0,11	≤0,1	≤0,1	≤0,1	≤0,1	0,00	0,00	0,00	0,00	0,00	0,00
0,03	0,14	0,12	0,12	≤0,1	≤0,1	≤0,1	≤0,1	≤0,1	0,00	0,00	0,00	0,00	0,00	0,00	0,00	0,00	0,00	0,00	0,00	0,00	0,00	0,00	0,00	0,00
0,04	0,00	0,00	0,00	0,00	0,00	0,00	0,00	0,00	0,00	0,00	0,00	0,00	0,00	0,00	0,00	0,00	0,00	0,00	0,00	0,00	0,00	0,00	0,00	0,00
0,05	0,00	0,00	0,00	0,00	0,00	0,00	0,00	0,00	0,00	0,00	0,00	0,00	0,00	0,00	0,00	0,00	0,00	0,00	0,00	0,00	0,00	0,00	0,00	0,00
0,06	0,00	0,00	0,00	0,00	0,00	0,00	0,00	0,00	0,00	0,00	0,00	0,00	0,00	0,00	0,00	0,00	0,00	0,00	0,00	0,00	0,00	0,00	0,00	0,00
0,07	0,00	0,00	0,00	0,00	0,00	0,00	0,00	0,00	0,00	0,00	0,00	0,00	0,00	0,00	0,00	0,00	0,00	0,00	0,00	0,00	0,00	0,00	0,00	0,00
0,08	0,00	0,00	0,00	0,00	0,00	0,00	0,00	0,00	0,00	0,00	0,00	0,00	0,00	0,00	0,00	0,00	0,00	0,00	0,00	0,00	0,00	0,00	0,00	0,00
0,09	0,00	0,00	0,00	0,00	0,00	0,00	0,00	0,00	0,00	0,00	0,00	0,00	0,00	0,00	0,00	0,00	0,00	0,00	0,00	0,00	0,00	0,00	0,00	0,00

ζ_R	0,76	0,77	0,78	0,79	0,80
0,00	1,00	1,00	1,00	1,00	1,00
0,01	0,12	≤0,1	≤0,1	≤0,1	0,00
0,02	0,00	0,00	0,00	0,00	0,00
0,03	0,00	0,00	0,00	0,00	0,00
0,04	0,00	0,00	0,00	0,00	0,00
0,05	0,00	0,00	0,00	0,00	0,00
0,06	0,00	0,00	0,00	0,00	0,00
0,07	0,00	0,00	0,00	0,00	0,00
0,08	0,00	0,00	0,00	0,00	0,00
0,09	0,00	0,00	0,00	0,00	0,00

Literatur

Amram, M./Kulatilaka, N. (1999)

Real Options: Managing Strategie Investment in an Uncerain World, Boston, Mass. 1999

Chopra, S./Meindl, P. (2007)

Supply Chain Management: Strategy, Planning, and Operation, Upper Saddle River, N.J. 2007

De Toni, A./Tonchia, S. (1998)

Manufacturing Flexibility: A Literature Review, in: International Journal of Production Research, Vol. 36, No. 6, pp. 1587-1617

Diruf, G. (2001)

Senkung der Absatzrisiken für Modeprodukte durch selektives Produktionspostponement: Entwicklung eines Optimierungsmodells zur Unterstützung von Postponementenscheidungen, Bamberger Betriebswirtschaftliche Beiträge Nr. 128, Otto-Friedrich-Universität Bamberg 2001

Diruf, G. (2005)

Risk-Pooling-Strategien in der Modedistribution, Bamberger Betriebswirtschaftliche Beiträge Nr. 138, Otto-Friedrich-Universität Bamberg 2005

Diruf, G. (2007)

Risk-Pooling-Kooperationen im Modehandel: Erfolgsfaktoren und Verbesserungspotenziale, in: Vahrenkamp, R./Siepermann, Ch. (Hrsg.), Risikomanagement in Supply Chains, Berlin 2007, S. 235-252

Fisher, M.L. (1997)

What Is the Right Supply Chain for Your Product?, in: Harvard Business Review, March-April 1997, S. 105-116

Fisher, M.L./Raman, A./McClelland, A.S. (2000)

Rocked Science Retailing Is Almost Here – Are You Ready?, in: Harvard Business Review, July-August 2000, S. 115-124

Picot, A./Reichwald, R./Wigand, R.T. (1996)
Die grenzenlose Unternehmung, Wiesbaden 1996

Shewchuck, J.P./Moodie, C.L. (1998)
Definition and Classification of Manufacturing Flexibility Types and Measures, in: International Journal of Flexible Manufacturing Systems, Vol. 10, pp. 325-349

Sethi, A.K./Sethi, S.P. (1990)
Flexibility in Manufacturing: A Survey, in: The International Journal of Flexible Manufacturing Systems, Vol. 2, pp. 289-328

Silver, E.A. /Pyke, D.F./Peterson, R. (1998)
Inventory Management and Production Planning and Scheduling, New York et al., 1998

Silver, E.A./Smith, D.J. (1981)
Setting Individual Item Production Rates under Significant Lead Time Conditions, in: IFOR, Vol. 19, No. 1, Febr. 1981, pp. 1-19

Tan, B. (2001)
On Capacity Options in Lean Retailing
Forschungsbericht des Harvard Center for Textile & Apparel Research, Harvard University, Cambridge, Mass. 2001

Trigeorgis, L. (2000)
Real Options: Managerial Flexibility and Strategy in Resource Allocation, Cambridge, Mass. et al. 2000